PARENTALIDADE

ENTRE A REALIDADE SOCIAL E O DIREITO

COLEÇÃO FÓRUM
DIREITO CIVIL
E SEUS DESAFIOS CONTEMPORÂNEOS

COLEÇÃO FÓRUM
DIREITO CIVIL
E SEUS DESAFIOS CONTEMPORÂNEOS

MARIA RITA DE HOLANDA

Paulo Lôbo
Prefácio

PARENTALIDADE

ENTRE A REALIDADE SOCIAL E O DIREITO

2ª edição revista, ampliada e atualizada

7

Belo Horizonte
FÓRUM
CONHECIMENTO JURÍDICO
2025

COLEÇÃO FÓRUM DIREITO CIVIL E SEUS DESAFIOS CONTEMPORÂNEOS

FÓRUM
CONHECIMENTO JURÍDICO

Luís Cláudio Rodrigues Ferreira
Presidente e Editor

Coordenação editorial: Leonardo Eustáquio Siqueira Araújo/Aline Sobreira de Oliveira
Revisão: Aline Almeida
Capa e projeto gráfico: Walter Santos
Diagramação: Derval Braga

Av. Afonso Pena, 2770 – 15º andar – Savassi – CEP 30130-012
Belo Horizonte – Minas Gerais – Tel.: (31) 2121.4900 / 2121.4949
www.editoraforum.com.br – editoraforum@editoraforum.com.br

Técnica. Empenho. Zelo. Esses foram alguns dos cuidados aplicados na edição desta obra. No entanto, podem ocorrer erros de impressão, digitação ou mesmo restar alguma dúvida conceitual. Caso se constate algo assim, solicitamos a gentileza de nos comunicar através do *e-mail* editorial@editoraforum.com.br para que possamos esclarecer, no que couber. A sua contribuição é muito importante para mantermos a excelência editorial. A Editora Fórum agradece a sua contribuição.

Dados Internacionais de Catalogação na Publicação (CIP) de acordo com ISBD

H772p Holanda, Maria Rita de

Parentalidade: entre a realidade social e o direito -- 2. ed. -- / Maria Rita de Holanda. Belo Horizonte: Fórum, 2025.

288p. 14,5x21,5cm
Coleção Fórum Direito Civil e seus desafios contemporâneos, v. 7

ISBN da coleção: 978-85-450-0675-6
ISBN impresso 978-65-5518-848-6
ISBN digital 978-65-5518-850-9

1. Parentalidade. 2. Solidariedade. 3. Autonomia. I. Título.

CDD 342.085
CDU 347

Ficha catalográfica elaborada por Lissandra Ruas Lima – CRB/6 – 2851

Informação bibliográfica deste livro, conforme a NBR 6023:2018 da Associação Brasileira de Normas Técnicas (ABNT):

HOLANDA, Maria Rita de. *Parentalidade*: entre a realidade social e o direito. 2. ed. Belo Horizonte: Fórum, 2025. (Coleção Fórum Direito Civil e seus desafios contemporâneos, v. 7). 288p. ISBN 978-65-5518-848-6.

Dedico este trabalho aos meus filhos João e Nathalia e às minhas mães Dulce, Zezé e Nísia.
Dedico, ainda, em forma de gratidão, ao meu sempre orientador Professor Paulo Lôbo e também à Universidade Católica de Pernambuco, que desde sempre contribuiu com a minha formação e atividade docente.

AGRADECIMENTOS

A construção de um conhecimento não se faz de forma solitária. A rede de apoio para um trabalho feito com amor, suor e dedicação torna-se corresponsável pelos frutos e merece todo o meu agradecimento nas pessoas e instituições de grande importância na minha vida.

Agradeço enormemente e em primeiro lugar ao professor Paulo Lôbo, que foi sempre um grande incentivador da minha busca permanente de qualificação e acreditou na minha contribuição acadêmica. O seu estímulo advém de uma generosidade e simplicidade com as quais se doa para todos os seus orientandos acadêmicos. Sendo um dos mais completos juristas da atualidade, não guarda para si o seu vasto conhecimento, mas o divide com todos aqueles que acreditam na pesquisa.

Embora tenha formação originária pela Universidade Católica de Pernambuco, onde também leciono desde cedo, foi na Universidade Federal de Pernambuco em que me dediquei sobre a temática que trago nesta obra, durante o meu estágio de doutorado que foi finalizado no ano de 2016, instituição esta que detém grande tradição. Todos os professores e funcionários do programa de pós-graduação dessa honrada instituição merecem o meu agradecimento, que o faço na pessoa da professora e amiga Fabíola Lôbo, primeira professora/mulher a obter a titularidade em Direito Civil nessa instituição.

De lá para cá, me vi diante de inúmeras alterações sobre a temática, sejam legislativas ou de posturas jurisprudenciais e foi no grupo de pesquisa CONREP – Constitucionalização das Relações Privadas da UFPE, que encontrei todos os respaldos teóricos que impulsionaram a atualização temática, as mudanças pontuais de opinião e o amadurecimento sistemático do conteúdo. Ao CONREP, meus sinceros agradecimentos não apenas em nome de nosso líder, mas também nas pessoas de cada um dos meus companheiros de pesquisa que o integram, em especial Marcos Ehrhardt e Gustavo Andrade.

O agradecimento à Universidade Católica de Pernambuco, instituição de minha formação original é por deveras especial. Foi na Unicap onde iniciei o meu estudo em Direito e onde iniciei a minha atividade acadêmica como docente há mais de 30 anos.

Lá aprendi a enxergar a sociologia jurídica como indispensável ao estudo dos institutos jurídicos na esfera existencial e foi através das mãos da professora Mirian de Sá Pereira que pude compreender que a reflexão sobre a abstração legal não pode dispensar a vida em sua realidade e vice-versa. À querida e sempre mestra, meus mais efusivos agradecimentos.

O apoio para continuar a minha trajetória não se deu apenas por meio das instituições e professores mencionados, mas sobretudo pelo amor e incentivo de amigas que fazem partem de minha ciranda ideológica e com as quais me irmano nas semelhanças e diferenças de cada uma, como Catarina Oliveira, Luciana Brasileiro, Adriana Rocha, Marília Montenegro, Fernanda Rosemblat, Manuela Abath e Maria Lucia Barboza.

Da mesma forma, a advocacia me deu amigos inesquecíveis e leais que estão ao meu lado desde a nossa formação jurídica na graduação, que não posso deixar de nominar, como Edmilson Boaviagem, Abel da Hora e Marcelo Correia. Além disso, os nossos colaboradores de ontem e de hoje em nosso escritório, difíceis de serem nominados pela importância ímpar de cada um, numa incrível sintonia e espírito colaborativo.

Não menos importante são os meus agradecimentos à minha família nuclear e extensa. Marido e filhos enfrentaram inúmeras dificuldades com a minha ausência e ainda assim me apoiaram em tudo e em todas as minhas decisões. Agradeço a Eduardo, João Eduardo e Maria Nathalia, que complementam a minha existência, e aos meus irmãos Fátima, Leo e Fred, pela retaguarda, compreensão e carinho de sempre.

Por fim, e especialmente por estar falando de parentalidade e suas vicissitudes, agradeço ao meu pai Zezito,

por sempre haver declarado cotidianamente que acreditava em mim. A vida também me deu o privilégio de ter ensinamentos e incentivos maternos diversos. Em uma triparentalidade pude aprender com mães afetivas e biológica. Agradeço à Zezé pelo constante incentivo em meus estudos e incondicional apoio em minhas decisões, à Maria Nísia pelos ensinamentos de vida e de maturidade nos percalços do cotidiano e à minha mãe biológica, Dulcinéa de Holanda, que, sem saber, trilhou meus passos na advocacia de forma irreversível e permitiu que eu andasse com as minhas próprias pernas na profissão e na vida. Hoje, às vezes ela não lembra mais o meu nome, mas demonstra com o seu olhar o carinho e a certeza de que faço parte dela.

SUMÁRIO

COLEÇÃO FÓRUM DIREITO CIVIL E SEUS DESAFIOS CONTEMPORÂNEOS

A vida em sociedade é uma constante mutação nos modos e na intensidade de relações interpessoais cada vez mais fluidas e complexas. Diversidade e pluralidade se tornam um desafio para operadores do direito comprometidos com as diretrizes axiológicas do texto constitucional, num cenário de pouca tolerância e respeito a pontos de vista e escolhas comportamentais e negociais diferentes da maioria.

O Direito Civil exprime o cotidiano do sujeito comum, do indivíduo que assume funções em seu ambiente familiar, negocial e tem que equilibrar as necessidades de interação e contato social com o respeito a seus valores e visão de mundo, que determinam seu projeto de vida e decisões eminentemente existenciais. A velocidade das mudanças no mundo contemporâneo tem produzido um evidente impacto nos institutos tradicionais da disciplina, que carecem de ressistematização e uma funcionalização atenta aos legítimos interesses das pessoas envolvidas.

O melhor caminho para refletir sobre os desafios de aplicar um conhecimento que era abordado de modo estático numa realidade analógica, a um cenário dinâmico de elevada interação digital, é ter acesso a um acervo de qualidade técnica, elaborado mediante uma pesquisa de fontes exemplar, comprometido com análise crítica do contexto fático atual e com uma metodologia que privilegia a pessoa e suas necessidades existenciais em detrimento de aspectos puramente patrimoniais.

Com esses objetivos apresenta-se a *Coleção Fórum de Direito Civil e seus desafios contemporâneos*, criada com a finalidade de servir como um espaço privilegiado para discussão de um direito civil adequado às demandas do tempo presente. Os livros que forem editados com esse selo têm por objetivo abordar temas que necessitam de maior atenção e debate de operadores jurídicos, quer seja por sua inovação, necessidade de revisão de entendimentos clássicos, quer seja pela nova abordagem que sugerem para enfrentamento de questões controversas relevantes para a melhoria da prestação jurisdicional em nosso país. Busca-se reunir uma doutrina útil para novas pesquisas e para servir de fonte preferencial para decisões judiciais, servindo de fundamento para a atuação de advogados, promotores, defensores e magistrados.

Com a criação desta Coleção, a Editora Fórum mais uma vez reafirma seu compromisso com a consolidação e divulgação de doutrina jurídica de qualidade a seus leitores, garantindo um espaço de excelência para o trabalho de todos aqueles que acreditam na pesquisa jurídica como num dos caminhos para a construção de uma sociedade mais justa e solidária.

Maceió/AL, 21 de abril de 2019.

Marcos Ehrhardt Júnior
Coordenador

PREFÁCIO

A parentalidade está no centro das transformações por que passa o Direito de Família no Brasil. Para os propósitos desta obra, é entendida como abrangente das relações jurídicas entre pais, mães e filhos, oriundas dos projetos implícitos ou explícitos de maternidade/paternidade.

A autora, Maria Rita de Holanda, doutora em Direito, exímia professora, pesquisadora e advogada das relações de família, dedicou intensa e extensa investigação sobre o estado da arte desta categoria fundamental do Direito Privado, tal como se encontra no sistema jurídico brasileiro, fornecendo análises preciosas acerca de sua evolução, de sua aplicação e da adequação do enfrentamento dos problemas que estão a surgir, máxime em relação às técnicas de reprodução humana.

O ponto central diz respeito à difícil tensão entre desejo de autonomia e liberdade para o exercício da parentalidade ou dos projetos de parentalidade e a natureza tradicionalmente cogente das normas de Direito de Família. O problema é que essa autonomia diz respeito à existência de outros seres humanos, para a qual não é possível aplicar a concepção de autonomia negocial, voltada às coisas, cujo modelo foi longamente desenvolvido pelo Direito Civil. A natureza cogente das normas, predominante no Direito de Família, notadamente quanto à parentalidade, decorre da exigência de proteção das pessoas vulneráveis e em desenvolvimento, que são os filhos, enquanto crianças e adolescentes.

Assim, a autora procura distinguir entre autonomia da vontade, autonomia privada e autonomia existencial, que são expressões carregadas de significados ambíguos e até equívocos, oriundas de fontes diversas na história, na política, na economia, na sociologia, na psicologia, na bioética. Tanto a autonomia privada quanto a que ela denomina de autonomia existencial são apenas concebíveis enquanto espaços deixados pelo legislador, submetidos a limites externos e internos e a limites positivos e negativos. Sem a compreensão clara dos limites, não é possível serem acolhidas juridicamente tais autonomias.

O marco teórico explicitamente assumido por esta obra é o Direito Civil Constitucional, que deve ser entendido como metodologia científica e de aplicação do Direito Civil, não configurando disciplina distinta deste. O Direito Civil – e o Direito de Família em especial – é compreendido e aplicado em conformidade com as normas fundamentais da Constituição, o que tem permitido a adequação das decisões nos casos limites por nosso Poder Judiciário, inclusive pelo Supremo Tribunal Federal. Daí a importância dos princípios jurídicos constitucionais ou fundamentais, cuja estrutura deôntica não sofre tanta resistência como ocorria no passado recente. A metodologia civil constitucional foi, seguramente, o principal vetor que impulsionou o Direito de Família brasileiro à qualidade e complexidade teóricas que tem ostentado, como um dos mais avançados e respeitados no mundo.

Um dos pontos altos desta obra é o capítulo destinado à autonomia da parentalidade não biológica, ou socioafetiva, para a qual a doutrina jurídica brasileira ofereceu desenvolvimento ímpar, desde a década de 1970, afinal amplamente reconhecida pelos Tribunais. São espécies da parentalidade socioafetiva a adoção, a inseminação artificial heteróloga (uso autorizado pelo marido ou companheiro de sêmen de outro homem) e a posse de estado de filiação.

Aos princípios jurídicos aplicáveis ao Direito de Família, notadamente à parentalidade, a autora dedica especial atenção, tais como a igualdade familiar, a liberdade familiar, a afetividade, a convivência familiar, o melhor interesse da criança. Neles conformado é que se pode dimensionar o princípio da "paternidade" (parentalidade) responsável, disposto na Constituição de 1988 (art. 226, §7º), que é abrangente da paternidade e da maternidade responsáveis, como um dos delimitadores da autonomia parental (na locução constitucional: "o planejamento familiar é livre decisão do casal"). A escolha pela monoparentalidade também é constitucionalmente protegida, como adverte a autora.

O Direito é desafiado pela realidade social, no âmbito da parentalidade, ante práticas que transitam à sua margem, ou em razão das demandas sociais insatisfeitas com o que julgam sua insuficiência. Daí a iniciativa de projetos de lei e a pressão para que entidades e órgãos públicos sem competência legislativa assumam a função de legislador e favoreçam esses interesses. Tenho frequentemente advertido para o déficit democrático desses setores, cujas regras técnicas ou procedimentais são dirigidas aos profissionais ou servidores para a execução de seus afazeres ou ofícios, mas não podem e não têm natureza de normas jurídicas gerais aplicáveis, direta ou indiretamente, às pessoas em geral. A reserva legal é um dos pilares do Estado Democrático de Direito. Em se tratando de parentalidade, o Conselho Federal de Medicina e o Conselho Nacional de Justiça, sob aparência de regras técnicas ou de procedimento, têm atuado como veros legisladores, desbordando para indevidamente criar, modificar ou extinguir direitos subjetivos nessa matéria.

Uma das questões difíceis, nas quais demandas individuais tentam impor seus próprios projetos de parentalidade, é a da gestação sub-rogada ou de substituição, mediante a qual mulher engravida com material genético de outra. Subscrevo a crítica da autora ao disciplinamento dado pelo CFM e pelo CNJ, que colidem com a legislação em vigor, em total desconsideração jurídica da gestante. Essa prática tem sido repelida pela maioria das legislações, ante o desvio que se nota para comercialização do corpo de mulheres economicamente vulneráveis. O mercado se sobrepõe à dignidade da pessoa humana. A autora propõe, em suas conclusões, que ela seja apenas admitida em situações excepcionais, fora do mercado e observados critérios rigorosos.

A autora retoma, ao longo da obra, a preocupação com a ausência de marcos legais precisos sobre as técnicas de reprodução humana, que se ampliaram exponencialmente no Brasil, para além da ética e com riscos de coisificação da pessoa humana. Chama atenção, no entanto, para a existência de legislação que estabelece contornos legais que devem ser considerados, como a Lei de Biossegurança e a Lei do Planejamento Familiar, além das decisões paradigmáticas do STF.

Como disse Jürgen Habermas, em *O futuro da natureza humana*, a autonomia é, antes, uma conquista precária de existências finitas, que só conseguem se fortalecer quando conscientes de sua vulnerabilidade física e de sua dependência social. É o universo das relações e interações interpessoais possíveis, que necessita e é capaz de impor regras morais.

Outro ponto abordado com excelência na obra diz respeito à parentalidade por contrato ou outro negócio jurídico, que ela, corretamente, demonstra ser incompatível com o sistema jurídico brasileiro. Exemplo é o impedimento legal (Lei nº 13.257/2016) de entrega negociada com a gestante de criança para adoção.

Em suma, lê-se nesta obra, escrita com esmero e fluente trânsito entre teoria e prática, o direito vivo e pulsante, tanto como *law in books* quanto como *law in action*. É indispensável para quem deseje aprofundar o sistema jurídico da parentalidade brasileiro, no passado, no presente e *in fieri*.

Paulo Lôbo

Doutor em Direito (USP) e professor emérito da UFAL.

APRESENTAÇÃO

Nas relações privadas familiares, no que se refere especificamente ao exercício de direitos reprodutivos relacionados ao planejamento familiar, seria possível afirmar que a decisão sobre ter (ou não ter) filhos estaria sujeita somente à vontade das partes? Esta foi a indagação que me tomou tão logo iniciei a leitura deste livro.

Não é sempre que temos a oportunidade de ler um trabalho preocupado com a realidade que circunda o pesquisador. Muitas das tentativas de aproximação da pesquisa universitária com as necessidades contemporâneas esbarram na dificuldade natural de analisar condutas impregnadas de ideologias, num momento de nossa história em que a polarização tem alcançado níveis preocupantes, que por vezes interrompem a conjugação de importantes verbos para a convivência em sociedade: coexistir e dialogar.

E justamente no exercício de uma ética da alteridade que precisamos pôr em perspectiva a análise de uma autonomia parental que não se conforma apenas com argumentos relacionados à realização pessoal dos envolvidos, quando estão em jogo o ônus e responsabilidade na criação de um outro sujeito de direitos.

Como bem nos alerta Maria Rita Holanda, a autonomia para o exercício do planejamento familiar recebe da realidade uma "triste baliza definida pelo poder e interesses econômicos", afinal falar de autonomia parental também requer "compreender a diversidade cultural, econômica, sexual e de gênero". O que torna ainda mais complexa a tarefa dos operadores do Direito, que precisam lidar com um sistema jurídico cujas respostas são absolutamente insuficientes para delimitar qualquer projeto parental diante de toda essa diversidade.

Este livro foi cuidadosamente construído em cinco distintos capítulos, estruturados a partir da demonstração da evolução da parentalidade da filiação e da necessidade de repensar estruturas e paradigmas, ressignificando os institutos jurídicos a partir do advento da Constituição Federal de 1988, abrindo espaço para considerações importantes acerca da solidariedade familiar e parentalidade responsável, que servem como balizas à garantia da efetividade do melhor interesse da criança e do adolescente; sem perder de vista a necessidade de se refletir acerca de questões relacionadas ao gênero e mudança nos costumes sociais que implicaram significativa alteração no modo de identificação e compreensão dos pressupostos fáticos do estado de filiação na experiência dos tribunais brasileiros.

A autora nos conduz sobre os avanços tecnológicos que provocaram uma verdadeira revolução nas técnicas de reprodução humana, explorando os principais fatores que problematizam o emprego de um critério unicamente biológico para definição da filiação, sem negligenciar em apresentar ao leitor a diversidade de dimensões da liberdade de planejamento familiar, que deságuam nos debates em torno dos possíveis limites estabelecidos pela ordem jurídica, pois, em suas palavras: "constituir ou desconstituir um estado de filiação hoje no Brasil tem exigido um exercício hermenêutico complexo para o aplicador, que se divide entre a norma e os costumes na realidade brasileira".

Todo o percurso nos leva ao último capítulo desta instigante obra, no qual se contrapõem avanços da biotecnologia e a inércia do Poder Legislativo brasileiro para a regulação das técnicas de reprodução assistida, contexto que apenas se agravou quando o protagonismo acerca da regulação do tema acabou assumido pelo Conselho Federal de Medicina e, posteriormente, pelo Conselho Nacional de Justiça, que, nas palavras da autora, "redefiniram critérios para a filiação a partir de uma conduta volitiva contratual, na valorização do consentimento informado e expresso", razão pela qual deve ressoar sua preocupação quanto à "meta da desburocratização servir como manto para o exercício de uma autonomia que não pode ser exercida sob o controle dos poderes do Estado".

Concordamos com as conclusões de Maria Rita, quando afirma que não é tarefa fácil para o Direito estabelecer controle nas relações existenciais, especialmente diante de diferenças de classes sociais, que "interferem na forma de ser, existir e coexistir", mas preciso anotar que tal missão se torna bem mais fácil após a leitura de um livro que materializa a maturidade acadêmica de alguém que transita entre a teoria e a prática judiciária, sem perder a esperança no desenvolvimento de uma doutrina comprometida com o compromisso axiológico de nossa Lei Fundamental.

Maceió/AL, 11 de agosto de 2021.

Marcos Ehrhardt Júnior

Advogado. Doutor em Direito pela Universidade Federal de Pernambuco (UFPE). Professor de Direito Civil da Universidade Federal de Alagoas (UFAL) e do Centro Universitário CESMAC. Editor da Revista Fórum de Direito Civil (RFDC). Vice-Presidente do Instituto Brasileiro de Direito Civil (IBDCIVIL). Presidente da Comissão de Enunciados do Instituto Brasileiro de Direito de Família (IBDFAM). Associado do Instituto Brasileiro de Estudos em Responsabilidade Civil (IBERC) e Membro Fundador do Instituto Brasileiro de Direito Contratual – IBDCont. *E-mail*: contato@marcosehrhardt.com.br.

INTRODUÇÃO

– QUERO TER UM FILHO!!!

A afirmação é frequentemente percebida como expressão de um planejamento de vida e realização pessoal. Perpetuação do ser e expectativa de realização pessoal são sentimentos que habitam e influenciam as pessoas a buscarem o que aqui se denomina de projeto parental. O verbo "ter", também muito comum e utilizado, expressa o sentimento de posse comumente exercido pelos pais sobre os filhos. Isso é o que se revela na cultura brasileira.

Há diversas explicações para esse *sentimento* ou *intuição*, na perspectiva antropológica, psicológica, sociológica e mesmo religiosa, que justificariam a atuação do Direito nesse propósito humano.

Mas até onde e quando esse propósito pode ser protegido enquanto conduta humana para além da esfera individual? Para uma proteção jurídica, seria necessário antever a relação a ser estabelecida entre os seres – existentes e por existir – antes mesmo do propósito individual. Por essa razão, torna-se uma tarefa inteiramente variável nos costumes e contextos históricos da humanidade.

Para o direito atual no Brasil, o anseio a ser protegido extrapola a ideia de procriação (reprodução), incluindo também a vontade da maternagem ou paternagem. Além disso, o termo utilizado para designar essa pretensão é *autonomia*, palavra que vem do grego – αὐτονομία– que revela *capacidade de autogovernar-se, de dirigir-se por suas próprias leis ou vontade própria; soberania.*[1]

Pela etimologia da palavra se pode perceber, na relação paterno ou materno-filial, que o sujeito cuja vontade deve ser observada e

1 MICHAELIS, *Dicionário brasileiro da língua portuguesa*. Disponível em: https://michaelis.uol.com.br/busca?id=EMnj, acesso em: 27 mar. 2021.

protegida é aquele que deve ou quer exercer essa função. *Dever*, porque ainda que não tenha havido intenção há um ônus e responsabilidade na "criação" do outro sujeito, que, sendo incapaz, precisa de sustento material e imaterial para o desenvolvimento de sua personalidade; *querer*, porque a intenção poderá ser considerada na construção da relação, advenha essa da própria natureza ou da cultura.

Aqui poder-se-ia *estoriar* várias situações detectadas na realidade que atualmente suscitam dúvidas quanto à constituição ou desconstituição dessa relação, iniciada pelo ato de uma vontade direta ou indireta:

> (...) Após o parto em maternidade pública do SUS, Maria, com 17 anos de idade, recebe alta com a filha que foi fruto de rotineiras visitações noturnas de seu padrasto; sua mãe embora conheça essa realidade, se recusa a "acreditar". Não tendo para onde voltar, se depara com a dificuldade para criação da filha uma vez que não terminou os seus estudos e nem se encontra empregada. Ouviu dizer que poderá "entregar" a criança à "justiça" e talvez essa seja a melhor alternativa. Gostaria e precisava ter evitado o termo dessa gestação, mas foi informada, equivocadamente, de que não teria a proteção legal para o aborto em seu caso;
> De outro lado,
> (...) Manoel e Ana após inúmeras tentativas de reprodução natural e medicamente assistida, saem da clínica de fertilização inteiramente satisfeitos com os resultados da última tentativa, que garantiu a gestação homóloga. Todas as economias foram usadas para o projeto.
> (...) Pedro e José, casados, sempre alimentaram o sonho de um filho biológico e estando impedidos para a reprodução natural, encontraram a possibilidade ofertada pela clínica de fertilização, para o uso da chamada gestação sub-rogada. Não tinham pessoas dentro do parentesco previsto pela Resolução médica para ceder, mas souberam da possibilidade de outras pessoas poderem ceder "solidariamente" o útero e conseguiram fazer com que Maria, filha de sua secretária doméstica, pudesse fazer, não de forma "remuneratória", mas "compensatória", já que a mesma precisava de um lar para criar sua filha oriunda do estupro de seu padrasto;
> (...) Maria e Ana convivendo em união estável e desejando um projeto parental, procuram uma clínica de fertilização, mas a oferta está fora de seu orçamento. Com a ajuda de um amigo César, conseguem o material genético por meio de inseminação caseira, mas deixam claro que o projeto parental é apenas de ambas. Contudo, ao nascer a criança, César se interessa em exercer a paternidade.

São apenas *estórias* inteiramente factíveis que representam casos facilmente identificados na sociedade brasileira e remetem à reflexão sobre o sentido da autonomia para o direito e sobre a possibilidade de constituição e desconstituição de uma relação parental – de um estado de filiação.

Um Brasil permeado de profunda divisão de classes sociais e econômicas trata diferentemente a autonomia parental porque muito do acesso aos direitos reprodutivos estará ligado à possibilidade de ingressar em um mercado, cujo preço é monopolizado pela classe profissional médica. A desigualdade material de gênero também é bem patente em diversos seguimentos e não seria diferente na parentalidade. A história de opressão da mulher, desenha muitas soluções familiares que precisam ser revistas.

Para tratar sobre a parentalidade no Brasil, são obrigatórias algumas reflexões em torno dessa desigualdade material de gênero. Fala-se de conquistas e de ocupação de espaços, mas também se fala de muita violência e subjugação. A história das conquistas feministas em prol dessa igualdade parece ter sido afetada também pelo atual momento histórico mundial da pandemia do novo coronavírus. A paridade de gênero foi extremamente afetada, o que redobra o cuidado. A 17ª edição do Fórum Econômico Mundial em 2023, calcula que o tempo necessário para alcançar a paridade aumentou em 131 anos. Houve pequena melhora em comparação com o período imediatamente posterior à pandemia. O Brasil passou a ocupar a 57ª colocação entre 146 países pesquisados. O impacto da pandemia foi muito mais negativo para as mulheres, aprofundando a desigualdade material em vários setores.[2]

A autonomia positiva ou negativa (ter ou não ter filhos) para o planejamento familiar recebe da realidade uma triste baliza definida pelo poder e interesses econômicos. Um dos limites mais controvertidos de intervenção na autonomia parental pelo estado brasileiro é a criminalização do aborto. Autorizando o aborto apenas nas hipóteses previstas na lei, o Brasil não garante condições isonômicas às pessoas de distintas classes sociais. O aborto fora das hipóteses legais – clandestino – existe em nossa realidade com oferta sanitária para os mais favorecidos economicamente e em condições sub-humanas para os mais desfavorecidos.

De logo se vê que falar de autonomia parental também requer compreender a diversidade cultural, econômica, sexual e de gênero.

A autonomia parental no Brasil recebe um tratamento legal absolutamente insuficiente diante de toda essa diversidade. Muitas

---

2 FORUM ECONÔMICO MUNDIAL. *Global Gender Gap Report* 202. Disponível em: https://agenciabrasil.ebc.com.br/radioagencia-nacional/direitos-humanos/audio/2023-06/brasil-sobe-quase-40-posicoes-em-ranking-de-igualdade-de-genero. Acesso em: 26 jul. 2023.

leis familiares foram criadas para uma realidade definida por outras convenções. Dessa forma, há uma importância ímpar em refletir sobre inúmeras modificações ocorridas e que ainda precisam ocorrer na esfera das categorias jurídicas filiais. Constata-se que as regras familiares foram criadas para uma família dos anos 70 e de classe média/alta.

Baseada nas convenções da própria sociedade brasileira, que em seu contexto liberal clássico adotou valores religiosos, a legislação familiar – foi pautada pela exclusão, uma vez que a proteção estatal apenas seria conferida a uma única forma de constituição familiar, – definida pelo casamento, não obstante a realidade trouxesse diversos arranjos familiares com o mesmo propósito. Filhos apenas seriam existentes no mundo jurídico, se advindos da relação matrimonial.

A família institucionalizada também carregava uma história de desigualdade entre os membros que a compunham, estabelecendo-se uma hierarquia entre o *pater* família e a sua esposa, assim como com os filhos. O patriarcado se firmou com fortes raízes ainda hoje remanescentes.

A influência adveio também das Ordenações Filipinas de Portugal, que mesmo durante o início do período republicano manteve-se vigente no Brasil por mais tempo que em seu país de origem, retardando a evolução de novas interpretações, advindas da renovação legislativa da maioria das nações ocidentais. A sociedade colonial à época foi de grande influência para a manutenção dos valores patriarcais.[3]

O Direito português, por sua vez, tinha base nos Direitos romano, germânico e canônico e que, por óbvio, baseavam-se em distintas premissas, fortalecendo mais respectivamente ora valores políticos, ora morais ou religiosos. A ele se adicionou o elemento nacional com a influência dos costumes e aspirações às populações de Portugal.

Embora independente, o Brasil regeu-se até certo período de 1917 pelas Ordenações Filipinas e por essa razão Pontes de Miranda assevera que o nosso Direito *não nasceu de uma semente, mas de um galho que se plantou e cuja origem precisa ser conhecida para a compreensão do Brasil-Colônia.*[4]

A filiação estava ligada, juridicamente, à condição dos pais estarem civilmente casados, de acordo com a primeira Codificação Civil brasileira, em 1916. Os filhos biológicos que não adviessem de um

---

3 GOMES, Orlando. Raízes históricas e sociológicas do código civil brasileiro. São Paulo: Martins Fontes, 2006, p. 4.

4 PONTES DE MIRANDA, Francisco Cavalcanti. *Fontes e evolução do Direito Civil Brasileiro.* Rio de Janeiro: Forense, 1981, p. 28.

par ligado pelo matrimônio válido não eram reconhecidos como tal. Existiam, mas eram invisíveis, como muitas outras existências de hoje.

No âmbito do direito civil, talvez seja no direito de família e sucessões onde mais se vislumbra a manutenção de tradições, muitas nem mais condizentes com a realidade social atual. A abstração da legislação civil com relação a bens e pessoas justificava-se na condição genérica da norma, mas hoje por vezes padece de eficácia social pelo descompasso com a realidade. Ao mesmo tempo e paradoxalmente ainda há valores extremamente conservadores na sociedade brasileira contemporânea e para uma adequação normativa será necessária também uma mudança intrínseca da pessoa humana em seus valores e concepções sobre a própria existência e ideologia de vida.

A liberdade individual nas relações subjetivas no contexto do Brasil colonial era um valor que deveria ser esquecido em nome da tradição da sociedade da época, fortemente influenciada pelos valores religiosos da Igreja Católica, que penitenciava e punia os fiéis pecadores que infringissem os mandamentos da fidelidade, deixando de reconhecer quaisquer efeitos benéficos para os frutos advindos das relações extramatrimoniais e sobre tais relações. Não havia autonomia parental. Esta seria definida pela lei da conjugalidade.

O bem-estar individual deveria ser suprimido pela ordem social e religiosa, apenas obtendo proteção jurídica se houvesse adequação (legitimação). A supervalorização institucional da família encarcerou e reprimiu desejos. A primeira repressão era a sua total desproteção e invisibilidade. A intervenção estatal se dava com o propósito de excluir muitos e incluir poucos. Apenas com o casamento as relações privadas recebiam certa alforria em respeito à autonomia da vontade exercida muito mais pelo homem, dada a sua social e jurídica *superioridade*.

Com o contexto político e social do Estado Democrático de Direito, embora o valor da liberdade humana tenha sido alçado a um mandamento constitucional imperativo, tomou-se cuidado para que tal liberdade também não servisse como aprisionamento de pessoas em situação de vulnerabilidade e, portanto, em desigualdade material.

O Estado foi instado a intervir para proteger e não mais para excluir. Assim, a vontade não pode ser plenamente exercida pela pessoa se tal exercício trouxer prejuízo à outra, seja pela sua condição social, histórica, de gênero ou de vida. Observa-se um movimento de migração da autonomia da vontade à autonomia privada, moldada pelo cuidado e na busca do equilíbrio material entre as partes.

Apesar disso, as relações familiares, diferentemente de outras relações privadas, por serem existenciais, ficaram muito mais abertas ao ganho das liberdades individuais tão represadas do passado. Nessa esfera, os modelos perderam a importância diante da própria condição humana, passando a família a ser apenas um *locus* ao desenvolvimento da personalidade e construção da felicidade de cada um de seus membros.

Talvez o maior desafio do jurista contemporâneo seja conciliar o ganho de tais liberdades individuais a uma função social, que também não se pode afastar do grupo familiar, função esta pautada na tônica da responsabilidade.

A doutrina e a jurisprudência no Brasil foram e ainda são as fontes mais responsáveis por inúmeras transformações voltadas ao ganho das liberdades individuais na família. O sistema de alteração de lei pelo Legislativo atua muito lentamente, como modelo representativo de uma sociedade ainda muito pautada em morais institucionalizadas e religiosas. De outro lado, e absorvendo os valores de uma democracia vigente, a realidade social brasileira torna-se palco de uma série de regulamentações deontológicas e administrativas em franca invasão de uma reserva legal, diante da necessidade de certa *legitimação* de costumes existentes dada a estagnação do legislativo em matéria de família. Algumas posturas se revelam coadunadas com os valores de igualdade e liberdade, mas por outro lado coloca em *cheque* o estado de direito de um sistema de origem *civil law*.

Assim, a base valorativa da liberdade existencial vem se distinguindo do exercício de outras esferas de liberdade privada, principalmente em razão de sua peculiaridade íntima com os valores da própria existência humana, voltada à primazia do bem-estar das pessoas e não dos grupos que elas compõem, dentre eles a própria família.

Alguns arranjos configurados na realidade social se confundem com a possibilidade de um individualismo exacerbado. Embora se reconheça que a base libertária existencial teve um ganho ao se afastar de um modelo único e excludente do passado, o exercício parental não pode atender aos interesses exclusivos e individualistas dos pais ou genitores quanto aos seus filhos. Esse dever de responsabilidade nasce desde o planejamento e é o véu da funcionalidade da família.

Luiz Edson Fachin alertou sobre o importante papel da jurisprudência na atualidade, de ressignificação e atualização das leis sem que haja minimização do papel do legislador de seu tempo, possibilitando a regulação pela força construtiva dos fatos a partir da realidade social. Contudo, no Brasil, continua o insigne jurista, falta-nos coesão quando da captação pelo Direito, que possa trazer uma unidade desejável para uma segurança jurídica substancial.[5]

Assim, o paradoxo estará sempre entre a necessidade de fundamentação normativa para a solução de conflitos e a necessária proteção de pessoas que se encontram em realidades existenciais não categorizadas ou categorizadas negativamente.

Há uma permanente tensão entre a busca de uma solução justa que garanta a proteção das pessoas e a segurança jurídica mínima emoldurada pelas normas. Essa tensão é ainda mais palpável quando se está diante de sujeitos *vulnerabilizados* pela sua condição natural ou cultural, como a criança e o adolescente, a pessoa com deficiência, as pessoas da comunidade LGBT, o idoso e a mulher, por exemplo.

O Brasil tem se apresentado extremamente díspare na esfera familiar, seja na atividade jurisdicional, seja na administrativa e isso pode resultar na fragilização da concepção de determinados institutos.

O surgimento da metodologia civil-constitucional foi e tem se mostrado extremamente útil para garantir interpretações justas e inclusivas, promovendo a proteção da pessoa humana no conflito familiar. Mas o intérprete e aplicador deverá primar por uma robusta fundamentação de adequação do sentido normativo democrático à solução dos conflitos. Na realidade, no entanto, não são raras as banalizações da metodologia, o que gera uma ampla, contraditória e equivocada utilização com possibilidade de normas concretas totalmente dissonantes da norma geral e abstrata.

O que se observa na atualidade em inúmeras decisões é uma pauta aberta a uma espécie de *Cláusula Geral de Família,* com permissão do que poder-se-ia chamar de autonomia da vontade e não autonomia privada. Tal compreensão pode até mesmo levar à ideia equivocada de que as relações privadas familiares não estão sujeitas a qualquer crivo legal, mas tão somente à vontade das partes. A esse respeito, registre-se recente movimento que defende que as normas de cada família sejam definidas por elas próprias – *contratualização das relações familiares.* Porém, o cuidado no exercício da liberdade deve estar na condição de desequilíbrio material entre as partes. Adotar um sistema de valorização da vontade nas relações familiares seria, mais uma vez e por outras vias, fechar os olhos para um contexto de desigualdade material entre as partes.

5 FACHIN, Luiz Edson. Um país sem jurisprudência *In: IBDFAM Revista,* n. 11, p. 5, 2014.

Há um critério dominante abstrato a ser considerado para a definição do estado de filiação se se partir de uma concepção tópica do raciocínio jurídico. Assim, a mudança na concepção de filiação desde a legitimação pelo casamento para o reconhecimento por meio da origem biológica (DNA) e socioafetiva (convivência familiar e intencionalidade) admite uma permanente reconstrução concreta, mas não sem a noção de um consenso da sociedade.[6]

Atienza lembra, ao analisar a tópica em Theodor Viehweg, que o estilo do jurista romano se baseava na proposição de um problema para o qual se tratava de encontrar argumentos e não na elaboração de um sistema conceitual. Atualmente o Brasil em sua realidade concreta em matéria de filiação tem se aproximado dessa tópica dos antigos romanos, tratando casuisticamente o conceito relacional de filiação.[7]

Na busca da conciliação de valores da equidade e segurança jurídica, indaga-se sobre as razões para a autorização da mudança estrutural do estado de filiação, já que os elementos reais naturais não podem ser negados (gestação, DNA, nascimento), assim como os elementos reais culturais (convivência familiar e afetividade), ambos com possibilidade de serem dotados de uma verdade jurídica.

A estrutura legal binária da filiação foi pautada no casamento e também dentro de padrões heteronormativos. Embora de racionalidade prática, não mais atende às transformações da sociedade e, embora seja válida, torna-se insuficiente para delimitar qualquer projeto parental.

A relativização da binariedade parental foi admitida pelo Supremo Tribunal Federal no ano de 2016 por meio da tese 622, cuja melhor interpretação sistêmica requer ponderações que resultam na excepcionalização de sua aplicabilidade.

Como acomodar um sistema ideal de parentesco a uma realidade extremamente diversa e dinâmica na formação e desconstrução de projetos parentais? Atienza aponta para a necessidade de uma teoria geral do direito que acomode a perspectiva da teoria padrão estrutural do direito e a perspectiva procedimental.[8]

Assim, há um grande dilema sobre o sentido da autonomia em um contexto democrático, em que o valor da liberdade se encontra ressaltado. Na esfera da relação parental, a base ideológica jurídica de nosso sistema infere responsabilidade, limite e forte intervenção protetiva

---

6 ATIENZA, Manuel. *As razões do Direito. Teorias da Argumentação Jurídica*. Trad.: Maria Cristina Guimarães Cupertino, Editora Landy. p. 47.

7 ATIENZA, Manuel, *cit.*, p. 50.

8 ATIENZA, Manuel, *cit..*, p. 224.

estatal. Embora haja respeito a algum parâmetro de autodeterminação nas relações existenciais, quando o *status* relacional envolve criança e adolescente ou mulher, não há autonomia da vontade para quem pretenda elaborar o seu projeto parental sem que haja a observância mínima da proteção desses sujeitos.

Em uma realidade social onde se elabora e se aceita as técnicas de reprodução medicamente assistida (RMA) enquanto meio hábil para o desenvolvimento de um projeto parental, as categorias pensadas para o passado são desafiadas e devem minimamente admitir certa abertura com a evolução da ciência médica.

Qualquer limite que venha a ser imposto deve ser com base em cuidadoso argumento, que não incorra em julgamentos puramente morais e tendentes a uma análise estática e não dinâmica do Direito. De outro lado a manipulação genética não poderá ser utilizada de forma excessiva e comprometedora de outros valores já conquistados na experiência da humanidade.

Em que pese o dissenso estabelecido entre as escolas de interpretação na atualidade, bem-definidas pelas teorias da eficácia indireta (mediata) ou direta (imediata) dos direitos fundamentais, opta-se pela leitura civil-constitucional com admissão de sua aplicabilidade imediata, para um devido confronto entre a dinâmica existencial da sociedade e as normas jurídicas. Isso porque essa é a proposta que permitiu e permite ao intérprete e aplicador, uma maior inclusão nos valores preceituados por um estado social e democrático de direito.

A sua operação exige técnica e ponderação, na hipótese de colisão de direitos fundamentais. A sua utilidade é inegável em matéria de direito existencial, para se respeitar o sentido da dignidade humana enquanto fundamento da república. A adoção dos princípios enquanto normas jurídicas a serem aplicadas diretamente à solução dos casos concretos confere ao aplicador uma margem maior para o atendimento de tais preceitos, diferentemente de outras posturas teóricas.

Marcelo Neves pontua que as regras na sua vinculação mais direta à situação concreta são pouco adequadas a absorver a alta complexidade dos chamados *casos difíceis*, razão pela qual precisam ser balizadas por princípios. Nessa medida, o autor entende que os princípios são regras balizadoras das demais regras infraconstitucionais e, portanto, opta pela defesa da eficácia mediata, reconhecendo que estas devem ser primeiramente observadas e iluminadas pelos preceitos constitucionais. Os princípios então seriam faróis para a abertura interpretativa da regra infraconstitucional. Uma fórmula mais tranquila para a aplicabilidade da lei, já que delimita a atuação do aplicador e o poupa de um exercício hermenêutico mais complexo.[9]

Adotando-se a metodologia civil-constitucional de outro lado, como a mais plástica e democrática aos conflitos familiares, não se está a afastar a necessidade de limites, que devem ser balizados entre a liberdade e a solidariedade, fortalecendo-se os laços familiares pelo critério da responsabilidade entre os seus membros, como bem delineia Paulo Lôbo, em análise sobre as dimensões de seus efeitos, não apenas no passado como também no futuro:

> A experiência democrática contemporânea operou a interdependência entre liberdade e responsabilidade, ao contrário da disjunção liberal. Ou seja, não há liberdade sem responsabilidade, nem esta sem aquela. Em outras palavras, quanto mais liberdade se conquista, com redução consequente do *quantum* despótico, mais responsabilidade se impõe a quem exerce aquela. A liberdade das famílias contemporâneas, assegurada pelo direito, encontra sentido e legitimidade na ética da responsabilidade.[10]

Problematizam-se então os critérios para a qualificação do vínculo de filiação, já que há limites legais, mas estes se encontram ampliados com franca legitimação pelo Judiciário, pela administração pública e por regras deônticas, resultando em críticas a um certo ativismo e invasão da reserva legal, com possível comprometimento do Estado de Direito. A crítica é válida, mas não desvirtua o uso responsável da metodologia.

O discurso libertário adotado pela doutrina familiar contemporânea é politicamente indispensável para o alcance de mudanças legais demandadas e não implementadas pelo legislativo, mas deve ser utilizado para esse fim e não como fundamento de normas jurídicas concretas que se operem totalmente *contra-legem*.

Assim ocorre com a relação de filiação em face da maternidade. Enquanto a lei a define como sendo aquela decorrente da gestação e do parto, outra realidade vem sendo autorizada por outros instrumentos para considerá-la a partir do elemento intencional do projeto parental deflagrado por um acordo de vontades – o contrato – a exemplo da conhecida gestação *sub-rogada*. A partir daí, surgem muitas indagações

---

9 NEVES, Marcelo. *Entre Hidra e Hércules;* princípios e regras constitucionais como diferença paradoxal do sistema jurídico. São Paulo: Editora WMF Martins Fontes, 2013.

10 LÔBO, Paulo. *Famílias contemporâneas e as dimensões da responsabilidade*. Disponível em: http://jus.com.br/artigos/25363/familias-contemporaneas-e-as-dimensoes-da-responsabilidade. Acesso em: 18 nov. 2015.

da análise sistêmica das regras: a gestante exerce o poder familiar durante a gestação? Quem representa o nascituro em demanda legítima em favor desse sujeito de direito? O contrato de gestação sub-rogada desafia a irrenunciabilidade legal do poder familiar? A norma confere essa autonomia às pessoas? Não se trata de desconsiderar uma conduta volitiva voltada à constituição de um estado de filiação, mas de analisar sua validade perante a lei e principalmente se estariam garantidos os direitos fundamentais de todos os sujeitos envolvidos.

Dessa forma, o desafio a seguir será detectar a norma vigente no exercício da autonomia parental e confrontá-la com instrumentos permissivos na realidade e nos costumes consensuais da sociedade brasileira.

O primeiro capítulo resgatará algumas das teorias quanto à evolução da parentalidade da filiação, sem prejuízo de consideração de outras influências teóricas e vicissitudes históricas, que demonstram o caráter mutável de sua concepção. A busca de razões que ensejaram comportamentos no passado parece ser uma tônica indispensável para justificar e legitimar o presente e favorecer as orientações que se pretende defender quanto ao comportamento humano.

O segundo capítulo invoca o tratamento do tema sob a perspectiva civil-constitucional, buscando densidade principiológica à relação de filiação, sem perda dos elementos estruturantes das regras e consideração do contexto histórico-evolutivo apresentado, com destaque para o sentido da solidariedade familiar, da convivência familiar, do melhor interesse da criança e do adolescente e da igualdade além da afetividade e da parentalidade responsável. No destaque da igualdade, uma reflexão discriminante de gênero se faz inarredável.

O terceiro capítulo visita a realidade brasileira para uma autonomia procriativa por meio das técnicas de reprodução humana, esclarecendo os parâmetros legais vigentes e noticiando os costumes, para uma tentativa de identificação dos pressupostos fáticos ensejadores ao estado de filiação e a incidência normativa, explorando os principais fatores que problematizam o critério biológico.

No quarto capítulo, norma e realidade são visitadas na esfera da filiação não biológica ou socioafetiva.

No quinto e último capítulo terá destaque a autonomia na parentalidade, buscando-se a sua evolução no sistema jurídico brasileiro e as dimensões da liberdade de planejamento familiar em torno das problematizações da realidade social, identificando os possíveis limites estabelecidos pela ordem jurídica.

Para trabalhar essa perspectiva, houve corte metodológico para a análise de três situações: no critério biológico e no âmbito da reprodução medicamente assistida, as chamadas *monoparentalidade voluntária (pela doação de gametas)* e a *gestação sub-rogada*; e no critério socioafetivo a autonomia parental na *convivência familiar*.

Ao final a constatação de que o regime jurídico legal da filiação se encontra *colapsado* na realidade social por costumes que vêm sendo naturalizados na sociedade brasileira. Alguns costumes tendem a se consolidar e percorrem trilhas para uma regulamentação legal, anunciando-se, inclusive, como prospecção legal no Brasil. Não obstante poder estar diante da irreversibilidade de tais situações, é papel da doutrina construir críticas e promover releituras seja para uma nova conformação, seja para uma readequação interpretativa e colaborativa à jurisprudência.

CAPÍTULO I

PARENTALIDADE SOB DIVERSOS CONTEXTOS

1.1 Contextualização das convenções parentais

Tratando as perspectivas da racionalidade jurídica contemporânea, Margarida Lacombe parte do parâmetro da mudança de paradigma no âmbito da dogmática jurídica a partir de meados do século XX e destaca a abrangência desta com relação à prestação jurisdicional do Estado na aplicação do Direito.[11]

Para a construção de uma justificativa onde se permita aceitar a relativização dos modelos parentais na atualidade, parte-se de uma indagação muito primária: no que consiste a aplicação do direito? De certo, não consiste apenas em um olhar voltado à abstração do texto legal enquanto principal fonte em nosso sistema romano-germânico, mas também em um olhar comprometido para o fato conflituoso que se apresenta para ser solucionado, forma esta que melhor atenderia ao objetivo da concretização do direito. A hermenêutica, portanto, no dizer da eminente jurista, é prática e concreta.

A inegabilidade dos pontos de partida e a decidibilidade dos conflitos tão bem trabalhados por Tércio Ferraz não devem ser desconsideradas nesta perspectiva.[12]

Porém, embora a ciência dogmática do direito dependa do princípio da inegabilidade dos pontos de partida (o direito positivo posto

---

[11] CAMARGO, Margarida Maria Lacombe. *Hermenêutica e Argumentação:* uma Contribuição ao Estudo do Direito. 3. ed. Rio de Janeiro: Renovar, 2003, p. 250.

[12] FERRAZ JUNIOR, Tercio Sampaio. *Introdução ao estudo do direito:* técnica, decisão, dominação. 5. ed. São Paulo: Atlas, 2007, p. 325.

e positivado pelo poder), a aplicação do Direito não pode se reduzir a este, pois não trabalha com certezas, mas sim com as incertezas dos conflitos na vida social.

Essa tensão para a busca do significado do direito, que se estabelece entre os pressupostos da ordem e segurança, e da justiça e equidade, ou seja, entre o estado de direito e o estado democrático de direito, reclama padrões de justiça concreta e maior participação política.[13]

Há ainda outra indagação inafastável: que parâmetros devem ser observados para a solução de conflitos, partindo-se da identificação dos valores de uma sociedade?

Bobbio destaca que há três modos de se fundar os valores: deduzi-los de um dado objetivo constante; considerá-los como verdades evidentes em si mesmas; e a descoberta de que, num dado período histórico, eles são geralmente aceitos (precisamente a prova do consenso).[14]

Ao submeter valores proclamados como evidentes à verificação histórica, percebe-se que aquilo que foi considerado evidente para alguns, num dado momento, não é mais considerado como evidente por outros, em outro momento. A exemplo, *a propriedade era sagrada e inviolável* aos autores da Declaração de 1789, sem qualquer observância de sua função social.

A base do consenso explica que um valor é tanto mais fundado quanto mais é aceito e, sendo um fundamento histórico, não pode ser absoluto.

Destaca ainda Bobbio que:

> ... a Declaração Universal dos Direitos do Homem é a maior prova histórica até hoje dada do *consensus omnium gentium* sobre um determinado sistema de valores. Este documento existe e foi aprovado por 48 Estados em 1948, na Assembleia Geral das Nações Unidas e pela primeira vez, um sistema de princípios fundamentais da conduta humana foi livre e expressamente aceito, através de seus respectivos governos, pela maioria dos homens que vivem na terra. Assim, o seu conteúdo, além de universal, na medida em que os destinatários independem do estado a que pertencem, é positivo, no sentido de que põe em movimento um processo cuja finalidade é a proteção dos direitos já proclamados, se necessário em face do próprio Estado, se este os houver violado.[15]

---

13 CAMARGO, Margarida Maria Lacombe, *cit.*, p. 252.

14 BOBBIO, Norberto. *A Era dos Direitos*. Trad. de Carlos Nelson Coutinho. Rio de Janeiro: Campus, 1992, p. 26.

15 BOBBIO, Norberto, *cit.*, 1992, p. 28.

Essa base interpretativa, consubstanciada na hermenêutica jurisprudencial, permite-nos considerar a natureza dialética na formação da norma jurídica, o que influenciará algumas conclusões na análise das mudanças de concepções de filiação, historicamente consideradas pelo direito brasileiro e a necessidade de revisão das categorias filiais que não mais se coadunam com o sentido da norma jurídica a ser alcançada, diante de novos valores e práticas da sociedade contemporânea. Esta dialética, contudo, deverá eleger como premissa fundamental a garantia da funcionalidade da família sob a égide da liberdade e solidariedade.

1.2 Sociedades primitivas e determinação cultural

As visões antropológicas mais visitadas pelos agentes da área jurídica sobre as relações de parentesco são norteadas por Lévi-Strauss e Engels.[16]

No sistema dualista identificado por Lévi-Strauss, a descendência na maioria das vezes é matrilinear. Neste, os membros da comunidade – tribo ou aldeia – são distribuídos em duas divisões, que mantêm relações complexas, da hostilidade à intimidade, onde estão associadas diversas formas de rivalidade e de cooperação. Tais metades, frequentemente são exogâmicas, ou seja, os homens de uma metade só podem escolher mulheres da outra e reciprocamente.[17]

O sistema organiza a reciprocidade e oferece o caráter funcional em uma coletividade. Na organização dualista os indivíduos se definem uns com relação aos outros, essencialmente segundo pertençam ou não pertençam à mesma metade. Um único termo reunirá a mãe e suas irmãs, assim como na linha masculina, um único termo definirá o pai e seus irmãos. Trata-se de um postulado na origem do sistema classificatório de parentesco. Por essa razão, a filiação seria sempre unilateral. Tal sistema de metades previne, com eficácia total ou parcial, o chamado incesto.

Já o sistema de casamento entre primos cruzados, embora existisse em numeráveis grupos e também tivesse valor funcional da reciprocidade, não tinha o caráter mais universal que o sistema dualista.

Os grupos de parentesco, classificados como clãs, fratrias e metades, apresentavam uma diferença de natureza com relação à

---

16 FRIEDRICH, Engels. *A origem da família, da propriedade privada e do estado* – trabalho relacionado com as investigações de L.H. Morgan. 10. ed. (Trad.) Leandro Konder. Rio de Janeiro: Civilização Brasileira, 1985, *passim*.

17 LÉVI-STRAUSS, Claude. *As Estruturas elementares do parentesco*. Tradução de Mariano Ferreira. Petrópolis: Vozes, 1982, p. 108.

família. Esta reconhecia a filiação pela linha materna assim como pela linha paterna, enquanto o clã e a metade só levam em conta o parentesco segundo uma única linha (matrilinear ou patrilinear).

Portanto, em um regime matrilinear não há reconhecimento de qualquer vínculo social do filho com o seu pai, que será um "estranho", "mero visitante e vice-versa e em um sistema patrilinear com relação à mãe". Contudo, mesmo nessas sociedades unilineares, há um lugar reservado ao outro e esse caráter é mais aparente do que real.[18]

Lévi-Strauss conclui que as sociedades rigorosamente unilineares, se existirem, são exceção, pois o bilinearismo oferece, ao contrário, entre as modalidades mais diversas, uma fórmula de extrema generalidade. Contudo o autor reconhece apenas que nas sociedades humanas existe um laço, quando não jurídico, ao menos psicológico e sentimental entre a criança e cada um de seus pais, traduzido em hábitos espontâneos. Em verdade o autor diferencia o rigoroso bilinearismo do que ele denomina de *sistemas de filiação indiferenciada*, onde o reconhecimento das duas linhagens significa que são ambas aptas a desempenharem o mesmo papel na transmissão dos mesmos direitos e obrigações (nome, estado social, bens), de forma simultânea ou indiferentemente de uma ou de outra.

Não há parede estanque entre a filiação unilinear, a filiação bilinear e a filiação indiferenciada. O fato é que a nossa sociedade caminhou muito nessa última direção.

As três estruturas elementares, bilateral, matrilateral e patrilateral, na amostra colhida pelo antropólogo, estão sempre presentes no espírito humano, ao menos de forma inconsciente, e estão sempre sujeitas à troca, não podendo pensar uma sem que se pense em sua oposição. O casamento bilateral, e consequentemente a filiação, seria capaz de apresentar soluções globais e não um conjunto de soluções parciais. A troca, por sua vez, pode ser fechada (quando o casamento deve observar classes determinadas ou graus preferenciais), aberta (quando a regra da exogamia reduz-se a um conjunto de estipulações negativas, deixando a escolha livre além dos graus proibidos) ou ainda pode ser caucionada por uma espécie de hipoteca em categorias reservadas (classes ou graus) e por fim pode repousar em uma garantia mais larga e de caráter financeiro, como no caso do incesto simples, como é encontrada em nossa sociedade.[19]

---

18 LÉVI-STRAUSS, Claude. *As Estruturas elementares do parentesco*; tradução de Mariano Ferreira. Petrópolis: Vozes, 1982, 142.

19 LÉVI-STRAUSS, Claude, *cit.*, p. 519.

Os sentimentos só se tornam incompatíveis entre irmãos por motivo do papel cultural que a família biológica é levada a desempenhar e não em razão da própria natureza.[20]

As visões registram as mudanças de valores na humanidade no exercício da sexualidade e na definição do parentesco como critério restritivo aos laços familiares, bem como os efeitos pessoais e patrimoniais decorrentes das convenções sociais.

O desenvolvimento da família em sua organização social, máxime nas sociedades ocidentais, ocorre paralelamente aos progressos obtidos na produção dos meios de subsistência. Nesse ponto, grande influência houve da teoria da evolução econômica da família.

Por essa razão, é importante registrar também a descrição feita por Friedrich Engels. No estado primitivo das civilizações, o grupo familiar não se assentava em relações individuais. As relações sexuais ocorriam entre todos os membros que integravam a tribo (endogamia). Com isso, a mulher, que mantinha relacionamento sexual com vários homens de sua tribo, no exercício da maternidade biológica, era sempre conhecida, mas o pai não, o que originou laços de parentesco *unilaterais*, fortalecendo o caráter matriarcal do parentesco e da família, posto que a criança ficava sempre ao lado da mãe, que a alimentava e a educava.

A organização do matriarcado identificava bem o que hoje podemos chamar de monoparentalidade. Contudo, o fenômeno se dava pela absoluta incerteza da paternidade, seja pela multiplicidade das relações, seja pela ausência óbvia de métodos científicos que pudessem aferir a paternidade, bem como pela definição dos papéis a serem exercidos pelo homem e pela mulher.[21]

Posteriormente, vicissitudes levaram os homens a procurarem mulheres em outras tribos ao invés de em seu próprio grupo. Esta seria uma primeira manifestação contra o incesto no meio social (exogamia). Nesse sentido, o homem marcha para relações individuais, com caráter de exclusividade, na maioria das civilizações que mantinham o caráter de poligamia, como algumas até a presente data. A monogamia, então, enquanto vetor de organização social desempenhou um papel de impulso social em benefício da prole, ensejando o exercício do poder paterno e consequentemente ampliando-se o caráter unilateral do parentesco

---

20 LÉVI-STRAUSS, Claude, *cit.*, p. 526.

21 FRIEDRICH, Engels. *A origem da família, da propriedade privada e do estado* – trabalho relacionado com as investigações de L.H. Morgan. 10. ed. (Trad.) Leandro Konder. Rio de Janeiro: Civilização Brasileira, 1985, *passim*.

da filiação, legitimando a *biparentalidade*, pela exclusividade da relação entre os genitores.

Não apenas a consanguinidade, mas também as convenções culturais serviram de fundamento para o estabelecimento de sistemas de parentesco em diversos grupos sociais na evolução para a civilização. No exemplo de convenções que se afastam dos critérios naturais estabelecidos no tratamento da filiação, Morgan, citado por Engels, refere-se à chamada *família sindiásmica*, onde o iroquês (*senekas*-iroqueses do Estado de NY) masculino não somente chamava filhos e filhas aos seus próprios, mas ainda aos de seus irmãos, os quais, por sua vez, os chamavam de pai. Já os filhos de suas irmãs eram tratados como sobrinhos ou sobrinhas. Essa construção era inversa para a iroquesa. São ideias que servem de base a um sistema de parentesco inteiramente elaborado e capaz de expressar centenas de diferentes relações de parentesco de um mesmo indivíduo.[22]

O interesse na denominação do parentesco através da atribuição da condição de "pai", "filho", "irmão", entre outros, não reside apenas em sua adjetivação ou na escolha de títulos, mas na definição de deveres recíprocos e definidos no regime social dos povos.

Assim, nos diversos agrupamentos outrora existentes, cujo círculo era muito amplo em sua origem, pouco a pouco vai se estreitando até abranger, exclusivamente, o casal. Portanto, na fase primitiva, onde imperava no seio da tribo a relação sexual sem barreiras (a mulher pertencia igualmente a todos os homens e o homem a todas as mulheres). Saímos de um parentesco unilateral (definido pelo matriarcado), em razão da impossibilidade de definição da paternidade, para um parentesco bilateral.

Até chegarmos à família monogâmica, o trajeto dos costumes estabeleceu diversas convenções, como a proibição do incesto. Na evolução, Engels indica as seguintes: a família consanguínea, a família punaluana e a sindiásmica.

Na família consanguínea a classificação dos grupos conjugais se dá por gerações. Nesta, apenas os ascendentes e descendentes estão excluídos dos deveres matrimoniais, mas os irmãos e irmãs, primos e primas, são todos entre si também maridos e mulheres. O que atualmente se registra como proibição através dos impedimentos antes se constituía em obrigação, que aos poucos foi se dissipando.

---

22 FRIEDRICH, Engels. *A origem da família, da propriedade privada e do estado* – trabalho relacionado com as investigações de L.H. Morgan, 2012, p. 45.

A família punaluana registra o segundo progresso, que seria a exclusão de irmão da obrigação matrimonial. O seu traço característico e essencial era a comunidade recíproca de maridos e mulheres no seio de um determinado círculo familiar, onde inicialmente foram excluídos os irmãos carnais e posteriormente os demais. De qualquer forma no matrimônio por grupos, a descendência só podia ser estabelecida ao lado materno, reconhecendo-se tão somente a linhagem feminina. Uma vez proibidas as relações sexuais entre todos os irmãos e irmãs, por linha materna, o grupo se transforma em uma *gens*, isto é, constitui-se num círculo fechado de parentes consanguíneos que não podem casar uns com os outros.

As uniões por grupos foram paulatinamente substituídas pela família sindiásmica. Aqui um homem vive com uma mulher, mas de maneira tal que a poligamia e a infidelidade ocasional continuam enquanto direito dos homens, embora, por razões econômicas, a poligamia fosse pouco observada. Ao mesmo tempo exige-se a mais rigorosa fidelidade da mulher, enquanto dure a vida em comum, sob pena de cruéis castigos.

Na medida em que se iniciou o aumento da riqueza, o homem passou a ocupar um papel mais importante na família, antes destinado à mãe pela certeza de sua descendência. Assim, foram abolidos a filiação feminina e o direito hereditário materno, que foram substituídos pela filiação masculina e o direito hereditário paterno. O desmoronamento do direito materno foi a grande derrota histórica do sexo feminino no mundo.

Na família romana de caracterização patriarcal, o chefe mantinha sob o seu poder a mulher, os filhos e certo número de escravos, daí a expressão *famulus*, que significa o conjunto de escravos pertencentes a um mesmo homem.

A origem da monogamia, portanto, pouco tem a ver com o amor sexual individual. Foi a primeira forma de família que não se baseava em condições naturais, mas econômicas e no triunfo da propriedade privada sobre a propriedade comum primitiva. Baseia-se no predomínio do homem e a sua finalidade expressa é a de procriar filhos cuja paternidade seja indiscutível, razão esta primeira para garantir a qualidade de herdeiros diretos com relação aos filhos, que um dia ingressariam na posse dos bens de seu pai. Aqui, diferentemente da sindiásmica, os laços conjugais já não podem ser rompidos por vontade de qualquer das partes, mas somente pelo homem em repúdio de sua mulher.

A convenção de que a filiação seria proveniente exclusivamente do casal, unidos monogamicamente, impulsiona a ideia da biparentalidade, pela linha paterna e pela linha materna, certifica a legitimação para a transmissão sucessória do patrimônio familiar, garantindo a continuidade social e o sustento de gerações.

Malinowski distingue enquanto corpo das principais realizações culturais do homem a posse material, a linguagem como meio de comunicação, a organização social e os sistemas espirituais. Seriam todos valores de caráter adquirido, posto que não existe neles nenhum elemento inato, que é o que fortemente diferencia o mundo da cultura do mundo dos instintos.[23]

Assim, os arranjos familiares identificados provieram da cultura e o seu fundamento essencial repousa em uma profunda modificação da dotação inata, pela qual a maior parte dos instintos desaparece, podendo ser substituída, no dizer de Malinovsky, por *tendências plásticas, embora dirigidas, que podem ser moldadas em respostas culturais*.[24]

Nessa construção residem também as convenções paterno-filiais. Fora do mundo da cultura, poder-se-ia de início atribuir a maternidade apenas em razão da prenhez e do parto, pois ligada à essencial real verdade biológica. Mas a verdade da filiação não está apenas no critério biológico, jem razão da influência de fatores culturais. Tanto assim que, diferentemente dos animais que atuam pelos seus instintos, a mãe humana desde a concepção tem de observar tabus e seguir certos costumes de regras higiênicas e morais. Seus deveres superpõem-se aos seus sentimentos. Tais regras não são diferentes para o pai que acompanha o processo da maternidade, na espera do nascimento de seu filho, imbuindo-se dos mesmos cuidados e responsabilidades que a mãe.

Em outras palavras, a tradição e a lei moral decretam que o grupo constituído por uma mulher e seu filho não seria uma unidade sociologicamente completa. A biparentalidade nesse aspecto encontra total justificativa no sentido de ser, presumidamente, a mais imbuída de potencial para a completa formação do indivíduo. Isso não deslegitima a monoparentalidade e tão pouco a multiparentalidade, atualmente reconhecida como possível no sistema jurídico brasileiro, após o julgamento do tema 622 do Supremo Tribunal Federal.

No entendimento de Sílvio Venosa a família deve ser entendida como entidade orgânica e, sendo assim, deve ser examinada,

---

23 MALINOVSKY, Bronislaw. *Sexo & Repressão na Sociedade Selvagem*. Petrópolis: Vozes, 1973, p. 161.

24 MALINOVSKY, Bronislaw, *cit.*, p. 163.

primordialmente, sob o ponto de vista exclusivamente sociológico, antes de o ser como fenômeno jurídico.[25]

No Brasil, o contexto histórico da parentalidade se deu a partir da sua colonização. Os europeus que aqui chegaram, em troca de mão de obra escrava do índio para a exploração do pau-brasil, ofereciam-lhe ferramentas e os índios, por sua vez, para obterem a mercadoria, ofereciam uma moça índia para acasalar. Assim, foi através desse costume denominado de *cunhadismo* (velho uso indígena de incorporar estranhos à sua comunidade), que o povo mestiço nascido dessa união foi formado: o povo brasileiro.[26]

O cunhadismo tornou-se generalizado entre vários povos, não apenas os portugueses, mas também os franceses e espanhóis. Tornou-se uma preocupação da Coroa Portuguesa, que se viu na iminência de perder o domínio da povoação, razão pela qual instituiu o regime das donatarias. Nestas, faixas de terra eram distribuídas a grandes senhores, agregados ao trono e com riquezas próprias para a colonização, e findaram por constituir verdadeiras províncias. A partir daí o indígena já não era um parente, mas mão de obra recrutável.

Contudo, a Coroa Portuguesa, descontente com a sorte variada das donatarias, instituiu um Governo Geral, sendo o primeiro instalado na Bahia e, como não vieram mulheres solteiras, a grande quantidade de homens com atividades profissionais diversas que aqui chegavam passou a se acasalar com as indígenas, produzindo mais mamelucos.

Em Pernambuco especificamente, havia muitas filhas de homens brancos com mulheres indígenas da terra, que ingressaram na história do Brasil como suas mães primárias.

E de certo, com a influência europeia e também do processo de evangelização dos jesuítas, a família brasileira, desde a colônia, foi se calcando em um modelo ditado pela economia de produção, exercendo uma função religiosa, econômica, política e procracional, assumindo um papel de exclusão de legitimidade de quaisquer outras relações que não adviessem do matrimônio, como modelo ideal eleito pela sociedade burguesa e católica da época.[27]

---

25 VENOSA, Sílvio de Salvo. *Direito de família*. São Paulo: Atlas, v. 5, 2001, p. 16-20.

26 RIBEIRO, Darcy, *O povo brasileiro*. São Paulo: Companhia das Letras, 2006, p. 72.

27 LÔBO, Paulo. *Direito Civil*. Famílias. São Paulo: Saraiva, 2008, p. 2.

1.3 Influência da moral religiosa

Segundo Coulanges, há uma estreita relação entre as velhas crenças e a constituição da família grega e romana. Embora não tenha sido a religião a criar a família, certamente lhe conferiu normas que a fundamentam. Assim, a compreensão das crenças envolve a compreensão da constituição da família grega e romana.[28]

Entre os antigos gregos e romanos, a religião se iniciou através do culto doméstico, reverenciado pelo fogo e por rituais. Mais tarde, se adquiriu o hábito de imaginar os deuses como pessoas, conferindo-se nomes próprios e forma humana.

O culto aos mortos gerou a ideia de perpetuidade da família. Havia o interesse de se deixar filhos, que seria uma condição para se garantir uma imortalidade feliz, por meio do ritual fúnebre. O celibato então era prática condenada por não permitir essa perpetuidade e o casamento era obrigatório e possuía a finalidade de unir dois seres em um único culto doméstico. Não podendo se extinguir, todo o afeto e todo o direito natural deviam render-se a essa regra absoluta. Na correlação, a esterilidade era causa para o divórcio, a impotência ou morte prematura reclamava a substituição do marido por um parente e a adoção servia como recurso a essa perpetuação.[29]

A religião doméstica também constituía o parentesco (*Agnatio*). À medida que a velha religião se enfraquecia, a voz do sangue falava mais alto e o parentesco pelo nascimento foi reconhecido pelo Direito após longa disputa em relação ao parentesco pelo culto (*cognatio*).

O Direito romano marcou de forma expressiva o direito de família. Os conceitos de família e filiação eram alicerçados no casamento e no autoritarismo imposto pela figura do *pater*, dando origem ao termo pátrio poder, hoje denominado poder familiar. Esses conceitos incorporaram-se ao antigo Código Civil brasileiro, sendo que ainda hoje se percebe a sua influência e seus resquícios na legislação vigente.

Dessa forma, no Brasil a grande influência para a formação da família brasileira não teve origem apenas na descendência europeia, mas também na doutrinação dos jesuítas.

Os índios, como bem relata Ribeiro, perceberam a chegada do europeu como um acontecimento espantoso só assimilável em sua visão

---

28 COULANGES, Fustel de. *A Cidade Antiga*. São Paulo: Martin Claret, 2009, p. 43.

29 COULANGES, Fustel de, *cit.*, p. 63.

mítica do mundo. Seriam gente de seu deus sol, o criador (Maíra), que vinham milagrosamente sobre as ondas do mar grosso.[30]

Mas essa visão idílica se dissipa mais tarde, tornando-se contrária, com a destruição das bases da vida social indígena. Assombrados e fragilizados, foram submetidos à pregação missionária, com o objetivo de assumirem a culpa pelo seu "flagelo". A cristandade surgia para conformar os índios de que as enfermidades e a falência social que os acometia era fruto de sua culpa e constituía-se em punição de seus pecados. Alguns povos ainda tentaram fugir do convívio com o branco, fosse da cristandade missionária, fosse da pecaminosidade colonial, mas em cada nova geração havia quem se sentisse atraído irresistivelmente pelas ferramentas e adornos trazidos.[31]

Visando concretizar o plano de colonização proposto por Padre Nóbrega em 1558 (documento mais expressivo da política indigenista jesuítico-lusitana), Men de Sá assumia o papel de subjugar a população aborígene para escravizá-la ou colocá-la em mãos dos missionários. A função principal dos jesuítas foi minar a lealdade étnica dos índios, apelando para o seu espírito religioso, para fazê-los desgarrar-se das tribos e aderirem às missões, sendo grande a sua responsabilidade pela dizimação do povo indígena.[32]

Com o Governo Geral instalado pela Coroa Portuguesa após o Regime de Donatarias, surgiu o povo mameluco e as suas filhas mestiças, e para alcançarem o *status* de gente digna, passaram a ser fiéis de santos católicos em resposta à conversão buscada pelos padres. Futuramente as implantadoras do catolicismo popular santeiro.

O processo de evangelização, portanto, submete futuramente o povo brasileiro, que se originou pelo cunhadismo (com função de inserção civilizatória), às rédeas do direito canônico para o estabelecimento de sua base familiar.

O Direito Canônico, diferentemente do Direito Romano, foi marcado pelo advento do cristianismo. A partir desse momento só se instituíam famílias através de cerimônia religiosa. O cristianismo que, por razões de conveniência política em Roma, terminou se classificando em *apostólico,* que se sujeitava a um poder de comando; e o *agnóstico,* que, ao contrário, pregava a doutrina independentemente de comando. Os cristãos agnósticos foram levados ao sacrifício sob várias pechas.

---

30 RIBEIRO, Darcy, *cit.*, p. 38-9.

31 RIBEIRO, Darcy, *cit.*, p. 38-9.

32 RIBEIRO, Darcy, *cit.*, p. 65.

O Direito Canônico, constituindo-se em lei estabelecida pela Igreja Católica Apostólica Romana, tinha vigência na esfera familiar antes da separação entre a Igreja e o Estado. Com a reforma protestantista, contudo, houve a retomada dos cânones romanos, mas o Concílio de Trento reafirmou o caráter sacramental do casamento e não apenas contratual, reconhecendo a competência exclusiva da Igreja e das autoridades eclesiásticas em tudo o que se relacionasse ao casamento.[33]

Rodrigo da Cunha Pereira ressalta que o casamento sofreu uma grande variação em sua essência, pois o cristianismo elevou o casamento a sacramento. "O homem e a mulher selam a sua união sob as bênçãos do céu, transformando-se numa só entidade física e espiritual e de maneira indissolúvel".[34]

O sacramento do casamento não poderia ser desfeito pelas partes e somente a morte separaria a união indissolúvel entre um homem e uma mulher, simbolizada através da troca de alianças.

Com o fortalecimento do poder espiritual, a Igreja começou a interferir de forma decisiva nos desígnios familiares. De acordo com Caio Mário, a partir desse momento a Igreja passou a empenhar-se em combater tudo o que pudesse desagregar o seio familiar, como a sua "dissolubilidade", inadmitida pelo caráter espiritual e irreversível da relação matrimonial, assim como o aborto, o adultério e principalmente o concubinato.[35]

Nessa fase, as mulheres deixaram de ser raras como outrora, mas, por outro lado, a supremacia do casamento fez com que o adultério fosse abominado pela sociedade, sendo praticado de forma discreta apenas pelo homem, de forma socialmente aceito, que por sua vez mantinha suas concubinas escondidas da família e da sociedade.

Na Grécia existia um machismo muito evidente aos olhos da atualidade e o catolicismo fortaleceu a autoridade do homem dentro da célula familiar, tornando-o chefe absoluto. Nesse sentido, a influência ou autoridade da mulher era quase nula ou diminuída. Ela estava destinada à inércia e à ignorância. Tinha vontade, mas era impotente e privada de capacidade jurídica. Consequentemente, na organização familiar, a chefia era do marido. Este era também o chefe da religião

---

33 WALD, Arnold. *O novo direito de família*. 13. ed. São Paulo: Saraiva, 2000. p. 15.

34 PEREIRA, Rodrigo da Cunha. *Direito de Família*: uma abordagem psicanalítica. Belo Horizonte: Del Rey, 1997, p. 35.

35 PEREIRA, Caio Mario da Silva. *Instituições de direito civil. Direito de Família*. Rio de Janeiro: Forense, 2009, p. 63.

doméstica e, como tal, gozava de um poder absoluto, podendo inclusive vender o filho ou mesmo matá-lo.

A mulher estava condenada aos afazeres domésticos e ao cuidado com os filhos, não podendo se ausentar do lar sem o consentimento do marido. O cristianismo acentuou a autoridade do homem, tornando-o chefe do lar e sacerdote da família com poderes sobre a vida e a morte de seus integrantes.

A vitória do "Cristianismo", segundo Coulanges, marca o fim da sociedade antiga. Assim, o Cristianismo não era a religião doméstica de nenhuma família, a religião nacional de nenhuma cidade e de nenhuma raça. Não pertencia nem a uma casta nem a uma corporação. Desde o início ele chamava para si a humanidade inteira em seu discurso.[36]

Importante esse contexto de opressão da mulher pelas mãos do sagrado. A sua vontade nula está sempre na espreita de muitos projetos atuais ainda. A possibilidade de procriar sem a presença de homem, mas utilizando-se apenas da doação do seu material, pela reprodução assistida, a recoloca também na esfera do exercício de sua autonomia, desta feita, uma autonomia parental.

1.4 Modelos legais no Brasil e influências normativas

1.4.1 As Ordenações Filipinas e as Constituições do Arcebispado da Bahia

Visando a análise da situação parental de filiação nos modelos legais brasileiros e influências sofridas, importante descrever o tratamento empreendido pelas Ordenações Filipinas (1603) e as Constituições do Arcebispado da Bahia (1765), pelos Códigos Civis brasileiros (1916 e 2002), além da importância da obra de Teixeira de Freitas (1855) e sua influência na legislação civil brasileira.

No Brasil e já na esfera legal, a influência do direito canônico adveio antes mesmo das Ordenações Filipinas. As Ordenações Filipinas, publicadas em 1603, se estabeleceram como primeiro modelo legal brasileiro.

Orlando Gomes ressalta essa época de vigência das Ordenações Filipinas (1603) no Brasil, que durou mais de três séculos. Tal legislação, organizada por Portugal no século XVII, impediu o Brasil de se aliar ao movimento de renovação legislativa da maioria das nações ocidentais

---

36 COULANGES, Fustel de, *cit.*, p. 404.

no século XIX. Por ser uma compilação repleta de lacunas, de logo foi censurada por entrar em vigência com certa desatualização. Pela Lei de agosto de 1769, chamada de *Lei da Boa Razão*, foram impostos novos critérios de interpretação e de integração das lacunas da lei. Mesmo nos primeiros 25 (vinte e cinco) anos do regime republicano, a lei de origem portuguesa manteve-se vigente, não obstante as recomendações para uma nova legislação civil. Durou mais no Brasil do que em Portugal (1867).[37]

Segundo Pontes de Miranda, foram as seguintes as inovações: I – que seja inalterável o modo de julgar; II – que havendo dúvidas se fixe antes a inteligência da lei; III – que se atenda ao espírito das leis, e não a outras regras de interpretação; IV – que as glosas de opiniões de Acúrsio e de Bartolo não possam ser alegadas em juízo, nem sugeridas, nem a de outros doutores; V – que o costume seja conforme a boa razão e as leis do reino e de mais de cem anos.[38]

Enquanto Portugal passou a sofrer a influência para a renovação legislativa do Código de Napoleão com as ideias liberais, o Brasil se distanciava, mantendo tradições. De forma que houve três tentativas no Império de codificação que não foram levadas adiante (Teixeira de Freitas – 1859, Nabuco de Araújo – 1872 e Felício dos Santos –1881).

No Direito de Família e sucessões mantiveram-se inúmeras tradições, como a indissolubilidade do matrimônio, o regime de comunhão universal de bens, entre outras. Segundo Pontes, vários artigos denunciam a preponderância do círculo da família, ainda despoticamente patriarcal. A sociedade colonial à época foi de grande influência para a manutenção dos valores patriarcais.[39]

As Ordenações Filipinas, portanto, foram embasadas pelo Direito Romano e pelo Direito Canônico. Em matéria de criança e adolescente, logo em seu Livro Primeiro, deixava clara a intervenção do Estado na proteção do órfão, assim designada a pessoa menor de 25 anos cujo pai houvesse falecido.

Sim, a orfandade era detectada com a morte paterna e não a materna.

A preocupação estava muito mais na esfera patrimonial e a regulamentação nesse Livro não pretendia se imiscuir na legislação

---

37 GOMES, Orlando. Raízes históricas e sociológicas do Código Civil brasileiro. São Paulo: Martins Fontes, 2006, p. 4.

38 PONTES DE MIRANDA, Francisco Cavalcanti. *Fontes e evolução do Direito Civil Brasileiro*. Rio de Janeiro: Forense, 1981, p. 45.

39 PONTES DE MIRANDA, Francisco Cavalcanti, *cit.*, p. 45.

familiar prevista no Livro Quarto, mas já trazia algumas evidências em matéria de filiação. A orfandade era considerada a partir da ausência apenas do pai, de forma que, caso se estabelecesse durante tenra idade, havia a preocupação com relação à criação da criança, autorizando que estas permanecessem com a mãe, preferencialmente para o aleitamento até os quatro anos de idade ao menos, caso contrário, a própria regra autorizava a criança a ser entregue à sua ama de leite, figura muito comum na sociedade colonial e que tinha uma participação ativa na criação dos filhos das senhoras casadas.[40]

Nessa qualidade de órfão também ingressavam as crianças não advindas de legítimo matrimônio. Primeiro os seus pais deveriam ser chamados à sua criação e, não o podendo, a responsabilidade passaria para a mãe. Sendo filhos de religiosos ou de mulheres casadas, havia a determinação para que fossem criados por hospitais ou albergarias da localidade. Portanto, grande responsabilidade recaía nos juízes de órfãos e escrivãs nessa supervisão.

Os efeitos familiares eram proibidos fora da esfera matrimonial. Era de interesse do reino o patrimônio que alguma mulher viesse a ter em razão de doação ou sucessão, tanto assim que, se esta mulher viesse a se casar sem a autorização do Rei com relação à pessoa do noivo, estaria sujeita à perda de seu patrimônio. O mesmo tratamento era dado àquelas que estivessem em situação de "ajuntamento", considerada relação desonesta.[41]

A meação automática dos bens entre marido e mulher estava condicionada à validade e legitimidade do matrimônio. E a sucessão só poderia ocorrer para o cônjuge sobrevivo se não houvesse parentes até o décimo grau do *de cujus*.[42]

De qualquer forma e subliminarmente, o homem tinha aceitação social no que diz respeito aos relacionamentos extraconjugais. A sua "Barregãa", assim denominada a mulher por quem tinha afeição carnal, nada poderia receber em doação, estando a esposa legitimada a reaver a qualquer tempo tal bem, salvo se rompido o casamento pela morte, quando teria quatro anos para reaver o bem, a contar da data do falecimento. A expressão é importante para identificar, à época,

---

40 CÓDIGO FILIPINO ou *Ordenações e Leis do Reino de Portugal*. Recopiladas por mandado D'EL-REI D. Filipe I. Primeiro Livro. Edições do Senado Federal – Vol. 38-A, 2012, p. 206-211.

41 CÓDIGO FILIPINO ou *Ordenações e Leis do Reino de Portugal*. Recopiladas por mandado D'EL-REI D. Filipe I. Primeiro Livro. Edições do Senado Federal – Vol. 38-B, 2012, p. 162.

42 CÓDIGO FILIPINO ou *Ordenações e Leis do Reino de Portugal*. Recopiladas por mandado D'EL-REI D. Filipe I. Primeiro Livro. Edições do Senado Federal – Vol. 38-C, 2012, p. 870.

que a criança que estaria por vir (filho adulterino) não seria sujeito na relação de filiação com o pai e não poderia demandar qualquer direito.

A distinção em razão do gênero era flagrante. Mesmo dentro da legitimidade matrimonial, filhos e filhas detinham direitos e obtinham tratamentos diferenciados. O "mau" casamento da filha mulher, fosse em razão da ausência de autorização paterna, fosse em razão da pessoa do marido, poderia implicar sua deserdação em testamento pelo pai.

O direito sucessório dos filhos naturais que advinham de relações entre solteiros ou desimpedidos ou de escravas estava condicionado à posição social do pai. Assim, se o pai era "peão", categoria de nível mais baixo, os filhos naturais poderiam herdar igualmente aos filhos legítimos. Mas se o pai era "cavalleiro" ou "scudeiro", categorias mais nobres, tais filhos só herdariam se outros filhos legítimos não houvesse.

Se nascido o filho de um "coito danado" (filhos de clérigos ou de pessoas impedidas – relação ilícita), seriam os seus sucessores os irmãos, já que os seus ascendentes não poderiam ser considerados. Assim, não lhe era negada a condição de filho, mas sim o direito que lhe seria proveniente dessa relação, na medida em que, para excluir, teria que haver a presunção de sua filiação com relação aos ascendentes que assim procederam.

No início do século XVIII, refletindo a teologia moral em vigor e sintetizando as ideologias religiosas reinantes, surgiram no Brasil *as Constituições Primeiras do Arcebispado da Bahia*, publicadas no ano de 1707 pela Igreja Católica, promulgadas pelo Arcebispo da época Dom Sebastião Monteiro da Vide, e basearam-se nas tradições bíblicas, nas Constituições Portuguesas e nas diretrizes do Concílio Tridentino de forma adaptada à situação colonial. Constituem-se verdadeiras raízes de nosso ordenamento jurídico.[43]

A sua dimensão transcende os limites do universo religioso para se reafirmar como um documento que regrava a vida em sociedade no país. A sua última edição data de 1853.

Naquele momento, a obra traduzia as tendências teológicas e normatizava a prática religiosa para a sociedade colonial. O documento se constituía em cinco livros.

No contexto em que foram redigidas no Brasil, já havia a consolidação de um modelo econômico e mão de obra escravagista, enfatizando uma forte polarização entre o elemento português e o elemento africano,

---

[43] VIDE, Sebastião Monteiro da. *Constituições Primeiras do Arcebispado da Bahia*/ feitas e ordenadas pelo ilustríssimo e reverendíssimo D. Sebastião Monteiro da Vide (Arcebispo). Volume 79, Brasília: Senado Federal, 2011.

além de uma camada intermediária constituída pelo baixo clero, mestiços e negros libertos.

No projeto colonizador e evangelizador, Igreja e Estado Português estavam ligados pela instituição do Padroado Régio. Dilatar a fé era um compromisso da Igreja, mas também um dever do Reino. Da mesma forma, dilatar o Império era um objetivo conquistador do Reino, mas que interessava à Igreja para uma maior extensão da propagação de sua fé.

Assim, qualquer tentativa de integração social passava pelas "asas protetoras e dominadoras" da religião católica. As normas ditavam como deveriam se comportar os fiéis e o clero, e com a obrigatoriedade da religião católica a força era imperativa e a desobediência importava em punição.

No que diz respeito à esfera familiar, a preocupação refletia-se nas regras dos sacramentos pelo batismo, pela crisma e pelo matrimônio, com distinção estabelecida nas regras do matrimônio para escravos.

A filiação estaria sempre dependendo da legitimação do sacramento pelo matrimônio, que era definido da seguinte forma:

> O ultimo Sacramento dos sete instituídos por Christo nosso Senhor é o do Matrimônio. E sendo ao princípio um contracto com vínculo perpétuo, e indissolúvel, pelo qual o homem, e a mulher se entregarão um ao outro, o mesmo Christo Senhor nosso o levantou com a excellencia do Sacramento, significando a união, que há entre o mesmo Senhor, e a sua Igreja, por cuja razão confere graça aos que dignamente o recebem. A matéria deste Sacramento é o domínio dos corpos, que mutuamente fazem os casados, quando se recebem, explicado por palavras, ou signaes, que declarem o consentimento mútuo, que de presente tem.(...) Foi o Matrimônio ordenado principalmente para três fins e são três bens, que nelle se encerrão. O primeiro é o da propagação humana, ordenada para o culto, e honra de Deos. O segundo é a fé, e lealdade, que os casados devem guardar mutuamente. O terceiro é o da inseparabilidade dos mesmos casados, significativa da união de Christo Senhor nosso com a Igreja Católica.[44]

A idade mínima estabelecida para o matrimônio era de 14 anos completos para o varão e 12 anos completos para a fêmea que não estivessem impedidos na concepção da Igreja, sob pena de excomunhão não apenas para os contraentes como também para os denunciantes do

[44] VIDE, Sebastião Monteiro da. Constituições Primeiras do Arcebispado da Bahia/ feitas e ordenadas pelo ilustríssimo e reverendíssimo D. Sebastião Monteiro da Vide (Arcebispo). Volume 79, Brasília: Senado Federal, 2011, p. 107.

impedimento, sem prejuízo de penas pecuniárias. Os impedimentos eram:

> a) o erro com relação á pessoa do outro cônjuge, mas definido com relação à identidade; b) a condição de casado de um dos contraentes (captivo); c) a condição de ser um dos contraentes ligado pelo voto religioso pelo recebimento de Ordens Sacras; d) a cognação seja natural (parentes consanguíneos até o 4º), espiritual (entre padrinhos e afilhados pelo batismo) ou legal (adoção – parentesco entre o perfilhante e o perfilhado – padrastos e enteados); e) Crime (contraente viúvo que tenha premeditado e maquinado a morte do outro); f) Disparidade da religião; g) coação (constrangimento para casar por medo); g) Ordem (se pertencente o contraente a alguma ordem sagrada, ainda que apenas diácono); h) Ligame (se o contraente ainda estiver ligado a um matrimônio não consumado); i) pública honestidade (quando um dos contraentes havia celebrado válidos desposorios de futuro com algum parente do atual contraente); j) Afinidade (parentesco do contraente com os parentes consanguíneos do outro pelo anterior casamento); k) Impotência (incapacidade de GERAR, por falta ou improporção dos instrumentos da cópula ou enfermidade perpétua); l) Rapto (o raptor com a raptada contra a sua vontade, ou mesmo consentindo esta se estiver contrariando a vontade de quem detém o seu poder; m) Ausência do celebrante religioso e de duas testemunhas. A perfilhação do enteado por padrasto apenas era considerada para fins de impedimentos matrimoniais, e não se confundia com um novo estado de filiação.

Tais impedimentos não apenas tinham o condão de evitar que o matrimônio fosse contraído entre pessoas que estivessem nessa condição como também de dirimir o vínculo pela total nulidade.

Os chamados delitos da carne eram aplicados às condutas de sodomia, bestialidade (relação sexual do homem com animais), Mollicie (relação sexual entre mulheres e entre homens), adultério (feminino), incesto (incluindo parentes colaterais de 4º grau e uma gradação de penalidades pecuniárias até a restrição de liberdade). Denotavam o caráter excludente das relações existenciais e a total restrição à autonomia da vontade, em nome de valores religiosos que eram considerados sagrados, aos quais se devia obediência.

Ao que se percebe, a figura da pessoa enquanto menor de idade e incapaz era totalmente desconhecida e desprotegida. Os adolescentes já podiam assumir obrigações matrimoniais, considerando as idades de 14 e 12 anos, e também estariam sujeitos às penalidades da fé contra o matrimônio.

De qualquer forma o caráter perpétuo do matrimônio, a exigência da figura de duas pessoas de sexos distintos para a sua realização e a necessidade de consumação com finalidade reprodutiva colocavam a condição do ser humano sujeito a ser advindo de uma relação matrimonial válida, presentes necessariamente as figuras paterna e materna com distinção de sexo, fortalecendo a ideia de biparentalidade.

1.4.2 As legislações civis

A consolidação das leis civis por Teixeira de Freitas terminou influenciando e facilitando a codificação em 1917. O Esboço do Código Civil foi editado entre 1860 e 1865. Contratado pelo governo imperial, Teixeira foi responsável pela elaboração da consolidação das leis civis, uma vez que sobre as Ordenações Filipinas se acumularam numerosas leis avulsas que precisavam ser coordenadas sistematicamente, a fim de empreender a codificação determinada pela Constituição de 1824.[45]

No que diz respeito à filiação, a disposição dividiu a matéria em duas classificações: a filiação legítima advinda do casamento e dentro das extensas presunções e a filiação ilegítima, sendo que, dentro desta, a total exclusão de direitos se dava com relação aos filhos advindos do denominado "coito danado". Este, por sua vez, estaria previsto no artigo 171, como sendo os filhos adulterinos, os incestuosos e os sacrílegos (filhos de pessoas ligadas à ordem religiosa aprovada pela Igreja Católica), mantendo nesse aspecto os valores anunciados nas Ordenações Filipinas.

Contudo, o *Esboço* acrescentava uma série de dispositivos sistematizados com relação aos direitos e obrigações entre pais e filhos, deixando claro o poder que aqueles detinham sobre estes até mesmo no que se refere à sua liberdade, na medida em que além de castigos "moderados" na hipótese de desobediência e má conduta, por meio de correções domésticas, poderiam solicitar ao Juiz de Órfãos o seu encarceramento pela detenção por até quatro meses, em casa correcional, sem direito de recurso da decisão judicial.

Nesse ponto, enxerga-se a situação da criança e do adolescente no seio da família como sendo um indivíduo coadjuvante da família e sujeito à vontade dos adultos, vivendo em total anonimato com relação aos seus direitos fundamentais.

---

45 TEIXEIRA DE FREITAS, Augusto, 1816-1883. *Esboço do Código Civil*. Brasília, Ministério da Justiça, Fundação Universidade de Brasília, 1983, p. XII.

Legítimos seriam apenas os filhos advindos do casamento válido ou putativo. A negatória de paternidade era admitida com legitimidade exclusiva do marido e em casos restritos de provável concepção ou nascimento fora dos prazos das presunções de filiação e nas hipóteses de prova da impossibilidade do coito físico durante a época da concepção. Nesta última hipótese, a prova dessa impossibilidade seria dispensada se houvesse prova do adultério da mulher. Na própria ação negatória de paternidade se podia provar o adultério da mulher. O prazo para intentar a ação também era exíguo, de dois meses a contar do dia da ciência do parto da mulher. A legitimidade da filiação, portanto, se dava como um título ao filho, que por sua vez também poderia contestá-la, na hipótese de não haver casamento entre os pais que foram indicados, ou em razão de ter sido nulo e não putativo o casamento ou por não ter sido concebido durante o casamento. Havia, portanto, dois tipos de ação: a contestação da paternidade e a contestação da legitimidade.

Duas classes de incapazes estariam sujeitas ao poder do homem chefe da sociedade conjugal: as mulheres/esposas (poder marital) e os denominados filhos-famílias (que estavam sujeitos ao pátrio poder).

À mãe caberia apenas fazer as vezes do marido na hipótese de ausência deste por declaração ou morte. Ela não detinha *pátrio poder* sobre os filhos e apenas poderia assumi-los mediante tutela, na hipótese de falecimento do pai.

A legitimação dos filhos poderia se fazer por casamento subsequente e mesmo assim apenas se o pai tivesse seu domicílio no Império, ao tempo da celebração do casamento. A legitimação também não poderia se dar com relação aos filhos adulterinos e sacrílegos. Na hipótese de anulável o casamento subsequente, e mesmo sendo putativo, não produziria efeito de legitimação dos filhos.

Os filhos naturais e não advindos do casamento também se enquadravam na categoria dos ilegítimos, mas podiam vir a ser reconhecidos, salvo se proveniente do "coito danado". O instrumento para o reconhecimento só poderia se dar por escritura pública, testamento ou codicilo, que por sua vez tinha legitimação contestável na hipótese de nulidade do instrumento.

A disposição do artigo 1585 é curiosa, máxime com relação ao tema pertinente ao presente trabalho, visto que se revelava como verdadeira proibição de multiparentalidade, conforme descrito:

> Art. 1585. Se alguém for reconhecido como filho natural por mais de um homem como seu pai, ou por mais de uma mulher como sua mãe, não haverá prova de paternidade, ou da maternidade, enquanto um destes

reconhecimentos em colisão não for excluído por sentença passada em julgado.

Atender-se-á em tal caso ao reconhecimento que tiver por si maior número de presunções ou probabilidades, e se um deles for de filiação de coito danado, preferirá o outro.[46]

Um dos dispositivos mais preconceituosos estava na proibição da demanda de investigação de paternidade para os filhos naturais que não haviam sido reconhecidos voluntariamente, salvo para fins de alimentos e nos casos de estupro ou rapto se a época da concepção coincidisse com a época em que foi estuprada ou raptada em poder do autor de tais delitos.

E o artigo 1601 fechava esse entendimento de ilegitimidade, ao prever a proibição de reconhecimento voluntário ou judicial, se os filhos fossem provenientes do coito danado.

> Art. 1601. Proíbe-se que filhos de coito danado (arts. 171 e 174) sejam reconhecidos por seu pai ou mãe (arts. 1576 e 1583) e também se proíbe que a respeito da paternidade ou maternidade deles se provoque em Juízo, qualquer investigação especial.

A previsão quanto aos direitos e obrigações dos parentes também é significativa, uma vez que havia a possibilidade de efeitos jurídicos patrimoniais entre os parentes afins (sogro, sogra, genro, nora). E embora a hipótese dos enteados e padrastos estivesse prevista nas relações de parentesco por afinidade, a inclusão para efeitos de alimentos era restrita ao sogro(a) e genro ou nora.

A única hipótese de extinção do parentesco por afinidade, dado o caráter indissolúvel do casamento, era quando da nulidade do casamento não putativo, quando passava a ser designado como parentesco por afinidade ilegítima.

O grande marco histórico no que concerne à legislação brasileira foi a promulgação da Lei nº 3.071, de 1º de janeiro de 1916 (antigo Código Civil).[47] Este Código, projeto de Clóvis Beviláqua, é uma obra de seu tempo, iniciada em abril de 1889 e concluída em novembro do mesmo ano, a qual só foi aprovada em 1912 pelo Senado Federal, entrando em vigor a partir 1º de janeiro de 1917.

---

46 TEIXEIRA DE FREITAS, Augusto, 1816-1883. *Esboço do Código Civil*. Brasília, Ministério da Justiça, Fundação Universidade de Brasília, 1983, p. 321.

47 BRASIL. Lei nº 3.071, de 1º de janeiro de 1916. Código Civil dos Estados Unidos do Brasil. Disponível em: http://www.planalto.gov.br/ccivil_03/leis/l3071.htm. Acesso em: 3 abr. 2015.

Luiz Edson Fachin, ressaltando a superação do modelo clássico no Brasil pelo princípio da igualdade, enfatiza que o Código Civil de 1916 foi a "lei das desigualdades" da família, assentado em um estatuto de regulação diferenciada dos papéis familiares, situação essa congruente com o modelo patriarcal, matrimonializado e hierarquizado. A preocupação patrimonial era uma tônica nessa legislação, valorando-se como constituição do homem privado, titular de patrimônio.[48]

Na filiação a desigualdade era gritante, fortemente influenciada pelo *Esboço* de Teixeira de Freitas anteriormente referenciado. Continuava a evidente distinção entre filhos legítimos e ilegítimos, naturais e adotivos, registrada no assento de nascimento a origem da filiação. Na sucessão, conforme se depreende do disposto no artigo 377 do mesmo Código, o adotado não tinha direito se houvesse filhos legítimos, legitimados ou reconhecidos.

Na filiação legítima destaque-se o disposto no artigo 339 com relação à impossibilidade de contestação da legitimidade pelo pai quanto a filhos nascidos fora dos prazos das presunções e de cuja gravidez tinha conhecimento ou mesmo tenha assistido ao parto sem contestar a paternidade.[49]

Uma espécie de reconhecimento da verdade real do registro, muito embora estivesse se tratando de filhos nascidos na constância do casamento, porém fora da presunção. À época, a justificativa poderia ser a paz doméstica exigida no casamento. Mas hoje a possibilidade de um prazo prescricional para a negatória de paternidade poderia servir à valoração da filiação socioafetiva.

Dispositivo que colidiu com a orientação do esboço foi o que previu que o adultério da mulher não seria suficiente para ilidir a paternidade, desatrelando a relação parental da relação conjugal, de acordo com o disposto no artigo 343.[50]

---

48 FACHIN, Luiz Edson. *Teoria Crítica do Direito Civil*. Rio de Janeiro: Renovar, 2000, p. 293.

49 BRASIL. Lei nº 3.071, de janeiro de 1916. Código Civil de 1916. Disponível em: http://www2.camara.leg.br/legin/fed/lei/1910-1919/lei-3071-1-janeiro-1916-397989-norma-pl.html. Acesso em: 7 fev. 2016.
Art. 339. A legitimidade do filho nascido antes de decorridos os cento e oitenta dias de que trata o n. I do artigo antecedente, não pode, entretanto, ser contestada: I – se o marido, antes de casar, tinha ciência da gravidez da mulher; II – se assistiu, pessoalmente, ou por procurador, a lavrar-se o termo de nascimento do filho, sem contestar a paternidade.

50 BRASIL. Lei nº 3.071, de janeiro de 1916. Código Civil de 1916. Disponível em: http://www2.camara.leg.br/legin/fed/lei/1910-1919/lei-3071-1-janeiro-1916-397989-norma-pl.html. Acesso em: 7 fev. 2016.
Art. 343. Não basta o adultério da mulher, com quem o marido vivia sob o mesmo teto, para elidir a presunção legal de legitimidade da prole.

Manteve-se a regra de impossibilidade de reconhecimento de filhos incestuosos e adulterinos na previsão do emblemático artigo 358, que só veio a ser revogado em 1989 pela Lei nº 7.841.

Da mesma forma como Teixeira havia previsto no *Esboço*, os filhos ilegítimos de pessoas não previstas nos impedimentos matrimoniais só poderiam ser reconhecidos sob condições expressas na lei, acrescentando-se tão somente a previsão do inciso III do então artigo 363.[51]

O que pode se considerar um passo na busca da igualdade na filiação foi a previsão do artigo 367 do código que admitia o reconhecimento de filhos mesmo na hipótese de nulidade de casamento sem putatividade.

Como não havia a possibilidade de dissolução *inter vivos* do casamento, as disposições com relação ao então chamado pátrio poder eram menos complexas. Na hipótese de dissolução pela morte, restaria o pátrio poder ao sobrevivente.

Da mesma forma, um grande passo foi dado no reconhecimento da criança e do adolescente enquanto sujeito de direito, na medida em que foi desprezada a possibilidade de busca judicial para detenção do filho desobediente ou de má conduta e a expressão do castigo moderado ficou implícita ao invés de expressa.

Na relação conjugal também houve avanços para a época, com a possibilidade do desquite amigável caso o casamento já contasse com dois anos de duração, e com as exceções do adultério ser considerado motivo do desquite, conforme previsto no então artigo 319 e seu parágrafo único. Observa-se, pela previsão do parágrafo único desse artigo, a possibilidade do exercício da autonomia do cônjuge na esfera de suas relações existenciais conjugais em lugar da intervenção proibitiva do Estado.[52]

---

[51] BRASIL. Lei nº 3.071, de janeiro de 1916. Código Civil de 1916. Disponível em: http://www2.camara.leg.br/legin/fed/lei/1910-1919/lei-3071-1-janeiro-1916-397989-norma-pl.html. Acesso em: 7 fev. 2016.
Art. 363 Os filhos ilegítimos de pessoas que não caibam no art. 183, I a VI, têm ação contra os pais, ou seus herdeiros, para demandar o reconhecimento da filiação: I – se ao tempo da concepção a mãe estava concubinada com o pretendido pai; II – se a concepção do filho reclamante coincidiu com o rapto da mãe pelo suposto pai, ou suas relações sexuais com ela; *III – se existir escrito daquele a quem se atribui a paternidade, reconhecendo-a expressamente*

[52] BRASIL. Lei nº 3.071, de janeiro de 1916. Código Civil de 1916. Disponível em: http://www2.camara.leg.br/legin/fed/lei/1910-1919/lei-3071-1-janeiro-1916-397989-norma-pl.html. Acesso em: 7 fev. 2016.
Art. 319. O adultério deixará de ser motivo para o desquite: I – Se o autor houver concorrido para que o réu o cometesse. II – Se o cônjuge inocente lhe houver perdoado. *Parágrafo único.* Presume-se perdoado o adultério, quando o cônjuge inocente, conhecendo-o, coabitar com o culpado.

Com relação à guarda de filhos menores no CCB/1916, havia previsão de escolha do guardião na pessoa do cônjuge não culpado pelo desquite, o que demonstrava que o instituto não estava preocupado com o atendimento do melhor interesse da criança, por não reconhecer nesta a condição de sujeito de direito. Além disso, demonstra a confusão estabelecida dentro da esfera familiar, entre a conjugalidade e a parentalidade.

No ano de 1949, houve outra substancial modificação legal que denotou a mudança de valores almejada para a igualdade na filiação. Entrou em vigor a Lei nº 883, que tratou sobre o reconhecimento dos filhos ilegítimos. Tal reconhecimento foi permitido ainda de forma camuflada e sujeito a condições ligadas à sociedade conjugal, uma vez que a ação de reconhecimento de filiação poderia ser manejada apenas após a dissolução da sociedade conjugal, não obstante durante esta pudesse o filho buscar o seu sustento, tendo direito inclusive a alimentos provisionais, desde que em segredo de justiça, independentemente portanto de seu reconhecimento.

Antes de sofrer as primeiras alterações, a lei ainda previa desigualdade no direito de herança, já que ao filho considerado ilegítimo lhe era dado o equivalente à metade do que teria direito o filho legítimo. Apesar das imperfeições, representou um grande salto, inclusive com a previsão de proibição da designação de ilegitimidade ao filho extramatrimonial, deixando de lado a postura preconceituosa do qual o legislador se fez valer no texto da Lei nº 3.071, de 1916.[53]

Posteriormente, a lei foi modificada por outros dispositivos legais que visaram a ampliar ou redimensionar o caráter de igualdade na filiação.

Em 27 de agosto de 1962 foi publicada a Lei nº 4.121, que dispõe sobre a situação jurídica da mulher casada, denominada Estatuto da Mulher Casada. Essa lei revogou vários dispositivos do Código Civil de 1916 e, dentre outros direitos, a mulher obteve o direito de exercer o poder familiar, mesmo constituindo novo casamento. Igualmente passou a ter direito de participar conjuntamente com o marido no exercício do poder familiar, podendo exercê-lo completamente na ausência deste, ainda que prevalecendo a vontade do homem, conforme redação do parágrafo único do artigo 380 do Código Civil de 1916 (Redação esta determinada pela Lei nº 4.121, de 1692): *divergindo os genitores quanto*

---

[53] BRASIL, Lei nº 883, 21 de outubro de 1949. Dispõe sobre o reconhecimento de filhos ilegítimos. Disponível em: http://www.planalto.gov.br/ccivil_03/leis/1930-1949/L0883.htm. Acesso em: 4 abr. 2015.

ao exercício do pátrio poder, prevalecerá a decisão do pai, ressalvado à mãe o direito de recorrer ao juiz para a solução da divergência.[54]

A possibilidade de dissolução *inter vivos* do casamento foi o primeiro rompimento de muitas opressões. Em 1977 entrou em vigor a Lei nº 6.515, que regula os casos de dissolução da sociedade conjugal e do casamento, conhecida como a Lei do Divórcio, que regulamentou a Emenda Constitucional nº 9, de 1977. A Lei do Divórcio teve grande significado, vez que concedeu o direito à mulher poder optar ou não pelo uso do nome de família de seu marido. Outra mudança foi o Regime Parcial de Bens ser elevado a *status* de regime legal, além do efeito principal que seria a possibilidade de encerramento dos vínculos familiares conjugais.[55]

Além disso, a lei permitiu o reconhecimento dos filhos ilegítimos, mesmo na vigência do casamento, reconhecendo estes como titulares de direitos. Assim, a Lei do Divórcio também representou grande avanço na conquista dos direitos dos filhos, vez que lhes conferiu o direito de serem reconhecidos, independentemente do estado civil dos genitores. Em matéria de filiação foi substancial a derrogação de regra contida na Lei nº 883/49 já mencionada, quanto à desigualdade na herança. A partir de 1977, os filhos fora do casamento passaram a ter os mesmos direitos sucessórios.

Em verdade, apesar da previsão da Lei nº 6.515, foi a Lei nº 7.250, de novembro de 1984, que acrescentou parágrafo à Lei nº 883 estabelecendo a possibilidade de reconhecimento de filhos ilegítimos apenas com a separação de fato do casal.[56]

Essa "blindagem" do homem casado no que diz respeito à sua responsabilidade fomentou os relacionamentos extramatrimoniais, já que não lhe traria qualquer ônus, mesmo na hipótese de existência de filhos. Talvez aí já pudesse se enxergar uma certa *monoparentalidade* imposta pela lei, entre sua mãe e a criança.

---

[54] BRASIL, Lei nº 4.121, 27 de agosto de 1962. Dispõe sobre a situação jurídica da mulher casada: Código Civil Brasileiro. *In: Código Civil*. 11. ed. São Paulo: Revista dos Tribunais, 2009, p. 795.

[55] BRASIL, Lei nº 6.515, de 26 de dezembro de 1977. Regula os casos de dissolução da sociedade conjugal e do casamento, seus efeitos e respectivos processos, e dá outras providências. Código Civil Brasileiro. *In*: *Código Civil*. 11. ed. São Paulo: Revista dos Tribunais, 2009, p. 1.087.

[56] BRASIL, Lei nº 7.250, de 14 de novembro de 1984. Acrescenta parágrafo ao artigo 1º da Lei nº 883/49, que dispõe sobre o reconhecimento de filhos ilegítimos. Disponível em: http://www.planalto.gov.br/ccivil_03/leis/1980-1988/L7250.htm. Acesso em: 4 abr. 2015.

Apesar dos avanços, a separação conjugal continuava a ser pautada no princípio da culpa e trazia reflexos à proteção da pessoa dos filhos, já que havia a previsão de, sendo litigiosa, mediante as causas apontadas pelo legislador, os filhos menores ficarem com o cônjuge que a ela não houvesse dado causa. Em havendo culpa recíproca, a preferência para a guarda do filho seria da mãe. Ou seja, embora a seção respectiva da lei se intitulasse de proteção à pessoa dos filhos, estes é que seriam ultimamente considerados, na medida em que a condição de guardião era conferida como um prêmio a qualquer um dos consortes, em razão de seu comportamento conjugal.

Ainda antes da Constituição Federal de 1988, que inaugurou verdadeira fase de intervenção protetiva à criança e ao adolescente, aprovou-se no Brasil a Lei nº 6.697, em outubro de 1979, que regulava a assistência, a proteção e a vigilância a menores, denominada como Código de Menores. A desigualdade na filiação ainda perpassava o filho oriundo da adoção. A lei criou a adoção plena, reconhecendo os direitos sucessórios ao adotado e a adoção simples, deferindo ao adotado metade dos bens que coubesse ao filho legítimo. Contudo, esta figura legal tinha primordial preocupação na regularização de situações de meninos e meninas encontrados nas ruas dos grandes centros urbanos. Estes eram considerados menores irregulares. Dessa forma, a aprovação dessa lei esteve atrelada a questões de *segurança pública* e não à proteção integral das crianças que se encontravam em situação de risco.[57]

A doutrina contemporânea critica essa legislação, enquadrando-a nos moldes de uma disposição discriminatória em razão do tratamento dirigido aos denominados "menores delinquentes".

Dessa forma, a filiação encontrava-se perfeitamente classificada em critérios de valoração moral da sociedade, antes da Constituição Federal de 1988. Classificação excludente que poderia ser enumerada dessa forma:

a) filhos biológicos, legítimos ou ilegítimos (se adviessem ou não do casamento):
   a.1. entre os ilegítimos estavam os filhos naturais (sem casamento);
   a.2. espúrios, adulterinos (extramatrimonial) e incestuosos (entre parentes de linha e grau determinados); e

---

[57] BRASIL, Lei nº 6.697, de 10 de outubro de 1979. Institui o Código de Menores. Disponível em: http://www.planalto.gov.br/ccivil_03/leis/1970-1979/L6697.htm. Acesso em: 4 abr. de 2015.

b) os filhos adotivos (em duas esferas com a adoção simples e a adoção plena).

Foi em 1988 a segunda e grande mudança de paradigma através da Constituição Federal. Aqui o Estado passou a se interessar de forma clara e protetiva com relação à família, correspondendo a princípio universalmente aceito e adotado nas Constituições da maioria dos países, bem expresso na Declaração Universal dos Direitos do Homem, que direciona a família como célula da sociedade civil que deve ser reconhecida nas entidades socialmente constituídas, e não apenas no casamento.[58]

Na segunda legislação civil codificada no Brasil – Lei nº 10.406/2002 – ainda foi mantido o tratamento desigual e diferenciado, a exemplo da previsão do artigo 359, hoje disposto no artigo 1.611 da legislação civil vigente, no que diz respeito à autorização do cônjuge para que o filho havido fora do casamento venha a residir no lar conjugal.[59]

Contudo, o CCB/2002 já emerge em um contexto mais complexo das relações familiares, contexto este que vinha sendo referendado aos poucos durante a vigência do CCB/1916, por meio de legislações esparsas que passaram a derrogar dispositivos previstos e a ajustar mandamentos de acordo com a nova ordem política e social do Estado.

Tendo em vista o contexto histórico apresentado, ainda há excessos em muitas interpretações doutrinárias, a exemplo da manutenção do princípio da culpa na separação e da própria separação judicial litigiosa na apuração de suas causas, não obstante o advento da Emenda Constitucional nº 66/2010.

O Código de Processo Civil de 2015 ajudou a manter a figura procedimental da separação, quando a doutrina majoritária do direito material já havia superado isso, com influência pacífica na jurisprudência. A interpretação utilizada para essa consideração, destoante com as disposições que fundamentaram a emenda, é no sentido de que a eliminação do Texto Constitucional foi relativa apenas aos prazos lá previstos, mas não ao instituto da separação judicial cujas regras ainda continuariam em vigor na legislação civil. Tal postura confere ao aplicador a possibilidade da interpretação subjetiva de reinserção do

---

58 LÔBO, Paulo. *Direito Civil*. Famílias. São Paulo: Saraiva, p. 1.

59 BRASIL. Lei nº 10.406, de janeiro de 2002. Código Civil Brasileiro de 2002. Disponível em: http://www2.senado.leg.br/bdsf/bitstream/handle/id/70327/C%C3%B3digo%20Civil%202%20ed.pdf?sequence=1. Acesso em: 7 fev. 2016.

Art. 1.611. O filho havido fora do casamento, reconhecido por um dos cônjuges, não poderá residir no lar conjugal sem o consentimento do outro.

princípio da culpa na separação em seu julgamento. Mas a legislação processual terminou influenciando uma constatação pragmática: se a figura da separação é uma faculdade das partes, há que se admitir que, se a faculdade for de um, mas não do outro, não há como manter o vínculo matrimonial na discordância. Isso ressalta que a separação formal judicial ou extrajudicial, só será eficaz no consenso.

De qualquer forma, o Direito de Família, após toda a evolução legislativa demonstrada e principalmente após a recepção da pluralidade de famílias adotada pela Constituição Federal de 1988, ganhou grande expressão de autonomia, máxime no que se refere às relações conjugais, e, contrariamente, passou a se imiscuir de limites e da máxima intervenção do Estado ao se referir às relações parentais que envolvem criança e adolescente.

Em 1992, a Lei nº 8.560, cujo artigo 2º foi assimilado pelo legislador de 2002, regulamentou a investigação de paternidade de filhos havidos fora do casamento, estabelecendo o procedimento de averiguação oficiosa, conferindo legitimidade do Ministério Público para propor a referida ação, reforçando o caráter de ordem pública em torno da problemática da criança e do adolescente.[60]

É possível elencar na atualidade quatro valores imprescindíveis para o reconhecimento da família, máxime aquele inserido nas relações parentais, valores estes que foram alçados à condição normativa principiológica conforme será demonstrado: liberdade, solidariedade, afetividade e responsabilidade.

O ponto de partida para a reflexão sobre a autonomia existencial parental é buscar a dimensão do interesse da criança e do adolescente, da solidariedade familiar, da afetividade e da parentalidade responsável.

Para Fachin, o Código Civil de 2002, sob a perspectiva Constitucional, no que concerne à filiação, colaciona diversos princípios, entre os quais:

> a) a dissociação da filiação com o estado civil dos pais; b) o direito à paternidade como direito fundamental da criança e do adolescente; c) A superação dos limites formais em matéria de prova na investigação de paternidade (causas e prazos decadenciais); d) a dissociação entre

[60] BRASIL, Lei nº 8.560, de 29 de dezembro de 1992. Regula a investigação de paternidade de filhos havidos fora do casamento e dá outras providências. Disponível em: http://www.planalto.gov.br/ccivil_03/leis/l8560.htm. Acesso em: 4 abr. 2015.

paternidade e descendência genética; e e) mantém a igualdade substancial entre os filhos matrimoniais e extramatrimoniais.[61]

Conforme delineado, desde a vigência das Ordenações Filipinas e passando pela influência das Constituições do Arcebispado da Bahia, chegando à nossa legislação civil e na própria evolução da lei, é possível identificar uma expressiva mudança de valores, não obstante o texto do CCB/2002 padeça de algumas imperfeições corrigíveis pela interpretação conforme o sentido da norma constitucional.

A família transferiu muitas de suas funções do passado a outras instituições sociais (Estado, Igreja, Escola, empresa) e todo esse processo de mudança se opera para a liberdade, que resultou em uma fuga das amarras rígidas e conceituais do passado, o que não dispensa a busca de sua legitimação e reconhecimento pelo coletivo.[62]

João Baptista Villela, em clássico texto sobre liberdade e família, antes mesmo do marco da Constituição Federal de 1988, prenunciou a necessidade de várias modificações, algumas já operadas em nosso sistema, a exemplo da mutabilidade dos regimes de bens, admitida pelo Código Civil de 2002, o conteúdo da Emenda Constitucional nº 66/2010 e a adoção da interpretação aberta e exemplificativa, utilizada, inclusive, pelo nosso Supremo Tribunal Federal no julgamento das uniões homoafetivas, além de outras que merecem ser refletidas no contexto atual, a partir da premissa de um modelo aberto, proposto pelo autor.[63]

Felizmente, o texto normativo da Constituição Federal de 1988 se afastou do modelo unitário e excludente do casamento como única formação familiar e derivação da filiação e rompeu com dogmas escravizantes nas relações existenciais ao prever expressamente vários tipos de constituição familiar que merecem total proteção do Estado. Além disso, o contexto em que está inserido permite ao intérprete a inclusão de tipos implícitos, que estejam coadunados com o sentido de sua abrangência, em prol da dignidade humana e da nova finalidade familiar voltada ao bem-estar dos membros que a compõem.

De qualquer forma, repita-se, a análise histórica referenciada registra a largos passos o movimento do Direito de Família, voltado

---

61 FACHIN, Luiz Edson. Inovação e tradição do direito de família contemporâneo sob o novo Código Civil Brasileiro *In*: BASTOS, Eliene Ferreira *et al.* (Coord.). *Afeto e estruturas familiares*. Belo Horizonte: Del Rey, 2010, p. 329.

62 LÔBO, Paulo. *A repersonalização das relações de família*, Disponível em: https://jus.com.br/artigos/5201/a-repersonalizacao-das-relacoes-de-familia. Acesso em: 22 jan. 2016.

63 VILELLA, João Baptista. *Liberdade e Família*. Edição da Faculdade de Direito da UFMG, Belo Horizonte, Publicação n. 33, p. 9-45, 1980.

ao ganho de uma autonomia na relação conjugal e, contrariamente, voltado a uma maior intervenção do Estado nas relações parentais, no reconhecimento expresso e universal da criança e do adolescente enquanto sujeitos de direito que estão sob proteção integral.

1.5 Criança e adolescente – surgimento do sujeito de direito

A importância da configuração da parentalidade pela filiação visa primordialmente, na esfera jurídica, a regulação de responsabilidades entre os seus membros, priorizando-se sempre a busca de uma igualdade material e a vulnerabilidade do incapaz. A expressão "melhor interesse" consigna-se na ideia de que as condições a serem conferidas à criança e ao adolescente devem ser funcionais no sentido de lhe garantir o pleno desenvolvimento da personalidade.

Durante séculos, conforme já mencionado, esse "interesse" deixou de ser buscado em razão das prioridades de vários e diversos contextos históricos, segundo o gradual processo de civilização. O menor era invisível perante a lei. Cumpria com um papel coadjuvante na sociedade, na ideia de propagação da família e de seus costumes.

Philippe Ariès fazendo uma análise da criança e adolescente desde a idade média, ressalta que a transmissão de valores e de conhecimento se dava no campo da experiência com os adultos (aprendizagem). Em sua tenra idade, a atenção dos adultos era voltada aos seus gracejos, mas, ao mesmo tempo, se viesse a falecer, o desolamento era passageiro, por haver a concepção de que logo outra criança viria a ocupar o seu lugar.[64]

O comportamento ilustrado, na visão do autor, reflete um certo anonimato desse ser (criança e adolescente), que praticamente não tinha passagem pela família e pela sociedade.

Badinter, após pesquisa histórica, conclui que o amor materno não é inato à mulher, mas depende em grande parte de um comportamento social variável de acordo com a época e os costumes. O mito do amor materno, segundo a autora, é produto da evolução social desde princípios do século XIX, já que o exame dos dados históricos mostra, nos séculos XVII e XVIII, que o próprio conceito do amor da mãe aos filhos era outro. As crianças eram normalmente entregues, desde tenra idade, às amas para que as criassem, e só voltavam ao lar depois dos cinco

---

[64] ARIÈS, Philippe. *História social da criança e da família*. 2. ed. Tradução Dora Flaksman. Rio de Janeiro: Guanabara, 1986, p. 12.

anos. Dessa maneira, como todos os sentimentos humanos, ele varia de acordo com as flutuações socioeconômicas da história.[65]

Talvez aqui resida uma justificativa plausível para a gestação sub-rogada e no fortalecimento da ideia de que o momento biológico da gestante não criaria laços entre os dois sujeitos. Mas uma análise contextualizada no Brasil, em condições de intensas desigualdades, dificulta ou impossibilita o exercício de uma autonomia plena, onde o consentimento não se resuma a um termo assinado que se perfaz em troca de obtenção de um direito fundamental.

No final do século XVII, o contexto começa a se modificar, na medida em que a escola substitui o meio de aprendizagem da criança, surgindo a partir daí um afastamento desta com relação à sua família, tendo em vista que o processo de educação escolar se dá por meio de longos períodos, inclusive de enclausuramento.

A importância que se passou a atribuir à educação escolar revela uma nova família, agora como espaço afetivo. Começando a organizar-se em torno da criança, esta passa a se revestir de maior importância, saindo do anonimato, de forma que a sua perda seria capaz de gerar imensa dor. Neste século, de um infanticídio secretamente admitido passou-se a um respeito cada vez mais exigente pela vida da criança.

No início do século XVIII situou-se o recolhimento da família longe da rua, da praça, da vida coletiva, e sua retratação dentro de uma casa defendida contra os intrusos e melhor preparada para a intimidade. Tratou-se da organização do espaço privado, que favoreceu principalmente o surgimento de um sentimento novo entre os membros da família, e mais particularmente entre a mãe e a criança. O chamado "sentimento de família", cultura que se assentava nas mulheres e nas crianças, com um interesse renovado pela educação das crianças e uma notável elevação do *status* da Mulher.

Ainda assim, as famílias nobres continuavam a entregar os seus filhos à ama de leite, que por sua vez passou a se deslocar, no lugar da criança, assim como passou a morar na casa da família e a favorecer um maior vínculo entre a criança e a sua família, gerando a resistência à separação.

---

65 BADINTER, Elizabeth. Um amor conquistado: o mito do amor materno Disponível em: http://www.redeblh.fiocruz.br/media/livrodigital%20%28pdf%29%20%28rev%29.pdf. Acesso em: 7 jun. 2015.

A escola venceu a forma de aquisição de conhecimento pela aprendizagem com os mestres na experiência, através do aumento do número das unidades escolares e de sua autoridade moral.[66]

Apesar de algumas resistências com relação à escolaridade, o fato é que os que optavam em manter a forma de aprendizagem corriam o risco de demasiado mimo pelos pais, apesar das escolas também terem os seus inconvenientes, como o número excessivo de alunos para acompanhamento.

Com o tempo, regras de convivência e comportamento passaram a ser necessárias entre adultos e crianças, como descrições de boas maneiras em tratados denominados de "tratados de civilidade". Tais regras visavam instruir a própria família sobre os seus deveres e responsabilidades e aconselhá-la na sua conduta para com a criança.

Entre o fim da Idade Média e os séculos XVI e XVII, a criança havia conquistado um lugar junto de seus pais e, embora ainda não fosse o pivô de todo o sistema, tornara-se personagem muito mais consistente.

Hoje nossa sociedade depende do seu sistema educacional. Novas ciências, como a psicanálise, a pediatria, a psicologia, consagraram-se imprescindíveis para o estudo dos problemas da infância. O Brasil, como outras nações, torna-se um país positivamente obcecado pelos problemas físicos, morais e sexuais da infância.

1.6 Contexto da história da família europeia e sua influência colonizadora

Donzelot chama a atenção para o estado situacional da família. Para o autor, o setor social no qual está inserida a família não se confunde com o setor econômico, com o setor público ou mesmo com o setor privado, mas sim com uma nova figura híbrida de público e privado, produzindo ela mesma uma repartição, um entrelaçamento original entre as intervenções do Estado e seus recuos entre seus encargos e desencargos.[67]

O nascimento do setor "híbrido moderno" torna a tarefa complexa na busca da forma de organização dos desejos e dos poderes, com as

---

[66] ARIÈS, Philippe. *História social da criança e da família*. 2. ed. Tradução Dora Flaksman. Rio de Janeiro: Guanabara, 1986, 237.

[67] DONZELOT, Jacques. *A polícia das famílias*. Tradução de M.T. da Costa Albuquerque. Rio de Janeiro: Edições Graal, 1980, p. 2.

novas exigências de controle assim como as novas capacidades de resistência de controle e de liberação, conforme assevera o autor:

> Tornou-se um ritual essencial de nossas sociedades, escrutar, em intervalos regulares, a face da família, a fim de nela decifrar nosso destino, entrever, com sua morte, a iminência de um retorno à barbárie, o afrouxamento de nossas razões de viver ou, então, a fim de regarantir-se diante de sua inesgotável capacidade de sobrevivência.[68]

Durante o século XIX, a história política pôde definir os campos em sua função de suas concepções da família. A demarcação entre o capitalismo e o socialismo foi a mais notória nessa leitura política da família. No capitalismo, conservadores e liberais defendiam a restauração de uma ordem estabelecida em torno da família, com garantia da propriedade privada e defesa de uma ética burguesa de acumulação, estabelecendo uma barreira para a intervenção do Estado. Os socialistas, no ataque desse modelo, criticam as funções que a classe dominante lhe atribui.

Na modernidade então surge o rompimento da leitura política da família por um regime do sentimento na história das mentalidades. Essa história mostra a existência de um regime de transformação própria do sentimento, dos costumes, da organização do cotidiano. Teria nascido nas camadas burguesas e nobres do antigo regime, estendendo-se posteriormente para todas as classes sociais no final do século XIX.

Essas duas formas predominantes de história (política e das mentalidades) não solucionam a posição nevrálgica em que se situa a família na camada social. A primeira propõe defini-la pela universalidade de uma função de reprodução da ordem estabelecida, de uma determinação estritamente política; a segunda dota a família como um ser próprio, porém à custa de uma redução à unicidade de um modelo, cujas variações são ligadas à avaliação econômica.

Superando ambos os modelos, a ciência da polícia define a família como uma instância cuja heterogeneidade face às exigências sociais pode ser reduzida ou funcionalizada através de um processo de flutuação das normas sociais e dos valores familiares.

Em meados do século XVIII, floresce uma crítica aos costumes educativos das crianças visando três alvos privilegiados: a prática dos hospícios de menores abandonados, a criação dos filhos por amas de leite e a educação "artificial" das crianças ricas.

---

[68] DONZELOT, Jacques, *cit.*, p. 10.

Com relação ao recolhimento dos menores abandonados, havia um surpreendente índice de mortalidade e morriam antes de se tornarem "úteis ao Estado". A mortalidade advinha da dificuldade da Administração em encontrar nutrizes para as crianças. O recurso às nutrizes do campo constituía um hábito dominante na população das cidades. As mulheres ricas aderiam para não prejudicarem o seu trabalho de esposas e para evitarem o fardo da amamentação.[69]

Conservar as crianças significava, no dizer de Donzelot, pôr fim aos malefícios da criadagem, promover novas condições de educação que, por um lado pudessem fazer frente à nocividade de seus efeitos sobre as crianças que lhe são confiadas e, por outro lado, fazer com que todos os indivíduos que tivessem tendência a entregar seus filhos à solicitude do Estado ou à indústria mortífera das nutrizes voltassem a educá-los.

A medicina dá início a uma intervenção por meio de uma nova literatura, que aconselha as famílias na criação dos filhos e induz a sua reorganização em três direções:

> "...o fechamento da família contra as influências negativas do antigo meio educativo, contra os métodos e os preconceitos dos serviçais, contra todos os efeitos das promiscuidades sociais; a constituição de uma nova aliança privilegiada com a mãe, que passa a ser promovida pelo reconhecimento de sua utilidade educativa; e a utilização da família pelo médico contra as antigas estruturas de ensino, a disciplina religiosa, o hábito do internato".[70]

Assim, de mera reprodutora, a mulher passa a ser valorizada em sua função materna, um novo poder na esfera doméstica.

No entanto, nessa época, o que perturba as famílias são os filhos adulterinos, os menores rebeldes, as moças de má reputação, enfim, tudo o que pode prejudicar a honra familiar, sua reputação e sua posição. Em compensação, o que inquieta o Estado é o desperdício de forças vivas, são os indivíduos inutilizados ou inúteis. Para absorver os indesejáveis da ordem familiar, os hospitais em geral, os conventos e os hospícios serviram de base estratégica para toda uma série de intervenções corretivas sobre a família.

---

69 DONZELOT, Jacques. *A polícia das famílias*. Tradução de M.T. da Costa Albuquerque. Rio de Janeiro: Edições Graal, 1980, p. 20.

70 DONZELOT, Jacques, *cit.*, p. 23.

Após o fracasso da estratégia da roda dos excluídos, implantada nas instituições que recebiam crianças recém-nascidas, sem perquirir a identidade da mãe que optasse em sua entrega. O Estado então promoveu o desencorajamento da "doação", intervindo na autonomia existencial negativa da mãe, propondo a organização do serviço, não mais calcado em um recolhimento cego e sim do serviço aberto, que também visava desencorajar o abandono e atribuir os auxílios a partir de uma investigação administrativa da situação das mães, em patente reforço e conscientização de sua responsabilidade.[71]

A difusão da psicanálise também ocupou setores da vida social. Práticas como o apoio psicopedagógico nas escolas e a intervenção pericial nas varas de família representaram a inserção de fragmentos da técnica psicanalítica.

Os seus seguidores nunca trazem à baila qualquer ameaça de coerção ou promessa de obtenção de serviços "sólidos". Ao contrário, afirmam que lhes é possível uma liberação das coerções, do peso dos costumes, do arbítrio das regras; promessas de desinibição da sexualidade, esperança de uma autonomia existencial.[72]

Até então quem se ocupava com essa espécie de problema eram o padre e o médico. O padre geria a sexualidade sob o ângulo da moralidade familiar. Em regime de alianças, a Igreja aumentava os seus benefícios em dinheiro, poder e expansão na medida em que reforçava a hegemonia da família sobre os seus membros. O médico intervinha na sexualidade no campo exclusivo da higiene privada e na qualidade de conselheiro da família e intervinha na organização doméstica do lar. O que era considerado disfuncional para os higienistas era o que eles chamavam de dupla moral das famílias, ou seja, esse hábito de proclamar um comportamento altamente moral e de praticar um outro feito de egoísmo, de ambições e de uma sexualidade clandestinamente desenfreada.[73]

Essa competição entre os dois modos de gestão da sexualidade mantém-se até o início do século XX.

Conforme se observa, a família é ao mesmo tempo, na avaliação dos entornos sociais de sua trajetória, *rainha e prisioneira* na medida em que os valores de determinada época de uma sociedade lhe ditarão

71 DONZELOT, Jacques. *A polícia das famílias*. Tradução de M.T. da Costa Albuquerque. Rio de Janeiro: Edições Graal, 1980, p. 33.

72 DONZELOT, Jacques, *cit.*, p. 153.

73 DONZELOT, Jacques. *A polícia das famílias*. Tradução de M.T. da Costa Albuquerque. Rio de Janeiro: Edições Graal, 1980, p. 155.

sempre o seu *modus operandi*, bem como a sua forma de constituição e controle.

Reconhecendo o enquadramento da família no setor social, não obstante seja apenas o *locus* para o desenvolvimento da personalidade de seus membros, reconhecemos que a sua plena libertação lhe aprisionaria funcionalmente, máxime quando nos referimos à esfera das relações existenciais parentais.

1.7 Família brasileira a partir da Constituição Federal de 1988

Pelas diversas influências e razões históricas apresentadas, a nossa Constituição Federal de 1988 transfere para a família, para a sociedade e para o Estado toda a responsabilidade sobre a garantia dos direitos fundamentais da criança e do adolescente, tornando-o sujeito de direito contra todos, inclusive os seus responsáveis, na hipótese de violação.

Nesse sentido, e considerando toda a história social da trajetória da criança, todos se submetem a normas restritivas ao exercício de uma plena individualidade, seja por ação, seja por omissão, em prol do ideal desenvolvimento do menor.

No Brasil, a realidade de crianças abandonadas ou em situação de risco é assustadora e isso é indicativo que a responsabilidade estatal fracassou com a educação de seu povo, gerando desigualdades, miséria e falta de discernimento com relação à responsabilidade que se é imposta. Defendê-las de qualquer forma de discriminação e garantir-lhes o acesso aos direitos fundamentais torna-se imperativo na tônica familiar. Isso justifica que a própria liberdade de planejamento familiar deva estar condicionada a uma ordem ou padrão mínimo que opere sempre visando o benefício desse sujeito de direito.

A nossa Constituição Federal[74] é expressa em seu artigo 227, *caput* e parágrafo primeiro, cuja norma foi reproduzida na Lei nº 8.069 de

---

[74] BRASIL. Constituição da República Federativa do Brasil de 1988. Disponível em: ///C:/Documents%20and%20Settings/Eduardo/Meus%20documentos/Downloads/constituicao_federal_35ed%20(1).pdf. Acesso em: 7 fev. 2016.
Art. 227. É dever da família, da sociedade e do Estado assegurar à criança, ao adolescente e ao jovem, com absoluta prioridade, o direito à vida, à saúde, à alimentação, à educação, ao lazer, à profissionalização, à cultura, à dignidade, ao respeito, à liberdade e à convivência familiar e comunitária, além de colocá-los a salvo de toda forma de negligência, discriminação, exploração, violência, crueldade e opressão. §1º O Estado promoverá programas de assistência integral à saúde da criança, do adolescente e do jovem, admitida a participação de entidades não governamentais, mediante políticas específicas e obedecendo aos seguintes preceitos:

1990 (ECA), em seus artigos 3ª, 4º, parágrafo único, 5º e 6º, ao indicar os sujeitos responsáveis a assegurar os direitos fundamentais das crianças e adolescentes: família, sociedade e Estado.[75]

O artigo 226 da Constituição Federal, ao definir formas familiares exemplificativas, garante a liberdade de planejamento familiar, e a vedação prevista para a imposição coercitiva por parte de instituições oficiais ou privadas, assim como que essa liberdade seja exercida sem restrições numéricas de filhos por parte do Estado ou de sua delegação, ressaltando uma intervenção protetiva e não restritiva de direitos.[76]

Haveria ainda que se indagar se o valor constitucional trazido reflete a expressão da liberdade em procriar (direito à reprodução) apenas para o casal, aqueles que convivem em conjugalidade (casamento ou união estável) ou também ao indivíduo sozinho, ou ainda à mais de duas pessoas. Nesse momento se ingressa na órbita da autonomia, a

---

[75] BRASIL. Lei nº 8.069, de julho de 1990. Estatuto da Criança e do Adolescente. Disponível em: http://www.crianca.mppr.mp. br/arquivos/File/publi/camara/estatuto_crianca_adolescente_9ed.pdf. Acesso em: 7 fev. 2016.
Art. 3º A criança e o adolescente gozam de todos os direitos fundamentais inerentes à pessoa humana, sem prejuízo da proteção integral de que trata esta Lei, assegurando-se-lhes, por lei ou por outros meios, todas as oportunidades e facilidades, a fim de lhes facultar o desenvolvimento físico, mental, moral, espiritual e social, em condições de liberdade e de dignidade.
Art. 4º É dever da família, da comunidade, da sociedade em geral e do poder público assegurar, com absoluta prioridade, a efetivação dos direitos referentes à vida, à saúde, à alimentação, à educação, ao esporte, ao lazer, à profissionalização, à cultura, à dignidade, ao respeito, à liberdade e à convivência familiar e comunitária. Parágrafo único. A garantia de prioridade compreende: a) primazia de receber proteção e socorro em quaisquer circunstâncias; b) precedência de atendimento nos serviços públicos ou de relevância pública; c) preferência na formulação e na execução das políticas sociais públicas; d) destinação privilegiada de recursos públicos nas áreas relacionadas com a proteção à infância e à juventude.
Art. 5º Nenhuma criança ou adolescente será objeto de qualquer forma de negligência, discriminação, exploração, violência, crueldade e opressão, punido na forma da lei qualquer atentado, por ação ou omissão, aos seus direitos fundamentais.
Art. 6º Na interpretação desta Lei levar-se-ão em conta os fins sociais a que ela se dirige, as exigências do bem comum, os direitos e deveres individuais e coletivos, e a condição peculiar da criança e do adolescente como pessoas em desenvolvimento.

[76] BRASIL. Constituição da República Federativa do Brasil de 1988. Disponível em: ///C:/Documents% 20and%20Settings/Eduardo/Meus%20documentos/Downloads/constituicao_federal_35ed%20(1).pdf. Acesso em: 7 fev. 2016.
Art. 226. A família, base da sociedade, tem especial proteção do Estado.
(...)
§7º – Fundado nos princípios da dignidade da pessoa humana e da paternidade responsável, o planejamento familiar é livre decisão do casal, competindo ao Estado propiciar recursos educacionais e científicos para o exercício desse direito, vedada qualquer forma coercitiva por parte de instituições oficiais ou privadas.

qual representa a faculdade ou direito de se reger segundo as liberdades e independência (moral e intelectual).[77]

Sabe-se que ao cidadão, na órbita dessa nova constitucionalidade, é garantida uma capacidade de autodeterminação em sua existência própria que inclui o seu corpo. Ainda assim, há limites impostos pela lei a exemplo da vedação legal à comercialização sobre partes do corpo. As escolhas feitas pelos indivíduos, desde que em conformidade com o espírito legal, podem ser feitas tanto na seara existencial quanto na patrimonial. A liberdade de constituição familiar englobaria a liberdade de procriação no aspecto volitivo de querer ou não querer ter filhos.

Ainda que não haja planejamento e sim ausência do ato volitivo, filhos poderão advir com as suas respectivas responsabilidades. O critério biológico que hoje advém do DNA (genético), a princípio, sujeita os genitores a uma parentalidade.

Antes, a responsabilidade nessa configuração jurídica advinha da apreensão pela lei do evento nascimento como fato ensejador da relação de filiação. Mas a condição de sujeito de direito do nascituro já traz consequências e representatividade parental ao exercício de seus direitos, à exemplo dos alimentos gravídicos. Observa-se que a condição reprodutiva natural da mulher a aprisiona muito mais ao ônus dessa responsabilidade. A lei brasileira contribui para isso também ao proibir o aborto, admitindo-o apenas em situação de excepcionalidade comprovada, demonstrando uma proteção à futura geração mais do que a própria existência presente da mulher.

Poder não querer ter filhos no Brasil, no exercício de uma autonomia negativa, requer o momento certo e isso só ocorre antes do início da gestação, na medida em que à mulher não é dado o livre exercício de manter ou não a gestação. A política punitiva de desestímulo é totalmente ineficaz, e pior, termina gerando ainda mais tratamentos diferenciados nas classes sociais. Não criminalizar e impor limites temporais seria uma boa saída para o exercício da autonomia parental da mulher, como o fez a legislação argentina.

A autodeterminação para a procriação também encontrará limites naturais de infertilidade e de incompatibilidade. A infertilidade seria a ausência ou diminuição de produção de material genético tanto para o homem como para a mulher. A incompatibilidade decorreria da impossibilidade de reprodução entre materiais genéticos semelhantes, como

---

[77] Constituição Federal: O artigo 5º, II, da Constituição cidadã enuncia que: Ninguém será obrigado a fazer ou deixar de fazer alguma coisa senão em virtude de lei.

ocorre na relação homoafetiva, provocando ainda uma nova reflexão quanto à equiparação ou não da infertilidade à incompatibilidade. Para garantir o tratamento igualitário, defende-se essa equiparação, desde que se observando o limite de comprometimento de direitos fundamentais de terceiros colaboradores ao projeto parental.

A decisão de procriar se encontra implícita à vontade do casal e não mais na ideia de interesse público (utilidade pública) como no passado, em que o casal deveria produzir filhos para atender a função da família, estando em sua finalidade a continuidade pela procriação. Atualmente, ao contrário, é proibida a intervenção estatal na gerência da família, que está contida no princípio da dignidade da pessoa humana.

O planejamento familiar presente no artigo 226, §7º, da Constituição Federal, sendo livre de tais ingerências externas, pressupõe um conjunto de ações de regulação da fecundidade que garanta direitos iguais de constituição, limitação e aumento da prole pela(s) pessoa(s) – mulher, homem ou casal – de acordo com a Lei Federal nº 9.263/96.

Há uma desconformidade literal entre a previsão da liberdade de planejamento familiar na Constituição Federal e a liberdade na Lei Ordinária nº 9.263/96, uma vez que esta amplia o espectro da legitimidade ao acesso. Enquanto a Constituição fala de "casal", a lei ordinária fala também de qualquer pessoa, independentemente de conjugalidade.[78]

A disposição ordinária infraconstitucional, dada a própria hierarquia legal, deveria ser podada pela disposição constitucional. Mas na interpretação sistemática do próprio capítulo destinado à família na Constituição, há proteção à monoparentalidade sem ressalva de que seja involuntária ou voluntária. Assim, a lei de planejamento familiar parece cumprir melhor o conjunto mandamental da Constituição e principalmente se estiver atendendo ao exercício, em prol da dignidade humana.

Segundo Sanches, o projeto parental pode se dar de três formas: o projeto explícito, o projeto implícito e o projeto pós-fato. No primeiro, tem-se a decisão prévia e consciente do(s) indivíduo(s) em determinado momento de ter ou não filhos; enquanto isso, o projeto implícito abarca a possibilidade de o casal, dentro de um contexto familiar, vir a ter prole

---

78 BRASIL. Lei nº 9.263, de 12 de janeiro de 1996. Regula o planejamento familiar de com a CF/1988. Disponível em: http://www.planalto.gov.br/ccivil_03/LEIS/L9263.htm. Acesso em: 6 fev. 2016.
Art. 1º O planejamento familiar é direito de todo cidadão, observado o disposto nesta Lei.
Art. 2º Para fins desta Lei entende-se planejamento familiar como o conjunto de ações de regulação da fecundidade que garanta direitos iguais de constituição, limitação ou aumento da prole *pela mulher, pelo homem ou pelo casal.*

sem planejamento detalhado anterior; no último, há uma verdadeira negação quanto à reprodução, isto é, de fato aquela não desejada.[79]

É preciso ressaltar que os direitos reprodutivos são precedidos de tutela constitucional isonômica, sendo de incontestável relevância a tal ponto que pode ser considerado um direito fundamental, com garantias de amplo acesso. O amplo acesso, contudo, não autoriza técnicas e auxílios à reprodução humana, que possam colocar em risco outros direitos fundamentais próprios e de terceiros.

Propõe a reflexão também quanto aos direitos fundamentais do ser por vir, da criança e o seu melhor interesse, porque a sua proteção integral inclui decisões a serem tomadas antes da sua concepção. Dessa forma, decisões a serem tomadas sobre o projeto parental, em tese, poderiam ser impedidas.

A mulher é o sujeito que será sempre mais onerado nas decisões parentais. O *mito da maternidade* lhe acompanha culturalmente em vários momentos da história. Maternidade e maternagem são exigidas à mulher. A condição de saúde mental da mulher é totalmente desconsiderada pela lei, por exemplo, quando essa lhe impõe levar adiante a gestação e uma prole não desejada, caso não esteja enquadrada nas excludentes da lei.

Estaria a mulher também impedida de buscar uma gestação para o exercício de seu direito à saúde em um projeto parental individual, em nome de um direito fundamental da criança por vir? Parecem imposições muito cruéis para um só sujeito: a mulher.[80]

Uma vez garantida a liberdade aos pretensos pais e mães para a elaboração do projeto parental, há que se inferir:

(a) quanto a sua forma ou instrumentalização: biológica natural ou medicamente assistida; ou não biológica pela adoção, pela posse de estado de filiação ou pela inseminação heteróloga;
(b) quanto ao momento ou período de sua utilização; e por último
(c) quanto à definição numérica dos sujeitos pretendentes, se apenas um ou necessariamente dois (monoparentalidade e biparentalidade) ou mesmo admitindo-se mais de duas pessoas no exercício desse projeto parental (multiparentalidade), sendo certo que o quantitativo de filhos no Brasil,

---

79 SANCHES, Mário Antônio. Reprodução Assistida: da parentalidade à metaparentalidade. *In: Bioética, Poderes e Injustiças*: 10 anos depois. Brasília: CFM/Cátedra Unesco de Bioética/ SBB, 2012, p. 267.

80 BADINTER, Elizabeth. *Um amor conquistado* – o mito do amor materno. Tradução de Waltensir Dutra. Rio de Janeiro: Nova Fronteira, 1985, p. 355.

em qualquer dessas hipóteses, está dentro da possibilidade de pleno exercício da autonomia.

A principal indagação seria: a liberdade ao planejamento familiar inclui a escolha da forma de procriação ou constituição da filiação, ou seria apenas uma liberdade quantitativa, já que no Brasil não há controle de natalidade? A liberdade poderá ser exercida a partir de um desejo ao exercício da paternidade ou maternidade ou as intenções sofrem controle? A intenção é um elemento fundamental para a configuração de um estado de filiação ou este pode advir, independentemente daquela? O projeto parental atende apenas a interesses intrínsecos da família ou cumpre com alguma função social? O exercício intencional na efetivação do projeto parental poderá envolver participação ou interesse de terceiros no exercício de suas autonomias?

A busca de soluções jurídicas que apresentem uma certa unidade e coerência para a elaboração do projeto parental é um desafio da contemporaneidade na heterogeneidade da família. Essa unidade pode ser buscada em uma premissa inarredável: a proteção das pessoas vulnerabilizadas nesta relação, como a criança ou adolescente e a mulher e contra os excessos do individualismo no uso e concepção indevidos da liberdade existencial.

Nenhuma busca ao exercício de um direito fundamental pode ser absoluta e legítima, se vier a envolver direitos fundamentais de terceiros.

É justamente aqui que se depara com o que seria o *reinado* da família ou o seu *aprisionamento*, diante de uma repaginação de sua funcionalidade e sobretudo diante do dever de atendimento à dignidade humana de todos os envolvidos.

1.8 Vicissitudes da contemporaneidade – problematizações ao estabelecimento do estado de filiação

Em que pesem as construções legais apresentadas, é fato que a realidade social brasileira está minada de práticas autorizadoras de um exercício de autonomia não previsto ou autorizado em lei.

É constatado, ao longo da história, diversas espécies de relações existenciais que mudaram e continuam mudando segundo as necessidades do grupo, segundo novas valorações. Dentre tantos fatores que desencadearam as mudanças, merecem destaque o fator econômico e a evolução política e cultural.

Concentrações humanas em cidades; deslocamento da mulher para tarefas em fábricas; consequente afastamento diário dos filhos;

êxodo rural; e outros tantos fenômenos novos acabaram por influir no dimensionamento da família e em sua estruturação, dividindo-a então em diversos núcleos, a partir da assunção de responsabilidades próprias e do afastamento demográfico natural de parentes.[81]

A crescente participação da mulher no mercado de trabalho e a mudança dos costumes, com a relativa liberação sexual e o acesso aos meios anticoncepcionais, são fatores decisivos da alteração do modelo da família, ao lado dos condicionamentos produzidos pela urbanização e industrialização do país. As mudanças são profundas e vieram para ficar, constituindo novas formas de relações que não prescindem da célula familiar, mas buscam acomodações mais adequadas ao mundo atual, com seus avanços tecnológicos e políticos.

Se a sociedade tende a organizar inovações, o direito tende a evoluir na mesma direção e consagrar princípios apropriados a essa evolução, assim como o fez a Constituição de 1988.[82]

Nessa concepção, os fatos se proliferam em uma dinâmica de alta diversidade.

Não se trata de buscar conformações ideológicas, pois estas podem vir a não ocorrer na esfera jurídica, mas de delinear com certa racionalidade, interpretações coerentes que conformem a renovação de valores. Não se pode negar a realidade dinâmica e não se pode viver às margens de puras convenções, como no passado.

Nem toda realidade, contudo, será apreendida pelo Direito, até porque este mantém o seu propósito de organização, de garantias e de limites.

Um retrato das transformações sociais da família – da função pública ao espaço privado – é traçado por Luiz Edson Fachin:

> Partindo da instituição fundada no sangue, dedicada à sobrevivência material e biológica de um grupo apto a promover a transmissão das coisas e dos bens, bem como de seu saber e crenças, aonde há uma ordem, uma hierarquia a respeitar, menos por amor e mais por um princípio de autoridade ligado à procriação e às alianças; perpassa as primeiras fraturas deste estatuto familiar clássico, com a quebra da hierarquia, na igualdade de diversas espécies de filhos e na derrocada da injusta e absurda discriminação contra a mulher; analisa os fatos que se impõem, que caracterizam uma nova feição da família, com a indiferença do estado

---

81 BITTAR, Carlos Alberto. Novos rumos do direito de família. *In*: BITTAR, Carlos Alberto (Coord.). *O Direito de Família e a Constituição de 1988*. São Paulo: Saraiva, 1989. p. 8.

82 VERUCCI, Florisa. *Mulher e família na nova Constituição brasileira*. A difícil igualdade: os direitos da mulher como direito humanos. Rio de Janeiro: Relume-Damará, p. 55-75, 1994.

matrimonial, as uniões informais, a família sem filhos e a coabitação sem casamento; e conclui pela dominação das relações de afeto, solidariedade, de cooperação, numa concepção eudemonista da família, aonde não é mais o indivíduo que existe na família e para o casamento, mas sim a família e o casamento é que existem para o seu desenvolvimento pessoal, em busca de sua aspiração à felicidade.[83]

O parentesco da filiação, como outros institutos, sofre paulatina e constante mutação que podem advir de valores consensuais de uma comunidade.

A pretensão é tratar de duas significativas alterações na realidade brasileira que podem apontar para a necessidade de recategorização das concepções filiais: a) realidade advinda dos avanços da biotecnologia; e b) a realidade advinda do *modus operandi* de determinada convivência filial.

Com relação à primeira realidade e em corte metodológico, a reflexão sobre a autonomia será analisada sob a perspectiva da *gestação sub-rogada* e da *doação de gametas* para uma monoparentalidade voluntária.

Já na segunda realidade, tratar-se-á da autonomia na filiação não biológica ou socioafetiva, no campo da lei e da construção permanente da doutrina e jurisprudência na valorização da convivência familiar.

Com a liberação da atividade científica no texto constitucional, surgiu a necessidade de normatização de tal atividade.

O artigo 5º, IX, da Constituição Federal proclama a liberdade da atividade científica e, em razão de tal preceito ser relativo, encontra limitações nos demais direitos fundamentais celebrados. Assim, no caso de colisão entre o direito à liberdade de expressão (ou investigação) científica e algum direito atinente à personalidade humana, o equilíbrio a ser perseguido deve encontrar embasamento no princípio da dignidade e da pessoa, que representa o próprio fundamento do Estado Democrático de Direito.

No âmbito infraconstitucional, cabe mencionar a Lei Federal nº 9.263, de janeiro de 1996, que regulamentou o §7º do artigo 226, e em seu artigo 2º define o planejamento familiar como o conjunto de ações de regulação da fecundidade que garanta direitos iguais de constituição, limitação ou aumento da prole pela mulher, pelo homem ou pelo casal,

---

83 FACHIN, Luiz Edson. Da função pública ao espaço privado: aspectos da "privatização" da família no projeto do Estado mínimo. *In: ARCHÉ*, Rio de Janeiro, ano VIII, n. 24, p. 25-39, 1999.

além de estabelecer regras de políticas para a implementação dos serviços de assistência ao planejamento familiar.

Assim, o direito ao planejamento familiar está intimamente vinculado às funções humanas reprodutivas que abrangem, além da contracepção, a própria concepção, seja ela natural ou não. Olga Jubert pondera com relação a um possível direito fundamental à reprodução humana assistida:

> No tocante às técnicas humanas de reprodução assistida, vislumbra-se um apanhado de normas e princípios constitucionais que podem fornecer respostas jurídicas – possibilidades e limites – e ofertar respaldo a um possível direito à reprodução humana assistida. Como não há menção expressa do referido direito, ele deve ser construído através da interpretação sistemática dos direitos fundamentais à vida (art. 5º, *caput*), à saúde e ao de constituir uma família, baseado no direito fundamental ao planejamento familiar, sempre amparados pelo princípio da dignidade da pessoa humana, fundamento da República (art. 1º, III).[84]

A autora ressalta, propondo uma ponderação, que a existência do direito não implica seu uso indiscriminado por todos os interessados, devendo haver restrições na hipótese de colisões com outros direitos, pois o direito de procriar não deve ser utilizado apenas como vetor de realização pessoal dos pais. A esse respeito, critérios de ordem prática interfeririam em um país como o Brasil, que reclama uma reserva legal para a saúde.[85]

Diante de um contexto de grupos considerados vulnerabilizados na realidade brasileira e que merecem proteção especial, indaga-se se o uso indiscriminado de tais técnicas não colocaria em risco suas próprias dignidades. Capacidade, gênero, orientação sexual, condição social econômica, raça, entre outros fatores da diversidade, são condições vulnerabilizantes no contexto atual da sociedade brasileira.

De outro lado, a convivência familiar ganhou espaço na consideração da desbiologização da filiação, termo cunhado por João Baptista Vilela.[86]

---

84 KRELL, Olga Jubert Gouveia. *Reprodução Humana Assistida e Filiação Civil*. Curitiba: Juruá, 2007, p. 98.

85 KRELL, Olga Jubert Gouveia, *cit.*, p. 120.

86 VILELLA, João Baptista. Desbiologização da Paternidade. *Revista da Faculdade de Direito da Universidade Federal de Minas Gerais*, n. 21, p. 400-418, 1979, disponível em https://revista.direito.ufmg.br/index.php/revista/article/view/1156, acesso em: 19 ago. 2021.

Desde a primeira grande modificação do Direito de Família no Brasil, com a aprovação do Divórcio em 1977, a família brasileira vem alcançando proteção na sua reconstituição, através de novas e sucessivas conjugalidades (casamento ou união estável) e tais recomposições importam em novas realidades de convivência familiar, máxime entre parentes por *afinidade*, que não detêm rigorosamente responsabilidades patrimoniais parentais, mas carregam, inevitavelmente, o ônus da responsabilidade do cuidado, máxime se se tratar de criança e adolescente.

A convivência com filhos de *leitos* anteriores vem despertando teorias que podem relativizar o sistema estruturante binário da filiação, trazendo dúvidas quanto aos efeitos jurídicos decorrentes e propondo a mudança de estado de filiação para agregar os novos *pais* socioafetivos, sem prejuízo de manter os anteriores, possibilitando embora não condicione, a denominada *multiparentalidade*.

Mas há deveres de coexistência que precisam ser observados independente de determinada construção parental. O instituto da filiação não pode servir como mote para a ampliação de tais deveres.

A convivência família e o dever de cuidado foram ressaltados a partir da própria configuração da criança e do adolescente enquanto sujeitos de direito. A superação da origem biológica como única verdade jurídica foi abarcada pela Constituição Federal de 1988, através de elementos plenamente identificáveis, no dizer de Paulo Lôbo como: a) comportamento social típico de pais e filhos (a posse de estado de filiação pelos requisitos do nome, trato e fama); b) convivência familiar duradoura; e c) relação de afetividade familiar, que não se confunde com acolhimento doméstico de criança desabrigada.[87]

Para o autor, a Constituição abandonou a primazia da origem genética ou biológica para fixar a filiação, quando desconsiderou qualquer traço da família patriarcal e exclusivamente matrimonial, quando equiparou aos filhos naturais os filhos adotados e quando atribuiu prioridade absoluta à convivência familiar.[88]

Ainda defendendo o elemento da socioafetividade como elemento primordial, Paulo Lôbo registra que, no fenômeno da repersonalização das relações familiares, a família atual encontra-se fincada por interesses

87 LÔBO, Paulo. *Direito Civil*. Famílias, volume 5. São Paulo: Saraiva Educação, 2019, p. 232.
88 LÔBO, Paulo, *cit.*, p. 232.

de cunho pessoal ou humano, tipificadas por um elemento aglutinador e nuclear distinto: a afetividade.[89]

[89] LÔBO, Paulo. A repersonalização das relações de família. *In:* BITTAR, Carlos Alberto (Coord.). *O Direito de Família e a Constituição de 1988*. São Paulo: Saraiva, 1989, p. 71. Disponível em: https://jus.com.br/artigos/5201/a-repersonalizacao-das-relacoes-de-familia, acesso em: 22 jan. 2016.

CAPÍTULO II

PRINCÍPIOS PARENTAIS E INCIDÊNCIA NORMATIVA

2.1 Princípios constitucionais e sua funcionalidade

A temática existencial não poderá ser trabalhada de forma afastada da realidade social em razão de seu dinamismo próprio. Por essa razão, a opção metodológica para a reflexão sobre a autonomia parental e seus limites parte da denominada teoria da eficácia imediata da Constituição Federal nas relações privadas.

A superação da dicotomia entre o público e o privado e a inserção da matéria civilística na Constituição encerram um modelo que antes poderia estabelecer demarcação de espaços distintos e mesmo contrapostos. O Código Civil era a constituição privada dos particulares, na medida em que a Constituição Federal se preocupava apenas com as normas de organização do Estado.

Por essa razão os fundamentos normativos da filiação serão trabalhados a partir de sua base constitucional e considerando os suportes fáticos autorizadores da legislação civil.

Segundo Paulo Lôbo a plena vinculação e aplicabilidade direta dos princípios e outras normas constitucionais nas relações privadas são tônicas da constitucionalização do direito civil no Brasil, que abandona os efeitos simbólicos das chamadas normas programáticas.[90]

---

90 LÔBO, Paulo. *Direito Civil*. Parte Geral. Volume 1. São Paulo: Saraiva Educação, 2019, p. 53.

Galiza ressalta que:

> A teoria da eficácia imediata comporta a tese de que os direitos fundamentais (não todos), por expressarem valores que dizem respeito a toda ordem jurídica, aplicam-se diretamente às relações regidas pelo direito privado, seja em face do postulado da força normativa da Constituição ou do princípio da unidade do Ordenamento.[91]

Paulo Lôbo confirma ainda que a metodologia civil-constitucional não compete com o direito civil e não abandona categorias que foram consolidadas, mas sim promove a ressignificação de tais categorias, visando contemplar a sua vocação histórica, que é a de ser um direito de todo um povo e não apenas de um segmento.[92]

Assim como nas regras, os princípios também exigem para a sua incidência um suporte fático abstrato, que aguarda a realização no mundo da vida, da hipótese normativa, gerando o suporte fático concreto, posto que pertence à categoria de norma jurídica.

Na visão de Fabíola Lôbo há uma bidimensionalidade no sistema jurídico constitucional que exige compreendê-lo como uma estrutura aberta, composta de duas dimensões: regras e princípios. Por estrutura normativa aberta, *entenda-se a capacidade de absorção e de diálogo das normas constitucionais com a realidade social, sendo a norma gênero das espécies regras e princípios.*[93]

A falta de coerência e contradição de algumas decisões que não observam a correta interpretação da norma não invalida a utilidade dessa metodologia, que auxilia para uma maior mobilidade no ajuste de valores dinâmicos na sociedade, permitindo uma releitura permanente de categorias. Não fosse o conteúdo aberto e elástico da norma principiológica, o sistema poderia estar ainda mais excludente de situações jurídicas existenciais.

Ao discorrer sobre realismo jurídico, Perlingieri ressalta que o jurista tende a abraçar a sociologia e arroga-se no poder de fundar o direito. Há uma crença de que o jurista seja vinculado à norma, mesmo

---

91 GALIZA, Andréa Karla Amaral de. *Direitos fundamentais nas relações entre particulares:* teoria e jurisprudência do Supremo Tribunal Federal. Belo Horizonte: Fórum, 2011, p. 74.

92 LÔBO, Paulo Luiz Netto. Metodologia do direito civil constitucional. *In:* RUZYK, Carlos Eduardo Pianovski *et al.* (Org.). *Direito Civil Constitucional* – a ressignificação da função dos institutos fundamentais do direito civil contemporâneo e suas consequências. Florianópolis: Conceito Editorial, 2014, p. 20.

93 LÔBO, Fabíola. Os princípios constitucionais e sua aplicação nas relações jurídicas de família. *In: Famílias no direito contemporâneo.* Salvador: Juspodivm, 2010, p. 31.

constitucional, somente se concretamente se verificar que ela exprime um valor que é presente segundo as condições históricas e sociais daquele momento. Ressalta enfaticamente o autor:

> Em outras palavras, no contraste entre uma norma social (norma "efetiva") e uma norma jurídica (norma "válida") a primeira prevalece. A norma social (praxe, nesse caso, *contra legem*) somente aparentemente é a expressão de uma espontânea capacidade de autorregulamentação do corpo social e, portanto, somente aparentemente é mais avançada e progressiva do que a norma jurídica.[94]

Mas a superação da garantia formal da norma é inadmissível no nosso sistema jurídico. A superação da norma jurídica a favor daquela social viola o princípio da legalidade e de *democraticità*, na medida em que a produção de normas é sempre assistida pela garantia desta, mas não implica em uma necessidade de manter o complexo dogmático tradicional, na redução da sociedade a conceitos, ao invés de se perguntar sobre o significado atual de determinada categoria.

Em visão contrária, Marcelo Neves entende que a autofundamentação constitucional do sistema não deve levar a uma compreensão hierárquica linear do sistema jurídico, pois, embora as normas constitucionais sirvam como fundamento de validade das demais normas jurídicas, os sentidos normativos da Constituição dependem tanto da legislação quanto dos atos de interpretação-aplicação da Constituição. Há o desenvolvimento de uma hierarquia entrelaçada no processo dinâmico de concretização normativa.[95]

O autor ainda, ao distinguir princípios e regras, entende que os princípios, por implicarem certa distância do caso a decidir e uma relação mais flexível entre o antecedente e o consequente, são mais adequados a enfrentar a diversidade de expectativas normativas que circulam na sociedade, ao mesmo tempo em que se apresentam subcomplexos perante o caso a decidir. As regras em sua estruturação mostram-se mais adequadas para oferecer fundamento imediato ao caso a decidir.[96]

Barroso não dispensa a clássica distinção entre princípios e regras, principalmente no critério da generalidade. Regras são normalmente relatos mais objetivos, descritivos de determinadas condutas e aplicáveis

---

94 PERLINGIERI, Pietro. *Perfis de Direito Civil*. Trad. Maria Crista De Cicco. 2. ed. Rio de Janeiro: Renovar, 2002, p. 61.

95 NEVES, Marcelo. *Entre Hidra e Hércules:* princípios e regras constitucionais como diferença paradoxal do sistema jurídico. São Paulo: Editora WMF Martins Fontes, 2013, p. 117.

96 NEVES, Marcelo, *cit.*, p. 118.

a um conjunto delimitado de situações. Ocorrendo a hipótese prevista, a regra deve incidir pelo mecanismo tradicional da *subsunção*, predominantemente. Na hipótese de conflito entre duas regras, só uma será considerada válida e irá permanecer.[97]

Princípios, por sua vez, contêm relatos com maior grau de abstração, não especificam a conduta a ser seguida e se aplicam a um conjunto amplo, por vezes indeterminado, de situações. Na hipótese de colisão, a sua aplicação deverá ocorrer mediante *ponderação*, predominantemente.

O mesmo autor ressalta ainda que a ponderação consiste em uma técnica de decisão jurídica que é aplicável a casos difíceis, em relação aos quais a subsunção se mostrou insuficiente, especialmente quando uma situação concreta dá ensejo à aplicação de normas de mesma hierarquia que indicam soluções diferenciadas. Ou seja, o conflito tem que ser insuperável pela subsunção.[98]

Dessa forma, em um sistema ideal e com a correta distribuição de regras e princípios, aquelas desempenham o papel referente à segurança jurídica – previsibilidade e objetividade das condutas – e os princípios, com a sua flexibilidade, dão margem à realização da justiça no caso concreto.

Paulo Lôbo, ressaltando a natureza metodológica do Direito Civil Constitucional, alega que ela representa a fundamentação de categorias fundamentais do direito civil para atender uma sociedade em mudanças para todos.[99]

Nesse sentido, é importante a crítica que o autor faz ao que denomina de "jurisprudencialismo", uma deferência que se faz aos julgamentos de casos concretos, como se estes fossem passar a orientar a nossa doutrina, que, ao contrário da jurisprudência, deve se voltar ao futuro e não ao passado, ao passo que é aquela (a doutrina) que deverá orientar esta (a jurisprudência).[100]

---

[97] BARROSO, Luís Roberto. *Interpretação e aplicação da Constituição*; fundamentos de uma dogmática constitucional transformadora São Paulo: Saraiva, 2009, p. 354.

[98] BARROSO, Luís Roberto, *cit.*, p. 360.

[99] LÔBO, Paulo. *Metodologia do Direito Civil Constitucional*. Disponível em: http://www.ufal.edu.br/unidadeacademica/fda/pos-graduacao/mestrado-em-direito/publicacoes/artigos-do-professor-marcos-erhardt/livro-direito-civil-constitucional-a-ressignificacao-da-funcao-dos-institutos-fundamentais-do-direito-civil-contemporaneo-e-suas-consequencias. Acesso em: 21 nov. 2015.

[100] LÔBO, Paulo. *Metodologia do Direito Civil Constitucional*. Disponível em: http://www.ufal.edu.br/unidadeacademica/fda/pos-graduacao/mestrado-em-direito/publicacoes/artigos-do-professor-marcos-erhardt/livro-direito-civil-constitucional-a-ressignificacao-da-

É com base nessa deferência inadequada à jurisprudência que se constroem categorias inexistentes e soluções inadequadas, pulverizando-se o sistema, e contrariando a sua unidade. "Categorias" como "adoções poliafetivas" e "cessão de útero" se apresentam na jurisprudência com um sentido inabsorvível pelo nosso sistema, uma vez que elaboram uma autonomia desconectada e às vezes violadora da lei.

É preciso haver cuidado também para que a análise proposta não seja minada por ideologias ou julgamentos morais, ou mesmo venha a significar retrocessos em liberdades duramente conquistadas.

Entre os Princípios não há hierarquia e todos detêm a mesma força normativa, de forma que, na hipótese de colisão, não haverá antinomia como nas regras e sim a prevalência de um sobre o outro na norma concreta mediante a ponderação de valores pelo intérprete.[101]

Na classificação de Paulo Lôbo, há Princípios fundamentais estruturantes das relações familiares, como a dignidade da pessoa humana e a solidariedade familiar e Princípios gerais, como a igualdade familiar, a liberdade familiar, a afetividade, a convivência familiar, o melhor interesse da criança e aqui se acrescentaria o princípio da parentalidade responsável, ainda denominado de paternidade responsável.[102]

Serão trabalhados os suportes fáticos para a incidência normativa na qualificação da relação filial, quais sejam, o nascimento e a convivência familiar, na aferição de dois distintos critérios respectivamente, o biológico e o não biológico.

A hermenêutica descobre e fixa o sentido que rege a interpretação, sendo, portanto, a teoria científica da arte de interpretar. O Direito precisa transformar-se em realidade eficiente, no interesse coletivo e no individual. Jamais será possível que um sistema normativo contemple todas as faces da realidade social. Assim, o alcance de um dispositivo legal se avalia confrontando-o com outros, na visão sistemática do Direito.[103]

No Brasil, há que se verificar para a eficácia normativa do fato, além da autenticidade, também a constitucionalidade. Nesse sentido, um preceito contrário ao estatuto supremo não necessita de exegese, porque não obriga ninguém: é como se nunca tivesse existido.

---

funcao-dos-institutos-fundamentais-do-direito-civil-contemporaneo-e-suas-consequencias. Acesso em: 23 nov. 2015.

101 LÔBO, Paulo. *Direito Civil*. Famílias. São Paulo: Saraiva, 2008, p. 35.

102 LÔBO, Paulo. *Direito Civil*. Famílias. São Paulo: Saraiva, 2015, p. 54.

103 MAXIMILIANO, Carlos. *Hermenêutica e Aplicação do direito*. Rio de Janeiro: Forense, 2009, p. 5.

Faz-se necessário, primeiramente, a verificação quanto à competência do prolator da norma; se é de alçada federal, estadual ou municipal; se constitui matéria de lei ou de regulamento; se este se enquadra na lei ou inova alguma coisa não autorizada ainda que implicitamente pelas câmaras; se o ato do Executivo emana de delegação e se esta foi concedida em termos toleráveis com a Lei Fundamental; e assim, desde que o elaborador ultrapassou os limites das próprias atribuições, o juiz nada interpreta e sim nega eficiência ao texto, porque não se trata de disposições válidas e sim de excesso de um poder.[104]

Um dos principais temas da atualidade constitucional no Brasil é equacionado nos termos da ponderação de valores, que é o debate acerca da denominada eficácia horizontal dos direitos fundamentais, envolvendo a aplicação de normas constitucionais às relações privadas, onde se contrapõem a *autonomia da vontade e a efetivação dos direitos fundamentais*.

Repita-se que a ponderação ainda não atingiu e talvez nunca atinja o padrão desejável de objetividade, dando lugar a ampla discricionariedade judicial, e esta deverá ficar limitada às hipóteses em que o sistema jurídico não tenha sido capaz de oferecer a solução em tese, elegendo um valor ou um interesse que deva prevalecer. A existência da técnica não é um convite ao exercício indiscriminado de ativismo judicial.

Também não há que se confundir o ativismo judicial com a judicialização. Lênio Streck pontua a diferença entre esses dois fenômenos, alertando que o ativismo sempre é ruim para a democracia, porque decorre de comportamentos e visões pessoais dos juízes e Tribunais, ao passo em que a judicialização pode ser ruim ou não, porque depende de níveis e da intensidade em que é verificada. Assim, uma questão judicializada pode ter como consequência uma resposta ativista, o que seria ruim, mas também pode apresentar uma resposta adequada à Constituição e, portanto, concretizadora de direitos fundamentais.[105]

Não é incomum a existência de decisões em sentidos opostos acerca de uma mesma matéria, posições doutrinárias divergentes e até mesmo votos conflitantes em um mesmo julgado. Ou seja, diante dos mesmos fatos e elementos normativos, pessoas diferentes poderão obter tutela jurisdicional diversa. Por isso a necessidade de uma correta

---

[104] MAXIMILIANO, Carlos, *cit.*, p. 35.

[105] STRECK, Lenio Luiz. *O Rubicão e os quatro ovos do condor:* de novo, o que é ativismo? Disponível em: http://www.conjur.com.br/2016-jan-07/senso-incomum-rubicao-quatro-ovos-condor-ativismo. Acesso em: 12 jan. 2016.

argumentação jurídica na decisão, e esta tem que apresentar fundamentos normativos e não apenas de bom senso, sentido de justiça pessoal, razões lógicas ou morais.

Barroso elenca uma série de parâmetros voltados a balizar tal argumentação, dentre eles, dois conjuntos de Princípios: os instrumentais, que são específicos de interpretação constitucional, e Princípios materiais, que trazem em si a carga ideológica, axiológica e finalística da ordem constitucional. Servem de orientação à atividade do intérprete de tal forma que, diante de várias soluções igualmente plausíveis, deverá o intérprete percorrer o caminho traçado pelos princípios instrumentais para a realização do estado pretendido dos princípios materiais.[106]

Os princípios instrumentais não se encontram expressos no texto constitucional e são reconhecidos pela doutrina e pela jurisprudência. São eles: I – o princípio da supremacia da Constituição; II – o princípio da presunção de constitucionalidade das leis e atos do Poder Público; III – o princípio da interpretação conforme a Constituição; IV – o princípio da unidade da Constituição; V – o princípio da razoabilidade ou da proporcionalidade; e VI – o princípio da efetividade.

Os princípios materiais, por sua vez, estariam classificados em: I – fundamentais; II – gerais; e III – setoriais.

De qualquer forma, parece fácil distinguir os dois tipos de normas (regras e princípios), quando se considera a perspectiva de um observador externo.

Lorenzetti chama a atenção para a importância dessa mudança de perspectiva, quando a análise parte do julgador, aquele que deve emitir a decisão, ou quando parte daquele que deve se submeter à decisão. Os paradigmas adotados pelo julgador podem estar ligados ao seu caráter mais formalista, intervencionista, realista, feminista, racista, conservador ou progressista, daí a existência de decisões díspares com relação às mesmas regras. Tais paradigmas diferenciados trazem problemas que podem ser prejudiciais ao sistema republicano de equilíbrio entre poderes. Quem toma a decisão deve estar consciente de que existem valorações diferentes, mas que há um *metavalor*, que é o pluralismo de valores.[107]

Dessa forma, se há dispositivo constitucional que condiciona a liberdade de planejamento familiar *ao casal* para garantir a dignidade da

---

106 BARROSO, Luís Roberto. *Interpretação e aplicação da Constituição*; fundamentos de uma dogmática constitucional transformadora São Paulo: Saraiva, 2009, p. 367.

107 LORENZETTI, Ricardo Luis. *Teoría de la decisión judicial*: fundamentos de derecho. Santa Fe: Rubinzal-Culzoni, 2008, p. 21.

pessoa humana e a parentalidade responsável, é porque essa liberdade é e deve ser relativizada sempre que a sua prática colocar em risco tais valores. Por outro lado, se essa mesma Constituição protege a monoparentalidade como entidade familiar sem ressalvas, a restrição à *conjugalidade* prevista no mesmo texto constitucional ao se referir ao casal deve ser relativizada.

Além disso para o alcance das dimensões da autonomia parental na atualidade, não se pode desprezar os métodos histórico e sistemático de interpretação.

É importante o olhar que se lança na história, pois ora pode justificar o retorno a pegadas do passado, ora justifica uma razão para não retroceder. É o caso da racionalidade binária do parentesco. Esta se construiu como um modelo mais apto ao atendimento de uma sociedade mais complexa. Migrou de uma comunidade onde não se podia identificar a parentalidade, pela falta de limites nos relacionamentos, para uma comunidade baseada em uma ordem, que pode fugir aos desejos, mas atende ao espectro da racionalidade humana.

A parentalidade enquanto relação classificada pela legislação civil brasileira recebe efeitos imediatos dos Princípios Constitucionais gerais e específicos às relações familiares. A força emanada pelas normas constitucionais condiciona o intérprete a um olhar que proponha a ressignificação de institutos e categorias, em proposta de contextualização temporal e valorativa das soluções jurídicas.

A filiação, dentre as relações parentais, é a que mais está sujeita a grandes modificações engendradas por outras ciências e que reclama um diálogo permanente para a sua legitimação no sistema jurídico brasileiro.

O conceito relacional de filiação deverá considerar a possibilidade de os sujeitos envolvidos estarem em temporária ou permanente condição de vulnerabilidade, a exemplo do nascituro, da criança e da mulher.

Dessa forma, todo regramento que envolve a relação com filhos menores é de ordem pública, exigindo a intervenção imediata do Estado na hipótese de violação de seus direitos fundamentais. A vulnerabilidade da pessoa menor de idade presume a sua incapacidade e reclama a aplicabilidade da doutrina de proteção integral, com a responsabilidade trinária entre o Estado, a família e a sociedade.

Já a vulnerabilidade da mulher decorre de sua histórica opressão fora e dentro das relações familiares e que se perpetua na atualidade. A lei Maria da Penha prevê a sua vulnerabilidade ao presumir a violência contra ela na busca de medidas protetivas, por exemplo.

Será importante, portanto, buscar a densidade normativa dos princípios, considerando tais proteções, assim como também garantias ou limitações a liberdades na busca do projeto parental.

2.1.1 Dignidade humana e da pessoa humana

Das teorias filosóficas sobre a dignidade a de Kant institui como imperativo categórico a exigência de que o ser humano jamais seja visto ou usado como um meio para atingir outras finalidades, mas sempre seja considerado como um fim em si mesmo. Assim, todas as normas decorrentes da vontade legisladora dos homens precisam ter como finalidade o homem e a espécie humana.

Invocando Kant, Bodin lembra que no mundo social existem duas categorias de valores: o preço e a dignidade. Enquanto aquele representa um valor exterior e manifesta interesses particulares, a dignidade representa um valor interior e é de interesse geral. As coisas têm preço; as pessoas têm dignidade.[108]

A Carta dos Direitos Fundamentais da União Europeia, assinada no ano de 2000, prevê em seu primeiro artigo: *A dignidade do ser humano é inviolável. Deve ser respeitada e protegida.* Lá se encontram tutelados os direitos à vida, à integridade do ser humano, à proibição de torturas e tratamentos desumanos ou degradantes e a proibição à escravidão e ao trabalho forçado.[109]

No Brasil a Constituição democrática de 1988 explicitou a dignidade da pessoa humana como um dos fundamentos da República, em seu art. 1º, III. Juridicamente e no âmbito do Direito Civil, mais do que os direitos elencados na Carta Europeia, significa que o direito não mais encontra nos valores individualistas de outrora o seu fundamento axiológico.

Bodin alerta ainda que alcançando a dignidade de todos os setores da ordem jurídica, corre-se o risco de sua generalização na medida em que é invocada como *ratio* jurídica de todo e qualquer direito fundamental.[110]

---

108 MORAES, Maria Celina Bodin. O princípio da dignidade humana. *In:* MORAES, Maria Celina Bodin (Coord.). *Princípios do Direito Civil Contemporâneo*. Rio de Janeiro: Renovar, 2006, p. 16.

109 UNIÃO EUROPEIA. Carta de Direitos Fundamentais, 2000. Disponível em: http://www.europarl.europa.eu/charter/pdf/text_pt.pdf. Acesso em: 8 jan. 2016.

110 MORAES, Maria Celina Bodin. O conceito de dignidade humana: substrato axiológico e conteúdo normativo. *In:* SARLET, Ingo Wolfgang (Org.). *Constituição, Direitos Fundamentais e Direitos Privados*. 2. ed. Porto Alegre: Livraria do Advogado, 2006. p. 119.

> Considera-se, com efeito, que, se a humanidade das pessoas reside no fato de serem elas racionais, dotadas de livre arbítrio e de capacidade para interagir com os outros e com a natureza – sujeitos, por isso, do discurso e da ação –, será "desumano", isto é, contrário à dignidade humana, tudo aquilo que puder reduzir a pessoa (o sujeito de direitos) à condição de objeto.[111]

Continua a autora especificando adequadamente que são corolários desta elaboração os princípios jurídicos da igualdade física e moral – psicofísica –, da liberdade e da solidariedade.

> De fato, quando se reconhece a existência de outros iguais, daí dimana o princípio da igualdade; se os iguais merecem idêntico respeito à sua integridade psicofísica, será preciso construir o princípio que protege tal integridade; sendo a pessoa essencialmente dotada de vontade livre, será preciso garantir, juridicamente, esta liberdade; enfim, fazendo ela, necessariamente, parte do grupo social, disso decorrerá o princípio da solidariedade social.[112]

Paulo Lôbo ressalta que as manipulações genéticas impulsionam a distinção traçada por *Habermas* entre dignidade da vida humana e dignidade da pessoa humana.[113]

Densificando o princípio da dignidade nas chamadas práticas de auxílio à reprodução medicamente assistida, várias considerações devem ser feitas.

Não obstante a adesão à teoria de que o embrião criopreservado proveniente de manipulação genética não se equipara ao nascituro enquanto sujeito de direito, se o reconhece como um ser, dotado de vida proveniente da natureza humana, e em razão disso, deve ser minimamente respeitado e não deve estar sujeito a todas as esferas do mercado, daí também não poder se equiparar à coisa, mesmo em sua concepção jurídica.

Das técnicas de reprodução humana assistida conhecidas que estão regulamentadas eticamente pelo Conselho Federal de Medicina,

---

111 MORAES, Maria Celina Bodin. O princípio da dignidade humana. *In:* MORAES, Maria Celina Bodin (Coord.). *Princípios do Direito Civil Contemporâneo*. Rio de Janeiro: Renovar, 2006, p. 16.

112 MORAES, Maria Celina Bodin. O princípio da dignidade humana. *In:* MORAES, Maria Celina Bodin (Coord.). *Princípios do Direito Civil Contemporâneo*. Rio de Janeiro: Renovar, 2006, p. 17.

113 HARBERMAS, Jürgen *apud* LÔBO, Paulo. *Direito Civil*. Famílias. São Paulo: Saraiva, 2008, p. 54.

serão abordados a disponibilidade com relação ao material genético e à cessão de útero.

Na cessão de útero, uma mulher servirá como meio de instrumentalização de anseios de terceiros, o(s) contratante(s). A criança deverá ser entregue ao final do contrato. Em equiparação grosseira, poder-se-ia dizer que a relação da gestante que recebe o material genético de terceiro com a finalidade de devolução desse material, após o desenvolvimento do embrião, é associado a um contrato que guarda semelhança com o contrato de depósito, no âmbito de nossas categorias contratuais.

Haveria comprometimento da dignidade da mulher que assume riscos de vida e renuncia a direitos fundamentais, para servir de meio ao projeto alheio? O discurso da solidariedade seria suficiente e efetivo para legitimar a relação?

Há nessa realidade brasileira, quando confrontada com as previsões do seu sistema jurídico, total comprometimento da validade do ato "negocial" que envolve essa prestação inclusive e também porque a lei brasileira tem definição própria para a maternidade quando biológica.

É bem verdade que os princípios guardam uma característica que exigirá do intérprete uma integração subjetiva porque há um espaço de indeterminação e a demarcação de seu conteúdo estará sujeita à concepção ideológica e filosófica do intérprete. O princípio da dignidade humana, por exemplo, não explicita os comportamentos necessários para realizar a dignidade humana e o intérprete se depara com uma grande dificuldade, que é descobrir tais comportamentos. À vista dos elementos do caso concreto, o intérprete deverá fazer escolhas fundamentadas.[114]

Por outro lado, e sobre o contrato de gestação sub-rogada ou cessão de útero, há o viés da autonomia de quem se dispõe a fazer a cessão, não obstante os riscos que lhe serão próprios. Se apesar do conceito de maternidade biológica na lei isso puder vir a ser transigido entre particulares, não haverá mais o dever ao exercício do poder familiar desde a concepção, assim como seria admitida a sua renúncia e isso precisa estar claro.

A irrenunciabilidade sistêmica do poder familiar fortalece o viés da responsabilidade que se persegue na proteção da criança. Assim, a condição e o exercício da parentalidade não estão sujeitos à vontade de quem gera. Gestantes, pela lei brasileira, independentemente do

---

114 BARROSO, Luís Roberto. *Interpretação e aplicação da Constituição;* fundamentos de uma dogmática constitucional transformadora. São Paulo: Saraiva, 2009, p. 356.

material genético que carregam, não possuem autonomia para negociar essa "filiação", ainda que sob o manto da solidariedade. No entanto, a solidariedade poderá ser o fundamento *mor*, na autorização pela norma jurídica concreta e judicial, se houver comprovado interesse de quem gesta, como se presume na hipótese de auxílio entre parentes.

Não há que se comparar essa entrega entre particulares com a possibilidade legal da entrega do filho à adoção, pela gestante. Ao autorizar esta, o Estado o faz visando garantir o melhor interesse da criança, evitando outros riscos que poderiam colocar a saúde e mesmo a vida desta em perigo. Ainda assim, é também a situação concreta que deverá definir isso, quando a equipe multidisciplinar constata e atesta a total ausência de condições do exercício da maternidade pela gestante. Inclusive, para que se formalize, a ficção legal prevê a hipótese de extinção do poder familiar originário e não de transferência ou renúncia. Aqui o Estado buscou mecanismo imediatista para a solução da desestruturação social do país, que guarda imenso percentual de pobreza e miserabilidade. Não há autonomia plena da gestante para a entrega de seu filho em adoção. Se for a particular, a gestante estará incorrendo em crime de abandono e perderá o poder familiar, e se for ao Estado, somente após análise detida será deferido.

Constitucionalidade e validade do contrato de gestação sub-rogada ou cessão de útero são questionáveis a partir dos argumentos elencados. Contudo, o último projeto de lei, o aprova sob condições, premido pela realidade social médica.

Há uma margem de disponibilidade autorizada por lei para a pessoa, sobre si, seu corpo, seus órgãos, sua pele, e que pode servir também a terceiros, porém para garantir bens valorativamente maiores, como a vida e a saúde de outrem.

Nesse ponto, indaga-se: o auxílio à infertilidade de terceiros ingressa nessa disponibilidade? Se se considerar a infertilidade como doença, dir-se-ia que sim, mas apenas quando envolve a disponibilidade de material genético (doação de gametas fecundados ou não). Será observado que a prática médica propõe que as técnicas de reprodução humana se restrinjam a uma finalidade terapêutica. Outra problemática que surge a partir daí é a variação conceitual e o alcance do que possa ser considerado finalidade terapêutica, a partir da concepção de saúde. Assim, deve ser observada a dignidade de quem se atende e em que circunstâncias.

2.1.2 Solidariedade familiar

A palavra solidariedade tem origem francesa *solidarité*, que também pode remeter a uma responsabilidade recíproca.

A solidariedade não reside apenas em um sentimento de bondade e de caráter assistencialista, mas principalmente em um compromisso pelo qual as pessoas se obrigam umas para com as outras e cada uma delas a todas. Nesse sentido, o seu primeiro *locus* é no campo da moral, mas foi apreendido pelo direito em razão da situação jurídica em que alguns grupos se encontram. A família é um deles.

A sua primeira expressão na lei reside no inciso I do artigo 3º da Constituição da República Federativa do Brasil, enquanto objetivo fundamental da República.[115]

A partir daí identifica-se também a solidariedade entre agentes insculpida no artigo 227 do Diploma Constitucional, estabelecendo obrigações para o Estado, família e sociedade no que diz respeito à criança e ao adolescente, sujeito de direito principal, nas relações familiares e para o Estado.[116]

Seria distinta da solidariedade do *corpus juris civillis*, como pontua Paulo Lôbo, que é relativa à espécie de obrigação, para credores (solidariedade ativa) e devedores (solidariedade passiva), para a individualização do crédito ou do débito plurais.[117]

O princípio também está insculpido na Convenção Internacional dos Direitos da Criança desde 1989, além do Estatuto da Criança e do Adolescente, em seu artigo 4º, correspondente à assistência moral, material e afetiva que é devida entre cônjuges, companheiros e parentes, nos limites e legitimidade estabelecidos pela lei.

---

115 BRASIL. Constituição da República Federativa do Brasil. Disponível em: http://www.planalto.gov.br/ccivil_03/constituicao/ConstituicaoCompilado.htm. Acesso em: 22 jan. 2016.
Art. 3º Constituem objetivos fundamentais da República Federativa do Brasil:
I – construir uma sociedade livre, justa e *solidária*;
II – garantir o desenvolvimento nacional;
III – erradicar a pobreza e a marginalização e reduzir as desigualdades sociais e regionais;
IV – promover o bem de todos, sem preconceitos de origem, raça, sexo, cor, idade e quaisquer outras formas de discriminação.

116 BRASIL. Constituição da República Federativa do Brasil. Disponível em: http://www.planalto.gov.br/ccivil_03/constituicao/ConstituicaoCompilado.htm. Acesso em: 22 jan. 2016.
Art. 227. É dever da família, da sociedade e do Estado assegurar à criança, ao adolescente e ao jovem, com absoluta prioridade, o direito à vida, à saúde, à alimentação, à educação, ao lazer, à profissionalização, à cultura, à dignidade, ao respeito, à liberdade e à convivência familiar e comunitária, além de colocá-los a salvo de toda forma de negligência, discriminação, exploração, violência, crueldade e opressão.

117 LÔBO, Paulo. *Direito Civil*. Famílias. São Paulo: Saraiva, 2015, p. 57.

Este princípio pode vir a fundamentar uma ampliação de responsabilidades parentais, para além do que foi estabelecido pela legislação civil vigente, nas novas formatações familiares, ampliando a legitimidade de assistência material e imaterial para os parentes afins no que tange aos seus enteados enquanto crianças e adolescentes, ainda que em caráter subsidiário.

Na análise da legislação civil vigente, Paulo Lôbo alerta para uma série de dispositivos que podem contrariar o princípio, como a imprescritibilidade das ações de impugnação de paternidade, máxime se já houver se estabelecido a filiação socioafetiva (art. 1.601) e a primazia da vontade individual do cônjuge com relação à moradia do enteado (art. 1.611).[118]

Os referidos dispositivos à luz da Constituição devem ser questionados. O primeiro por fragilizar a valorização da convivência familiar e o segundo por sobrepujar a criança como o centro de interesses.

A solidariedade familiar não gera necessariamente direito sucessório ou implica a mudança de estado de filiação e é capaz de harmonizar inúmeros conflitos que hoje são judicializados de forma equivocada.

De forma mais ampla o Princípio também se insere na perspectiva dos direitos humanos e soma-se às demais estratégias de proteção integral à criança e ao adolescente, consagrando uma lógica voltada a assegurar a prevalência e a primazia do interesse superior da criança e do adolescente.[119]

Os direitos especiais reconhecidos às crianças e aos adolescentes decorrem de sua peculiar condição de ser humano em desenvolvimento. Como consequência, o Estado e a sociedade devem assegurar todas as oportunidades e facilidades, a fim de lhes facultar o pleno desenvolvimento das capacidades físicas, mentais, morais, espirituais e sociais, em condições de liberdade e dignidade.

A garantia para tal desenvolvimento requer atos omissivos e comissivos por parte de seus responsáveis diretos, e isso já pode ser exigido ainda que na expectativa de seu surgimento, na esfera da reprodução. Há que se perquirir a densidade da solidariedade já nas escolhas que são realizadas no projeto parental, a fim de garantir a existência de seres com dignidade mínima ao seu pleno desenvolvimento.

---

118 LÔBO, Paulo. *Direito Civil*. Famílias. São Paulo: Saraiva, 2015, p. 58.

119 PIOVESAN, Flávia. *Temas de direitos humanos*. São Paulo: Saraiva, 2010, p. 337.

A solidariedade impõe deveres que são preventivos e corretivos, assim como se estabelece dentro de um caráter irrenunciável, amplamente discutido e defendido.

Nas hipóteses a serem analisadas, talvez se possa enxergar a solidariedade como valor altruístico pelo doador anônimo de gametas. Não haveria qualquer dever parental por parte dele uma vez que, embora tenha participado do projeto, restou claro que a sua disposição estaria condicionada a não criar obrigação alguma. O manto do anonimato se justificaria em razão disso.

Que tipo de solidariedade jurídica poder-se-ia identificar na gestação sub-rogada? A ela não é possível o anonimato e ainda poderá haver o comprometimento de sua saúde e mesmo risco de vida a depender de sua situação gestacional. Onde residiria o seu dever jurídico com o nascituro? No exercício do poder familiar? Ao nascer, essa criança teria rompido esse poder familiar?

Em que consiste a *suposta* solidariedade de uma mulher na cessão de seu útero a projeto parental alheio? Parece haver aqui uma imposição social naturalizada e que decorre da longa e ainda permanente serviência da mulher na história.

Ao se impedir uma monoparentalidade voluntária feminina, estar-se-ia garantindo um dever para com o ser por vir (criança) e um direito deste à paternidade?

2.1.3 Liberdade *que aprisiona*

O valor da liberdade em nosso mandamento constitucional terá grande importância para o exercício da autonomia e o sentido que lhe deve ser atribuído nas relações existenciais.

Bodin menciona Santo Agostinho, considerado o primeiro filósofo da liberdade, para o qual é constitutiva da natureza humana e nada pode abalar a sua perfeição a não ser ela mesma, propondo um conceito intimamente ligado à vontade racional, que veio a servir de base para o Direito: o de *livre-arbítrio*.[120]

Como elemento central a liberdade pressupõe a possibilidade de uma escolha.

Relembrando Kant, também mencionado pela autora no que diz respeito ao conteúdo da dignidade, a humanidade das pessoas

---

120 MORAES, Maria Celina Bodin de. *Na medida da pessoa humana*. Estudos de direito civil-constitucional. Rio de Janeiro: Renovar, 2010, p. 184.

reside no fato de serem elas racionais, dotadas de livre-arbítrio e de capacidade para interagir com os outros e com a natureza e portanto será "desumano", isto é, contrário à dignidade humana, tudo aquilo que servir para reduzir a pessoa (o sujeito de direitos) à condição de objeto, tudo o que permitir uma sua instrumentalização.[121]

A reflexão sobre a liberdade não se afasta da concepção da dignidade humana referenciada, tampouco da responsabilidade.

Bodin ressalta ainda o novo paradigma da civilística, considerando as mudanças ocorridas na passagem do Direito moderno ao pós-moderno:

> *O mundo da segurança* do século XVIII deu lugar a um mundo de inseguranças e incertezas: em segundo lugar, a ética da autonomia ou da liberdade foi substituída por uma ética da responsabilidade ou da solidariedade; enfim, e como consequência das duas assertivas anteriores, à tutela à liberdade (autonomia) do indivíduo foi substituída pela noção de proteção à dignidade da pessoa humana.[122]

Assim, há uma equação a ser verificada entre a solidariedade e a liberdade. A imposição excessiva da solidariedade anula a liberdade; a liberdade desmedida é incompatível com a solidariedade. Ponderados, os seus conteúdos tornam-se complementares. Regulamenta-se a liberdade em prol da solidariedade social, isto é, da relação de cada um com o interesse geral e esse livre desenvolvimento é possibilitado pela redução da desigualdade.

O maior desafio do Direito nesse século reside na busca de uma zona que permita o estabelecimento de um compromisso aceitável entre os valores fundamentais comuns, com os necessários enquadramentos éticos e morais refletidos na lei, e os espaços de liberdade, os mais amplos possíveis, de forma a permitir a cada um a escolha de seus atos e a condução da sua vida particular, de seu projeto de vida.[123]

Há doutrina que defende a impossibilidade de idealização e concepção de um projeto monoparental biológico pela mulher. A fundamentação é o melhor interesse da criança à paternidade. Seria uma decisão individualista, tendo em vista o caráter mais benéfico da composição dualista na formação da personalidade do indivíduo e o direito ao conhecimento de sua origem.

---

121 MORAES, Maria Celina Bodin de, *cit.*, p. 186.

122 MORAES, Maria Celina Bodin de, *cit.*, p. 47.

123 MORAES, Maria Celina Bodin de, *cit.*, p. 75.

Seria entender que a mulher não possui um direito a ter filhos com o afastamento voluntário da paternidade. Trata-se de um forte argumento que deve ser ponderado juntamente com outras circunstâncias.

O direito reprodutivo da mulher, mais do que um direito fundamental a ter filhos, é um direito fundamental à saúde. Diferentemente do homem, o organismo da mulher se prepara para a reprodução através de um ritual que se inicia na puberdade. O seu tempo reprodutivo também é outro. Desenvolver um projeto parental sozinha pode trazer-lhe mais do que um filho, mas também saúde.

Nesse ponto, uma *produção independente* por meio das técnicas, com o anonimato do doador de gametas, seria mais ético do que uma produção independente natural com sonegação do direito à paternidade e desta com relação ao genitor.

No século XIX, carecendo de direitos políticos e sociais, a liberdade era absoluta para quem detinha patrimônio e a autonomia dos privados contrapunha-se à ordem pública e aos interesses da coletividade. Dessa forma, no liberalismo jurídico, a dicotomia entre o direito público e o privado era latente, e este regia a vida jurídica enquanto aquele seria apenas uma moldura de proteção.

Os direitos reprodutivos inserem-se na temática dos direitos humanos e são mapeados como direitos fundamentais, mas devem ser exercidos com responsabilidade porque do resultado de seu exercício poderá se estar diante de nova reverência ao individualismo. Nesse sentido, haveria lógica em impedir o exercício monoparental voluntário em respeito à dignidade da futura geração, dignidade esta mais abstrata do que a dignidade existencial da mulher? Estar-se-ia retrocedendo às antigas construções parentais matrilineares? Como admitir a liberdade da mulher sem admitir a liberdade do homem para um projeto semelhante? Estaria a Constituição Federal protegendo apenas a monoparentalidade involuntária?

A prática na sociedade, com o funcionamento dos centros de reprodução humana, resume o exercício pleno dessa liberdade a uma única condição: o consentimento informado das partes com relação aos procedimentos e efeitos.

Aqui se filia a concepção de que o direito do filho de vir a ter um pai não é absoluto. Se assim fosse, o ordenamento jurídico interviria também na produção independente natural. Portanto, não há um princípio ordenador da biparentalidade, não se podendo tolher a liberdade de escolha da monoparentalidade pela mulher.[124]

A proposta do projeto monoparental masculino, contudo, envolve outras condicionantes, entre as quais, ele precisa mais do que um material genético doado. Ele precisa da participação de uma pessoa não anônima, que servirá de meio ao seu intento. A sua condição reprodutiva, quando prejudicada, não afeta a sua saúde. A discussão requer um aprofundamento quanto ao conteúdo jurídico do princípio da igualdade.

Da liberdade decorre a autonomia e o seu sentido para o Direito, historicamente contextualizado, muda o seu conteúdo.

2.1.4 Igualdade *na desigualdade*

A qualificação da família como legítima apenas fazia sentido para uma moral discriminatória e excludente. O princípio da igualdade teve um papel transformador nas relações familiares, principalmente com a superação de desigualdades reais entre gêneros, em que pese haver ainda costumes e tradições que sedimentam condutas de opressão e submissão.[125]

Igualdade entre cônjuges em direitos e deveres, na identificação de gêneros distintos, absorve o verdadeiro sentido da igualdade preconizada no artigo 5º da Carta magna, ao se referir que:

> Todos são iguais perante a lei, sem distinção de qualquer natureza, garantindo-se aos brasileiros e aos estrangeiros residentes no País a inviolabilidade do direito à vida, à liberdade, à igualdade, à segurança e à propriedade, nos termos seguintes:
> I – homens e mulheres são iguais em direitos e obrigações, nos termos desta Constituição.[126]
> (...)

A igualdade não atingiu apenas as relações conjugais, mas também as parentais, com a eliminação e proibição de tratamento desigual entre filhos que possuíam origens distintas.

---

124 CICCO, Maria Cristina de. I valori contraddittori alla legge sulla procreazione medicalmente assistita. *Revista Trimestral de Direito Civil – RTDC*, ano 6, vol. 21, p. 143-172, jan./mar. 2005.

125 LÔBO, Paulo. *Direito Civil*. Famílias, 2019, p. 62.

126 BRASIL. Constituição da República Federativa do Brasil, disponível em: Disponível em: http://www.planalto.gov.br/ccivil_03/constituicao/constituicao.htm. Acesso em: 4 abr. 2021.

Paulo Lôbo chama a atenção quanto a não possibilidade de aplicabilidade em sentido absoluto do princípio, uma vez que há limitações que não violam o seu núcleo essencial. Traz como exemplo a ideia de que os filhos adotados possuem os mesmos direitos do que os filhos advindos do casamento, mas estão ou permanecem ainda ligados aos impedimentos matrimoniais com relação aos seus parentes de origem, ainda que o parentesco civil tenha se rompido.[127]

Em verdade, essa tônica é uma das mais importantes sobre o princípio da igualdade para o que se pretende defender quanto à diferença de tratamento de gênero em determinada situação.

Sobre o direito à diferença, Paulo Lôbo destaca a rica dimensão psicossocial das diferenças entre os gêneros, que a dogmática do direito de família não pode mais descurar. Nesse sentido, para o autor:

> O imenso desafio é a compatibilidade das diferenças com o Princípio da igualdade jurídica, para que não se retroceda à discriminação em razão do sexo, que a Constituição veda.[128]

Importante ressaltar que em dado momento será importante refletir se a autonomia parental pode se diferenciar em razão do gênero. De forma abstrata e formal isso seria inadmissível, mas a depender da forma do exercício dessa autonomia, é possível identificar a necessidade de reconhecimento de um *discrímen* positivo para a mulher. Há vários *discrímens* negativos também, mas ressalta-se o exercício da autonomia como positivo.

A história da desigualdade e da inferioridade da mulher em relação ao homem, em um modelo patriarcal, foi enfrentada por muitas lutas decorrentes dos movimentos feministas nas décadas de 60 e 70.[129]

De todo o histórico legal trazido, pôde-se perceber que no Direito de Família a autonomia da vontade deve ser determinante quando se busca a proteção de terceiros que podem estar em condição de vulnerabilidade. A criança e a mulher são sujeitos presumidamente vulneráveis, seja pela incapacidade da primeira, seja pela história de opressão e violência ainda existente com relação à segunda.

Não são raras as posturas legais e judiciais que terminam por onerar mais a mulher, por estar incutida em um passado que sempre a colocou em um *status* doméstico. A expressão *do lar* tornou-se célebre à

---

[127] LÔBO, Paulo. *Direito Civil*, Famílias, *cit.*, p. 63.

[128] LÔBO, Paulo, *cit.*, p. 65.

[129] LÔBO, Paulo, *cit.*, p. 65.

mulher cuja função deveria ser a manutenção do equilíbrio das pessoas e das coisas da casa familiar. A esse respeito, destaque-se a importância da política pública implementada pelo Conselho Nacional de Justiça, no chamado Protocolo para julgamento com perspectiva de gênero, instituído pela Portaria nº 27, de fevereiro de 2021.[130]

Em que pesem as várias intersecções que poderiam ser aqui trazidas como forma de repressão à mulher, se propõe uma análise da possibilidade de sua escolha pela maternidade biológica monoparental. Não é demais lembrar que, no passado e na esfera do casamento, havia quase que um dever de reprodução e de exercício da maternidade. Por essa razão, a perspectiva a ser tratada será cuidadosa.

Várias perspectivas de gênero poderiam aqui ser trazidas, como o discutido prazo de licença-maternidade e paternidade. Os prazos distintos e destoantes adotados no Brasil (120 dias para a mãe e 5 dias para o pai – podendo ser estendido em dadas circunstâncias), continuam a presumir que à mãe e somente à ela deve se dar maior tempo no lar após o parto, voltado aos cuidados e desenvolvimento do ser recém-nascido, enquanto ao homem apenas um prazo para os contatos iniciais, devendo retomar logo a sua condição de "provedor", e isso a torna muito mais onerada, já que a maior parte do tempo não poderá dividir o ônus dos cuidados com o seu parceiro.

O tratamento com relação ao prazo é bem diversificado nos países. A Espanha aprovou, em janeiro de 2021, a equiparação das licenças-maternidade e paternidade, passando ambas a prever o prazo de 16 semanas.[131]

Há algo em termos de direitos reprodutivos que diferencia o homem da mulher e essa diferença não deve importar em desigualdade. A figura do aborto, por exemplo, só poderá ter como sujeito ativo a mulher. A ela tão somente a regra penal incide e condiciona o aborto no Brasil. Retira-lhe a norma penal a autonomia parental negativa após o início da gestação, salvo se proveniente de estupro ou se lhe implicar risco de vida. No Brasil, diferentemente da Argentina, que aprovou também nova legislação autorizando o aborto voluntário, a mulher não pode exercer a sua autonomia de não ter o filho que está sendo gerado, sem que isso venha a criminalizá-la.

---

[130] CONSELHO NACIONAL DE JUSTIÇA. *Protocolo para julgamento com perspectiva de gênero*. 2022. Disponível em: https://www.cnj.jus.br/wp-content/uploads/2021/10/protocolo-para-julgamento-com-perspectiva-de-genero-cnj-24-03-2022.pdf. Acesso em: 20 jul. 2023.

[131] ESPANHA. Disponível em: https://brasil.elpais.com/internacional/2021-01-01/espanha-equipara-licenca-paternidade-e-maternidade-e-avanca-na-igualdade-de-genero.html.

Aqui o Estado impõe a maternidade.

É de se observar curiosamente que essa regra também se aplica à gestante cessionária do útero que avençou a "não parentalidade" com o feto, tolhendo-lhe contratualmente qualquer direito ao arrependimento, após a implantação e início da gestação.

Um projeto parental, portanto, a depender de quem o exerce, homem ou mulher, traz consequências distintas para eles. E isso é o evidente reconhecimento de suas desigualdades materiais.

O art. 5º da Constituição Federal traz uma série de categorias distintas para preceituar a igualdade (raça, gênero, sexo, credo...). Um reconhecimento de que tais distinções existem, mas que, em razão destas distinções, as pessoas não podem ser desequiparadas. Celso Antônio Bandeira de Mello reconhece discriminantes juridicamente toleráveis. Há discriminantes que não resultam em qualquer hostilidade ao preceito igualitário que a Lei Magna desejou prestigiar.[132]

Esclarece o autor, após inúmeros exemplos, que:

> (...) qualquer elemento residente nas coisas, pessoas ou situações, pode ser escolhido pela lei como fator discriminatório, donde se segue que, de regra, não é no traço da diferenciação escolhido que se deve buscar algum desacato ao princípio isonômico.[133]

Há, portanto, a necessidade de que haja consonância da discriminação com os interesses protegidos na Constituição.

Há duas hipóteses a serem refletidas sobre a autonomia no uso das técnicas de reprodução humana segundo cada um dos gêneros masculino e feminino. É possível o exercício das autonomias parentais em razão de discriminantes que lhe são naturais e inarredáveis que se forem utilizadas indistintamente, poderão violar outros preceitos fundamentais.

Há que se refletir melhor sobre a justificativa de se admitir a monoparentalidade biológica voluntária para a mulher, mas não para o homem. A relação parental da mulher nesse caso se dá entre ela e o filho com a colaboração masculina na doação de gametas apenas; já para o homem, além do material genético feminino, para a relação parental haverá a necessidade da mulher, enquanto sujeito serviente ao seu propósito.

---

132 MELLO, Celso Antônio Bandeira de. O *conteúdo jurídico do princípio da igualdade*. São Paulo: Malheiros Editores Ltda., 2004, p. 16.

133 MELLO, Celso Antônio Bandeira de, *cit.*, p. 17.

Ao tecer sobre as teorias do princípio a igualdade no âmbito filosófico, político e jurídico na passagem do Estado Liberal ao Estado Social, Bonavides[134] afirma:

> É de observar, pois, que o critério relativo ao princípio da igualdade, ao fazer-se jurídico, deixou de ser o radical-aritmético da igualdade política contemporânea, instituída pelo Estado social, para ser nesse mesmo Estado o geométrico-proporcional de Aristóteles, cifrado na regra de que os iguais por natureza devem ser tratados igualmente, e os desiguais, de forma desigual.

A proposta do *discrímen* positivo em favor da mulher para o exercício da autonomia monoparental voluntária não pode por outro lado ser uma armadilha para o reconhecimento social de um suposto papel de serviência decorrente de sua condição reprodutiva e de sua história de opressão. Não se trata de se impor a reprodução, mas de lhe garantir a escolha e lhe conferir as medidas possíveis e desejadas.

No projeto monoparental socioafetivo, não há qualquer discriminante a ser observada no que diz respeito ao exercício da autonomia pelo homem ou pela mulher.

Para a filiação socioafetiva, o grande ganho foi a equiparação dos efeitos da filiação, que antes eram distintos por flagrante discriminação injustificável da lei. A igualdade entre os tipos de filiação para fins de efeitos jurídicos foi consagrada pela Constituição Federal em seu art. 227:

> Art. 227. É dever da família, da sociedade e do Estado assegurar à criança, ao adolescente e ao jovem, com absoluta prioridade, o direito à vida, à saúde, à alimentação, à educação, ao lazer, à profissionalização, à cultura, à dignidade, ao respeito, à liberdade e à convivência familiar e comunitária, além de colocá-los a salvo de toda forma de negligência, discriminação, exploração, violência, crueldade e opressão.

O tratamento dado à filiação socioafetiva pela lei é em parte, distinto. A adoção e a filiação decorrente da inseminação heteróloga se assemelham no sentido de não permitirem ao filho a busca de sua paternidade biológica, por exemplo, o que não ocorre quando a filiação socioafetiva decorre de uma adoção à Brasileira ou mesmo da posse do estado de filiação. Haverá impactos justamente na ponderação de

---

134 BONAVIDES, Paulo. O princípio da igualdade como limitação à atuação do estado. *Revista Brasileira de Direito Constitucional*, v. 2, 2003. Disponível em: http://www.esdc.com.br/seer/index.php/rbdc/article/view/47/47. Acesso em: 3 fev. 2021.

importância entre a origem biológica e a socioafetiva. Em abstrato, uma origem não detém mais importância do que a outra, mas a relação socioafetiva parece ser mais frágil na esfera da desconstituição parental, salvo se se estiver diante de uma dessas duas.

Dessa forma, há diferentes origens de filiação que ora resultarão em efeitos semelhantes, ora em efeitos diferentes e isso também demonstra a relativização da igualdade na filiação em abstrato.

2.1.5 Convivência familiar

A convivência familiar torna-se pressuposto para o bem-estar e imperativo para o desenvolvimento da criança ou adolescente, refletindo-se no exercício do poder familiar. Na hipótese de nunca ter havido conjugalidade entre os pais ou se ela deixou de existir, reflete-se por meio da guarda, que é um dos elementos do poder familiar.

Presume-se ser absolutamente necessária para o ideal desenvolvimento da criança a convivência com ambos os genitores/pais, que devem estabelecer os valores paritários à formação de sua personalidade.

Antes da introdução do divórcio no Brasil e ainda na vigência do desquite, a convivência parental restava totalmente prejudicada por um regime rigoroso de guarda unilateral que não buscava atender ao interesse da criança, mas tão somente eleger aquele que seria "a melhor pessoa" para ficar ou ganhar "a posse" do filho diante da separação. O tratamento da criança era absolutamente coisificado e não foram poucas as desestruturações familiares em razão disso.

Atualmente, a intervenção estatal é voltada inteiramente à proteção da criança e do adolescente e toda definição de regime de convivência familiar na separação deve obedecer a tais parâmetros, que serão auxiliados por perícias psicossociais que avalizarão a melhor forma de convivência em prol do desenvolvimento do menor.

Na presunção de que a convivência com ambos os pais promove o ideal desenvolvimento, a Lei nº 13.054/2014 trouxe importante modificação da legislação civil ao passar a prever a guarda compartilhada como regra, na forma mais equitativa possível, consideradas as circunstâncias do caso concreto.[135]

---

[135] BRASIL. Código Civil Brasileiro de 2002. Disponível em: http://www.planalto.gov.br/ccivil_03/leis/2002/L10406.htm. Acesso em: 22 jan. 2016.

Art. 1.584. A guarda, unilateral ou compartilhada, poderá ser:

I – requerida, por consenso, pelo pai e pela mãe, ou por qualquer deles, em ação autônoma de separação, de divórcio, de dissolução de união estável ou em medida cautelar.

O que é mais importante é que o instituto da guarda não deve mas ser analisado sob o prima da custódia, mas sobretudo do cuidado, uma vez que a relevância não está em quem detém a criança, mas quais assistências são prestadas a ela. Dessa forma, ao invés de se valer de instrumentos punitivos, como a perda da guarda pelo descumprimento de deveres parentais, o sistema deveria voltar-se a outros instrumentos pedagógicos com o incentivo à parentalidade responsável, como terapia, cursos e multas.[136]

A própria lei reconhece que especificidades do caso poderão alterar a regra de convivência igualitária, cujo afastamento não poderá se dar *ab initio*.

O aplicador não poderá dispensar os deveres de assistência material e imaterial, que deverão subsidiá-lo para a definição do regime de convivência que melhor atender ao interesse da criança. A denominada "visitação" do não guardião, cujo termo é inadequado, constitui-se muito mais um direito do menor do que do pai(s)/mãe(s).

Independentemente de conjugalidade, a convivência familiar é pressuposto básico para a sua formação e desenvolvimento. Embora a monoparentalidade dispense formalmente a presença de um dos pais, não invalida a presunção de um melhor desenvolvimento se a convivência for com ambos.

II – decretada pelo juiz, em atenção a necessidades específicas do filho, ou em razão da distribuição de tempo necessário ao convívio deste com o pai e com a mãe.
§1º Na audiência de conciliação, o juiz informará ao pai e à mãe o significado da guarda compartilhada, a sua importância, a similitude de deveres e direitos atribuídos aos genitores e as sanções pelo descumprimento de suas cláusulas.
§2º Quando não houver acordo entre a mãe e o pai quanto à guarda do filho, encontrando-se ambos os genitores aptos a exercer o poder familiar, será aplicada a guarda compartilhada, salvo se um dos genitores declarar ao magistrado que não deseja a guarda do menor.
§3º Para estabelecer as atribuições do pai e da mãe e os períodos de convivência sob guarda compartilhada, o juiz, de ofício ou a requerimento do Ministério Público, poderá basear-se em orientação técnico-profissional ou de equipe interdisciplinar, que deverá visar à divisão equilibrada do tempo com o pai e com a mãe.
§4º A alteração não autorizada ou o descumprimento imotivado de cláusula de guarda unilateral ou compartilhada poderá implicar a redução de prerrogativas atribuídas ao seu detentor.
§5º Se o juiz verificar que o filho não deve permanecer sob a guarda do pai ou da mãe, deferirá a guarda a pessoa que revele compatibilidade com a natureza da medida, considerados, de preferência, o grau de parentesco e as relações de afinidade e afetividade.
§6º Qualquer estabelecimento público ou privado é obrigado a prestar informações a qualquer dos genitores sobre os filhos destes, sob pena de multa de R$ 200,00 (duzentos reais) a R$ 500,00 (quinhentos reais) por dia pelo não atendimento da solicitação.

136 CRUZ, Elisa Costa. *Guarda parental*: releitura a partir do cuidado. Rio de janeiro: Processo, 2021. p. 205.

Tal presunção é *iuris tantum*, de forma que haverá relativização quanto ao ideal positivo da convivência familiar com os pais, quando esta, ao contrário do que se propõe, traz danos ao filho, quando necessitará ser afastada.

A intervenção estatal estará sempre autorizada a garantir os direitos fundamentais do menor, mesmo que em face de seus pais e parentes, situação em que o Estado tomará para a si a tutela visando garantir-lhe a proteção e possibilidade de inserção em outro núcleo familiar.

O princípio configura-se também no artigo 227 da Constituição Federal, já mencionado, que estabelece ser a presunção de assistência imaterial pela convivência diuturna e duradoura como um essencial à formação de personalidade do ser em desenvolvimento. Contudo se se está a falar de filiação já constituída, configura-se como um dever dos pais para com os filhos ou daqueles que exercem a função do cuidado sobre o menor.

O seu descumprimento importa também no descumprimento de responsabilidades ligadas à afetividade e pode gerar responsabilidade civil pelo abandono, segundo jurisprudência do STJ, considerando o dano *ipso jure*.[137]

Importante ressaltar que a convivência familiar enquanto direito do menor não estará restrita ao núcleo paterno-filial, em razão da ampliação do conceito de família e da responsabilidade parental,

---

[137] CIVIL E PROCESSUAL CIVIL. FAMÍLIA. *ABANDONO AFETIVO* COMPENSAÇÃO POR DANO MORAL. POSSIBILIDADE. 1. Inexistem restrições legais à aplicação das regras concernentes à responsabilidade civil e o consequente dever de indenizar/compensar no Direito de Família. 2. O cuidado como valor jurídico objetivo está incorporado no ordenamento jurídico brasileiro não com essa expressão, mas com locuções e termos que manifestam suas diversas desinências, como se observa do art. 227 da CF/88. 3. Comprovar que a imposição legal de cuidar da prole foi descumprida implica em se reconhecer a ocorrência de ilicitude civil, sob a forma de omissão. Isso porque o *non facere*, que atinge um bem juridicamente tutelado, leia-se, o necessário dever de criação, educação e companhia – de cuidado – importa em vulneração da imposição legal, exsurgindo, daí, a possibilidade de se pleitear compensação por danos morais por *abandono* psicológico. 4. Apesar das inúmeras hipóteses que minimizam a possibilidade de pleno cuidado de um dos genitores em relação à sua prole, existe um núcleo mínimo de cuidados parentais que, para além do mero cumprimento da lei, garantam aos filhos, ao menos quanto à afetividade, condições para uma adequada formação psicológica e inserção social. 5. A caracterização do *abandono afetivo*, a existência de excludentes ou, ainda, fatores atenuantes – por demandarem revolvimento de matéria fática – não podem ser objeto de reavaliação na estreita via do recurso especial. 6. A alteração do valor fixado a título de compensação por danos morais é possível, em recurso especial, nas hipóteses em que a quantia estipulada pelo Tribunal de origem revela-se irrisória ou exagerada. 7. Recurso especial parcialmente provido. REsp. 1159242 SP 2009/0193701-9 Min. Nancy Andrighi (1118) T3 24.04.2012, https://ww2.stj.jus.br/revistaeletronica/ita.asp?registro=200901937019. Acesso em: 22 jan. 2016.

devendo aqui serem considerados os avós (Lei nº 12.398/2011) e outros parentes que exerçam função de cuidado com relação ao menor, seja o parentesco por afinidade ou mesmo dentro dos critérios estabelecidos pelo conceito da família extensa, trazido pela Lei nº 12.010/2009.

A convivência familiar, embora pressuponha, para uma maior eficácia, a moradia ou estada sob o mesmo teto, não está restrita a esta modalidade, na medida em que hoje até os mais avançados meios de comunicação podem dispensar o aspecto presencial real, considerando a possibilidade presencial virtual, por meio de *Skype*, plataformas digitais, Whatsapp e meios tecnológicos equivalentes (Meet, Zoom), que asseguram um mínimo de contato que atende ao propósito da convivência familiar. O virtual não é o ideal, mas pode suprir o que poderia ser uma ausência mais expressiva na vida do menor. Foi dessa maneira que pôde se assegurar minimamente a convivência, durante o período de isolamento social na pandemia.

Assim, não há autonomia para os pais dispensarem tal convivência na medida em que se constitui em dever exigível e até mesmo punível, penal e civilmente, pela pena pecuniária ou mesmo de destituição do poder familiar. Isso demonstra que a previsão vigente do §2º do artigo 1584 do CCB, que prevê a possibilidade de um dos genitores não desejar a guarda do menor, é um equívoco que precisa ser corrigido.

Em outra dimensão e visando a constituição de uma filiação, a convivência familiar fática e exercida com as mesmas responsabilidades poderá ensejar a configuração de um estado filial, presentes os elementos da posse de estado de filiação.

Portanto, a convivência é dever pós-configuração da filiação e pressuposto para o estabelecimento de um estado de filiação, ainda que não tenha havido por parte de quem cria o elemento intencional para a relação, mas estejam presentes aqueles que configuram a posse.

2.1.6 Melhor interesse da criança e do adolescente

Na Inglaterra, o instituto do *parens patriae* é definido como a autoridade herdada pelo Estado para atuar como guardião de um indivíduo com uma limitação jurídica. O Princípio consta da Convenção Internacional dos Direitos da Criança, que foi ratificada pelo Brasil através do Decreto nº 99.710/90.

Em nosso país, desde o século XIX, três correntes jurídico-doutrinárias surgiram em relação à proteção da infância: a doutrina do direito penal do menor; a doutrina da situação irregular e por fim a doutrina jurídica de proteção integral.

A primeira era concentrada nos códigos penais (1830 e1890), preocupou-se com a delinquência e com a imputação na pesquisa do discernimento e responsabilização do menor em função do seu entendimento quanto ao delito; a segunda passou a vigorar com o código de menores (1979), período marcado por uma política assistencialista fundada na proteção do menor abandonado ou infrator; e a terceira passou a vigorar no Brasil a partir da Constituição Federal de 1988, segundo a qual a população infantojuvenil em qualquer situação deve ser protegida e seus direitos garantidos, além do reconhecimento de prerrogativas idênticas aos adultos.[138]

Tânia Pereira ressalta três peculiaridades dos destinatários da proteção, quais sejam: sua incapacidade para os atos da vida jurídica, sua condição peculiar de pessoa em desenvolvimento e sua titularidade de direitos fundamentais. [139]

Pontua ainda a autora:

> Perceber a criança como "sujeito" e não como objeto dos direitos dos adultos reflete, talvez, o maior desafio para a própria sociedade e para o Sistema de Justiça. Ser sujeito de direitos é ser titular de uma identidade social que lhe permita buscar proteção especial, já que se trata de uma pessoa em condição peculiar de desenvolvimento.[140]

A passagem do menor à condição de sujeito de direito e a importância e prioridade que assumiu perante a família, o Estado e a sociedade, é o ponto de partida para essa reflexão.

O princípio do melhor interesse da criança reflete essa prioridade que a criança possui no âmbito do direito legislado e aplicado. Houve um giro de 180º no que diz respeito ao conteúdo do poder familiar, que antes marcava uma desigualdade não apenas com relação ao exercício pela mãe, como com relação à criança, já que esta estaria subordinada à vontade paterna com relação aos seus direitos fundamentais. De direito sobre os filhos os pais passaram a ter muito mais deveres e, em caso de inobservância, qualquer pessoa da sociedade, assim como

---

138 PEREIRA, Tânia da Silva. O princípio do "melhor interesse da criança": da teoria à prática. *Revista Brasileira de Direito de Família*, Porto Alegre, n. 6, p. 31-49.

139 PEREIRA, Tânia da Silva, *cit.*, p. 37.

140 PEREIRA, Tânia da Silva, *cit.*, p. 31-49.

o Ministério Público possuem legitimidade para intervir e denunciar possíveis violações, para fins de suspensão ou perda do poder familiar.

Não obstante esteja concentrado no *caput* do artigo 227 da Constituição Federal, este princípio de forma conjugada ao da dignidade da pessoa humana e da paternidade responsável também informa e limita a autonomia no exercício da parentalidade e no planejamento familiar.[141]

Trata-se de garantir uma condição para o pleno desenvolvimento físico, mental, moral, espiritual e social, em condições de liberdade e dignidade.

Sobre alguns dos itens destacados é importante ressaltar que não caberá aos pretendentes da filiação qualquer direito à renúncia, pois está a se falar de dever. É possível não haver o exercício para a constituição do estado de filiação, sendo legítima a autonomia negativa. Contudo, uma vez concebida a criança ou configurada a filiação socioafetiva, prevalecerá o seu melhor interesse quanto aos cuidados devidos de assistência material e imaterial.

Também não importará se a criança adveio de um projeto parental natural ou onde se utilizaram as técnicas de reprodução humana. Há forte problemática em se admitindo a gestação sub-rogada, porque dentre os receios os mais discutidos estaria a possibilidade de arrependimento da gestante ao final do procedimento, o que poderia gerar um conflito positivo em face dos pretendentes. Mas, em havendo conflito negativo, a situação não poderá ser solucionada sem que seja à luz do melhor interesse da criança.

A gestante também é a quem detém legitimidade para a busca dos alimentos gravídicos, de acordo com a Lei nº 11.804 de 2008, o que a torna vinculada a deveres parentais já durante da gestação.

Na hipótese já aventada do projeto monoparental da mulher, prevalece o interesse desta enquanto pretendente no exercício de sua liberdade, dignidade e direito à saúde, em colisão com o que seria o melhor interesse do ser por vir, ou da futura criança à paternidade.

Não há também autonomia para a desconstituição de um estado de filiação decorrente da posse. Esta se estabelece independentemente de formalização ou mesmo conduta volitiva expressa, uma vez presentes os seus elementos. Mas precisa ser declarada judicialmente, para não dar azo a interesses escusos no reconhecimento, não obstante tenha-se hoje

---

[141] GAMA, Guilherme Calmon Nogueira de. *Princípios constitucionais de direito de família:* guarda compartilhada à luz da lei nº 11.698/08: família, criança, adolescente e idoso. São Paulo: Atlas, 2008, p. 80.

no Brasil a possibilidade extrajudicial pelo Provimento nº 83/2019, que alterou o Provimento nº 63/2017 do Conselho Nacional de Justiça – CNJ.

O melhor interesse da criança tem sido invocado jurisprudencialmente até mesmo como fundamento para a desconstituição de um estado de filiação firmado em erro, não obstante a convivência familiar. Portanto, o seu conteúdo tomará corpo sempre na hipótese concreta, quando todas as ponderações poderão ser feitas diante dos elementos e particularidades de cada conflito.

2.1.7 Afetividade

O princípio da afetividade para alguns é considerado como implícito, mas reflete-se em dispositivos expressos na Constituição Federal. Para outros sequer poderia ser considerado princípio.

Há que se distinguir também o sentido que toma a afetividade para o Direito, que não se confunde com o afeto de ordem psicológica ou sentimento anímico.

Catarina Almeida reflete sobre a condição da afetividade enquanto princípio, afirmando que:

> Apesar dos princípios em geral não possuírem, por sua natureza e finalidade rigidez de conteúdo (característica mais voltada às regras jurídicas), a afetividade como tem sido utilizada na doutrina e na jurisprudência, tem apresentado uma abertura de tamanha dimensão que mais aponta para o desconhecimento dos operadores do direito de que para a largueza de sua abrangência.[142]

Continua a autora afirmando que a afetividade para o Direito será o *animus* da família, assim considerado como elemento que não só integra, mas serve de prova da existência de uma entidade familiar. Exatamente por isso o seu sentido não está restrito ao sentimento de afeto. Trata-se da afetividade que depende mais do braço, do ombro e da razão do que do coração, traduzida na expressão jurídica do cuidado.[143]

No mesmo sentido que a solidariedade familiar, se restar ausente quando é devida, já que é norma jurídica que impõe dever, suscita a possibilidade de punição pecuniária, pelo abandono, e mesmo a pena pessoal relativa à destituição do poder familiar. Abandono afetivo,

---

142 OLIVEIRA, Catarina Almeida de. Refletindo o afeto nas relações de família. Pode o direito impor amor? *In: Famílias no Direito Contemporâneo*. Salvador: Juspodivm, 2010, p. 49.

143 OLIVEIRA, Catarina Almeida de, *cit.*, p. 55.

material ou intelectual configura-se conduta ilícita que poderá ser transversalizada pela doutrina da responsabilidade civil.

Como se pode notar, os princípios da solidariedade, melhor interesse da criança, convivência familiar e afetividade possuem a base essencial da responsabilidade, tônica das relações familiares contemporâneas, e deve ser sempre observada na solução dos conflitos e interpretação das normas.

Dentre os autores que assim não o compreendem enquanto Princípio, registre-se o posicionamento de Lenio Streck. O autor, em crítica mais ampla à aplicabilidade imediata dos Princípios, assim se posiciona:

> embora esse *standard* possa ser considerado "fofo" (quem não gosta de que sejamos afetivos?), na verdade apenas escancara a compreensão do Direito como subsidiário a juízos morais (sem levar em conta os problemas relacionados pelo "conceito" de afetividade no âmbito da psicanálise, para falar apenas desse campo do conhecimento). Isso para dizer o mínimo. Daí a perplexidade: se os princípios constitucionais são deontológicos, como retirar da "afetividade" essa dimensão normativa? Trata-se, na verdade, de mais um álibi para sustentar/justificar decisões pragmatistas.[144]

O Princípio da afetividade na verdade, data vênia a crítica acima, confere certo conteúdo material ao princípio da convivência familiar, já que exige nesta uma certa qualidade que garanta a formação da personalidade e contribua com a higidez física e psíquica das crianças e adolescentes. Em particular essa é uma condição que deve ser alcançada na formação das pessoas em desenvolvimento. A convivência, por sua vez, é conduta que se revela no cotidiano, por meio do diálogo, acompanhamento e cuidado, que se expressam na assunção de uma série de responsabilidades, como acompanhamento e interesse pedagógico, médico e psicológico da criança.

Paulo Lôbo aponta objetivamente o seu conteúdo, como sendo o princípio que fundamenta o Direito de Família na estabilidade das relações socioafetivas e na comunhão de vida.[145]

O autor reconhece ainda, na expressão da Constituição, o referido princípio nos dispositivos 226, §4º, 227, §6º, 227, *caput*, §§5º e 6º, relativos

---

[144] STRECK, Lenio Luiz. *O pamprincipiologismo e a flambagem do Direito*. Disponível em: http://www.conjur.com.br/2013-out-10/senso-incomum-pamprincipiologismo-flambagem-direito. Acesso em: 12 jan. 2016.

[145] LÔBO, Paulo. *Direito Civil*. Famílias. São Paulo: Saraiva, 2015, p. 65.

ao tratamento igualitário e proibição de quaisquer discriminações na filiação, seja qual for a sua origem, na adoção enquanto escolha socioafetiva na filiação, na família monoparental, seja qual for a sua origem, que também possui a mesma dignidade, e na convivência familiar, que é prioridade absoluta, e não a origem biológica assegurada à criança e ao adolescente.[146]

E para esclarecer o sentido jurídico da afetividade, Paulo Lôbo reforça que se trata de dever imposto aos pais em relação aos filhos e destes em relação àqueles, ainda que haja desamor e desafeição entre eles.[147]

Da mesma forma o artigo 1593 do Código Civil Brasileiro recepciona a afetividade ao estabelecer que o parentesco poderá ser natural ou civil, admitindo outra origem que não a biológica e a produção de todos os seus efeitos.[148]

Portanto, a guarda compartilhada veio a auxiliar, promovendo a garantia da convivência familiar e fortalecendo o dever de afetividade.

O princípio se vê reforçado também na ampliação das responsabilidades parentais, máxime no que se refere à chamada *família recomposta*, na medida em que o parentesco por afinidade não poderá mais ser visto de forma estática entre os seus membros, principalmente se tais parentes encontram-se desempenhando funções de cuidado, inobstante a ausência de relação paterno-filiais.

No reforço, destaca-se o modelo argentino, que reconhece deveres entre os parentes afins, deveres estes que podem ser partilhados com os pais, ou mesmo que venham a ser exercidos integralmente.

Pode se evidenciar também de forma implícita ao Princípio da afetividade, que o zelo e intervenção na vida digital do filho, protegendo-o das interferências negativas das redes sociais, assim como a preservação de sua imagem, configuram-se em condutas exigíveis pelo cuidado, através de atos comissivos e omissivos dos pais.

A ausência de educação digital revela descaso, descompromisso e violação dos deveres parentais decorrentes da autoridade parental. Essa educação visa a garantir a compreensão quanto a importância da segurança na rede, para navegação de forma saudável e segura no ambiente virtual. São condutas exigíveis aos pais, a preparação dos

---

146 LÔBO, Paulo, *cit.*, p. 66.

147 LÔBO, Paulo, *cit.*, p. 66.

148 BRASIL. Código Civil Brasileiro de 2002. http://www.planalto.gov.br/ccivil_03/leis/2002/L10406.htm. Acesso em: 22 jan. 2016.
Art. 1.593. O parentesco é natural ou civil, conforme resulte de consanguinidade ou outra origem.

filhos para o mundo tecnológico, através do monitoramento de seus perfis eletrônicos, *WhatsApp*, jogos *on line*, por exemplo.[149]

O chamado *(Over) Sharenting* e o *abandono digital*, vem sendo consideradas condutas que podem sujeitar os pais a uma responsabilidade civil e mesmo à destituição de sua autoridade. A primeira, configura-se pelo excesso no direito ao exercício da liberdade de expressão no ambiente virtual, ao postar as imagens dos filhos menores nas redes, que sacrifica os seus direitos fundamentais à privacidade e à imagem. [150]

O abandono digital chama a responsabilidade parental quanto ao acesso, livre e descuidado dos filhos no mundo digital, que também oferece muitos perigos, expondo-os ao lado oculto da internet através de *dark web* onde existem criminosos voltados à exploração e pornografia infantil.[151]

A afetividade, portanto, na qualidade de um dever de cuidado inclui a proteção da criança nas duas ambiências: a digital e a presencial, uma vez que ambas são reais.

Embora o estado de filiação socioafetivo justifique plenamente este Princípio, não está restrito à este, mas sim exigível, sempre em que há no polo da relação de cuidado e responsabilidade parental o sujeito vulnerabilizado, como a criança ou o adolescente e o idoso (guarda, curatela e tutela), na reciprocidade de deveres.

2.1.8 Parentalidade responsável

A expressão *paternidade responsável* descrita na Constituição Federal há que ser entendida de forma ampla (paternidade e maternidade). Para justificar a ampliação de seu sentido, adotar-se-á o termo *parentalidade* indicativo de uma responsabilidade parental mais ampla. De qualquer forma, a sua aplicabilidade é restrita ao âmbito familiar, razão pela qual seria classificado enquanto Princípio setorial.

---

149 TEIXEIRA, Ana Carolina Brochado; MULTEDO, Renata Vilela. Autoridade parental: os deveres dos pais frente aos desafios do ambiente digital. *In*: TEIXEIRA, Ana Carolina Brochado; FALEIROS JUNIOR, José Luiz de Moura; DENSA, Roberta (Coords.). *Infância, adolescência e tecnologia*: o estatuto da criança e do adolescente na sociedade de informação, Indaiatuba, SP: Editora Foco, 2022. p. 31.

150 BROCHADO TEIXEIRA, Ana Carolina; MULTEDO, Renata Vilela, *op. cit.*, p. 39.

151 SANCHES, Patrícia Corrêa. A tecnologia no direito das famílias e no direito sucessório. *In*: SANCHES, patrícia Corrêa; PEREIRA, Rodrigo da Cunha e DIAS, Maria Berenice (Coord.). *Direito das famílias e sucessões na era digital*. Belo Horizonte: Instituto Brasileiro de Direito de Família- IBDFAM, 2021. p. 10.

Há controvérsia quanto à sua consideração enquanto Princípio e há também a ideia de que sua menção teve o propósito restrito à paternidade, diante da estatística brasileira de evasão ao reconhecimento e assunção de responsabilidades (monoparentalidade involuntária).[152]

Esse é um dado oficial do IBGE – Instituto Brasileiro de Geografia e Estatística, quanto ao crescimento de famílias monoparentais femininas:

> Mudanças na estrutura da família, maior participação da mulher no mercado de trabalho, baixas taxas de fecundidade e o envelhecimento da população influenciaram no aumento do percentual de casais sem filhos (com ou sem parentes) no período de 2000 a 2010, que passou de 14,9% para 20,2% do total de famílias. Aumentou em 1 ponto percentual a ocorrência de famílias monoparentais femininas (com ou sem parentes), de 15,3% para 16,2%, enquanto as masculinas (com ou sem parentes)se mantiveram nos mesmos patamares, 1,9% para 2,4%.[153]

A interpretação ampliada decorre também de outras normas constitucionais, como a igualdade entre homem e mulher em direitos e deveres.

A parentalidade responsável representa a assunção de deveres parentais em decorrência dos resultados do exercício dos direitos reprodutivos, sejam estes exercidos naturalmente ou com o auxílio das técnicas de reprodução humana, sejam exercidos socioafetivamente. Assim, há responsabilidade das pessoas que, no exercício das liberdades inerentes à sexualidade e à procriação, venham a gerar uma nova vida humana.

Por essa razão talvez, o Supremo Tribunal Federal não pôde afastar o pai biológico do polo parental quando da admissão da multiparentalidade pela Tese 622. Isso porque, no caso concreto, a pretendente ao reconhecimento da paternidade já possuía pai registral e socioafetivo, mas essa condição não poderia exonerar o pai biológico, ainda que nunca tenha pretendido tal filiação. Essa possibilidade acomodaria uma gama mais de *fugas à* responsabilidade paterna.

Guilherme Calmon chama a atenção para a importância do planejamento familiar como representativo não apenas de um direito

---

152 GAMA, Guilherme Calmon Nogueira da. *Princípios constitucionais de direito de família:* guarda compartilhada à luz da lei 11.698/2008. Família, criança, adolescente e idoso. São Paulo: Atlas, 2008, p. 77.

153 IBGE. *Censo Demográfico 2010*. http://biblioteca.ibge.gov.br/visualizacao/periodicos/97/cd_2010_familias_domicilios_amostra.pdf. Acesso em: 12 jan. 2016.

fundamental, mas ao mesmo tempo constituindo responsabilidades no campo das relações de parentalidade-filiação.

> O desejo de procriar, ínsito às pessoas em geral não enfeixa apenas benefícios e vantagens à pessoa, mas impõe a assunção de responsabilidades das mais importantes na vida cotidiana a partir da concepção e do nascimento do filho.[154]

Conclui o autor nesse aspecto de que há risco inerente ao exercício de práticas sociais realizadas pelas pessoas, o que justifica o estabelecimento dos vínculos de paternidade-filiação e maternidade filiação e a consequente assunção das responsabilidades – deveres e obrigações especialmente – inerentes aos vínculos paterno e materno-filiais.[155]

Sem dúvida esse é o sentido que se quer emprestar em vista da autonomia limitada à parentalidade que deverá observar todas essas nuances. A parentalidade responsável limita o viés do desejo procriativo pela atribuição das responsabilidades inerentes ao ato. Baseia-se no caráter irrenunciável do poder familiar e nas limitações sistêmicas à disponibilidade, como a entrega do filho pela gestante à adoção por outra pessoa, sem a intermediação do Estado. Esta hipótese, se configurada, é punida pela destituição do poder familiar, punição esta insuficiente a quem viola, uma vez que quem assim o faz já não pretende esse dever.

Nessa responsabilidade, é preciso também considerar a própria atuação do Estado no que diz respeito ao fornecimento de informação e educação sobre a sexualidade e seus efeitos e dos riscos responsais inerentes à reprodução.

Assim, da mesma forma que um pai biológico não pode se esquivar de sua responsabilidade sob o argumento da ausência da convivência, também não o poderia a genitora ter essa disponibilidade. Aliás, em razão de discriminantes naturais que conferem a certeza da maternidade à genitora, esta se vê muito mais imbricada na responsabilidade parental do que o homem, que, pela incerteza, encontra mais facilidade para se esquivar. Enxerga-se aqui um *discrímen* negativo para a mulher.

---

[154] GAMA, Guilherme Calmon Nogueira da. *A nova filiação.* O biodireito e as relações parentais. Rio de Janeiro: Renovar, 2003, p. 455.

[155] GAMA, Guilherme Calmon Nogueira da, *cit.*, p. 456.

2.2 Elementos fáticos da incidência da norma jurídica vigente

A filiação, conforme explanado, sofreu e vem sofrendo substanciais qualificações a depender do contexto histórico e de valores de uma determinada sociedade em distintas épocas. Nos estágios da civilização se está sempre a pensar em não retroceder ou involuir em configurações que foram superadas e que passaram a não mais se coadunar com os propósitos e complexidades atuais.

Ainda que possa se encontrar ao final uma alternativa para o sistema brasileiro, que se torna tão híbrido entre a norma e a realidade, é imperativo que se tenha como partida a previsão da lei. Para tanto se adotará como marco teórico a análise do fato jurídico em seus planos.

Adotando os ensinamentos de Pontes de Miranda, Marcos Bernardes, em sua obra tríade sobre a existência, validade e eficácia dos fatos, demonstra que não é tão simples reconhecer na realidade social a qualidade de um fato jurídico. Existir, valer e ser eficaz são situações jurídicas distintas em que se podem encontrar os fatos jurídicos.[156]

Invocando um critério lógico apreendido com Lourival Vilanova, o autor classifica os fatos em (a) eventos e (b) condutas, a saber:

> (a) eventos são os puros fatos da natureza, aqueles que acontecem independentemente da atuação humana, ou quando há presença dessa atuação em sua concreção no mundo, essa resulta, exclusivamente, de sua condição natural, biológica (como na concepção e no nascimento, por exemplo); e
> (b) conduta, os atos humanos volitivos ou mesmo avolitivos que não sejam decorrência exclusiva de sua natureza animal.[157]

Dos exemplos apontados entre a norma jurídica e a realidade social, já se mencionou alguns desses suportes a serem valorados como configuração do estado de filiação, dentre eles o nascimento e a convivência familiar. Há que se ponderar, contudo, que o evento do nascimento na realidade brasileira vem sendo precedido de uma conduta volitiva contratual onde se pretende redirecionar a função parental para outra pessoa e essa possibilidade decorre da oferta e utilização dos avanços biotecnológicos.

---

156 MELLO, Marcos Bernardes de. *Teoria do fato jurídico*. Plano da validade. 11. ed. São Paulo: Saraiva, 2011, p. 46

157 MELLO, Marcos Bernardes de. *Teoria do fato jurídico*. 17. ed. São Paulo: Saraiva, 2011, p. 38.

Em se aplicando a norma, essa conduta contratual é nula, pela incidência e configuração do estado de filiação à gestante. Não caberia às partes transigir sobre isso, tendo em vista a norma jurídica cogente. A validação dessa conduta volitiva passa pela necessidade de reconfiguração de todo o sistema de filiação. Só há na lei brasileira duas possibilidades de afastamento da maternidade gestacional e ambas são na figura da adoção: a) quando a lei prevê a possibilidade de entrega do filho à adoção pela gestante ao Estado; e b) e quando a lei civil prevê como hipótese de extinção do poder familiar a adoção, mesmo que não tenha sido decorrente de uma entrega, mas da destituição do poder familiar.

À revelia normativa, há, contudo, Provimento do CNJ que admite a autonomia da gestante em não exercer a maternidade quando se tratar da gestação sub-rogada.

Quando os sujeitos do evento coincidem com os sujeitos do ato de vontade, não há dúvidas, ou seja, quando a reprodução humana é natural ou quando os pretendentes à utilização das técnicas de reprodução são também donos do material genético e gestante.

O problema surge quando o sujeito do evento não coincide com o sujeito emissor do ato ou conduta volitiva filial expressa.

Por essa razão, e até pela inegabilidade do ponto de partida, não se pode fugir à seguinte indagação: quais são os suportes fáticos que estão sujeitos à incidência da normativa vigente no Brasil, para a configuração da filiação?

A norma jurídica civil elege eventos e condutas como suportes fáticos à configuração do estado de filiação. A norma principiológica, de conteúdo aberto e mais elástica, termina por permitir ao intérprete configurações não expressamente delineadas pela norma infraconstitucional, mas não se afasta desses elementos.

Buscando maior concretude da temática, tem-se o seguinte: a situação de descender de alguém biologicamente pelo nascimento constitui-se fato passível de incidência normativa que configura a relação como sendo de parentesco de filiação *a matre (linha reta e primeiro grau)*, de forma automática e sem intermediações. Mesmo outrora, quando se estava diante de uma filiação apenas legitimada pelo casamento, a incidência nunca deixou dúvidas quanto à esposa e sua maternidade.

É importante ressaltar que a situação de legitimação de filiação através do casamento não se extinguiu, haja vista os critérios de presunções vigentes no artigo 1.597 do Código Civil Brasileiro, mas, além de não mais deter exclusividade, goza, em sua maioria, de relatividade.

Dessa forma, não há que se confundir a lei prévia (instrumento político e teórico, oferecido à descoberta da norma situacional/ existência apenas pensada) com a norma situacional. O pensar no direito é instrumental, apenas para o agir prático, e é escravizado ao problema que condiciona a esse agir.

Na lei civil, os fatos jurídicos para a configuração do estado de filiação estão assim previamente previstos:

a) *evento* decorrente da natureza humana pelo nascimento (maternidade) e pelo material genético (paternidade), tenha ou não havido ato volitivo para isso. A hipótese pode decorrer de uma relação sexual ou de assistência médica à reprodução;
b) *conduta* decorrente de autorização expressa do marido na concepção de sua esposa com material genético de terceiro;
c) *conduta* decorrente de uma prévia convivência relacional caracterizada nos mesmos moldes de "tratamento" do evento natural, apenas se distinguindo em sua origem, na denominada *posse de estado de filiação;*
d) *conduta* decorrente da habilitação e busca da filiação pela adoção, após cumprimento dos requisitos da lei;
e) *conduta* conjugal (casamento ou união estável), onde se atribui o evento da concepção ou nascimento à esposa e gestante com o seu marido no lapso temporal firmado pela lei.

Então a visualização legal civil se opera em duas esferas: o fato natural e biológico (consanguíneo ou genético) do nascimento e o fato social da convivência familiar, sofrendo esta última algumas variações formais.

Observa-se que o fato biológico tratado pela lei civil não fazia distinção entre consanguinidade e genética até o ano de 2002, quando o novo código alterou a regra das presunções jurídicas acrescentando incisos que autorizam que esse vínculo natural biológico advenha de meios medicamente assistidos e por essa razão precedidos de elementos volitivos contratuais com a clínica de reprodução humana, desde que com o uso do material genético do casal, conforme preveem os incisos III e IV do artigo 1.597.

Nesse mesmo artigo, em seu inciso V, admitiu que a filiação socioafetiva se desse pelo consentimento "marital", para o exercício de uma paternidade não biológica sobre filho gestado pela esposa e proveniente da inseminação heteróloga.

Essa nova previsão já decorreu de certa apreensão normativa de uma realidade médica que evoluiu muito mais rapidamente enquanto ciência humana e determinou uma valorização genética e não apenas consanguínea da origem biológica.

Se a ciência humana foi capaz de bifurcar o critério biológico, a ciência social elegeu limites para valorá-lo ao se referir às fecundações e concepções homólogas, sendo estas válidas apenas quando o material genético provém do casal; e a apenas uma espécie de inseminação heteróloga, que favorece uma filiação híbrida em sua origem, já que seria biológica com relação à esposa/mãe e gestante e socioafetiva com relação ao marido/pai.

No critério não biológico, a posse de estado de filiação pela valorização da convivência decorre da interpretação pela eficácia direta da base constitucional, pela doutrina e jurisprudência, considerando a norma principiológica da afetividade, que não restringe a convivência familiar aos critérios da adoção, mas abrange também elementos convivenciais extrínsecos a esta.

Há que se compreender também, na esfera das presunções, que estas foram elaboradas a partir das incertezas com relação à paternidade biológica, incertezas estas provenientes de uma época em que a ciência humana não seria capaz de aferir a descendência paterna genética. Dessa forma, estando apenas voltadas a presumir a paternidade, deixa implícito que a maternidade goza de uma certeza que decorre da natureza real da prenhez e do parto.

Há aspectos naturais e distintos entre os gêneros masculino e feminino, portanto, que influenciam regras distintas para a determinação da filiação quando para a mãe e quando para o pai. Tudo isso, dentro do espectro de uma heteronormatividade que se pretende também superar em razão da igualdade preconizada na Constituição Federal.

Para que se possa admitir a apreensão normativa dos contratos de reprodução assistida que se concretizam na realidade brasileira, teria que se admitir que uma conduta volitiva expressa entre particulares pudesse gerar o estado de filiação. Dessa forma, as posturas adotadas pelo Conselho Federal de Medicina e pelo Conselho Nacional de Justiça que estabelecem outras formas de configuração do estado de filiação estariam deslocadas do amparo normativo, ainda que se considerem os direitos reprodutivos como direitos fundamentais.

Isso porque a garantia de proteção aos direitos reprodutivos para as pessoas dar-se-á tão somente enquanto não incorrer na possibilidade de violação de direitos fundamentais de outras pessoas.

Note-se que a identificação das categorias descritas é proveniente de uma análise técnica, decorrente da classificação dos fatos jurídicos enquanto *eventos e condutas*.

Nascimento, convivência e conjugalidade seriam, portanto, os elementos propulsores do estado de filiação segundo a incidência normativa brasileira.

Citando Pontes de Miranda, Paulo Lôbo ressalta que a noção fundamental do direito é a do fato jurídico; e depois a de relação jurídica.[158]

Para o reconhecimento de um fato do mundo como sendo jurídico, seria necessária a prévia estipulação da categoria conceituada da forma mais abstrata possível para garantir o alcance das mais variadas situações ou elementos, e isso traz riscos à proteção de realidades que nunca foram previstas.

A conversão de fatos do mundo fático para fatos do mundo do direito, depende de realização de alguns requisitos: existência de norma jurídica; previsão do suporte fático nessa norma (o nascimento transfere ao ser, pela norma, a condição de pessoa, mas tal consequência dependerá da ocorrência daquele fato); a concreção da hipótese normativa no mundo dos fatos; a consequente juridicização pela incidência da norma jurídica ao fato.[159]

O fenômeno jurídico além da existência elabora requisitos para a validade, onde se verificará se são válidos, nulos ou anuláveis tais fatos e por fim o surgimento das situações jurídicas no plano da eficácia, com a previsão dos direitos, deveres e sanções.

Importante essa base teórica para situar as relações paterno-filiais e materno-filiais, cuja norma jurídica brasileira prevê suportes fáticos distintos. O evento natural do nascimento, pela norma brasileira, além de atribuir ao ser nascido com vida a condição de pessoa, estabelece automaticamente o vínculo relacional de filiação da gestante com a criança.

Tal evento inegavelmente advém de um critério biológico que a norma não referencia da mesma forma que a ciência médica, principalmente porque esta foi capaz de manipular e separar a origem consanguínea, da origem genética.

Ainda que se invoque finalidade terapêutica e nobre intenção de solidariedade, é importante que se verifique se a conduta contratual (negocial) estabelecida entre os interessados na utilização das técnicas é lícita e válida.

---

158 MIRANDA, Francisco Pontes de *apud* LÔBO, Paulo. *Direito Civil*. Parte Geral. Volume 1. São Paulo: Saraiva Educação, 2019, p. 249.

159 MELLO, Marcos Bernardes de, *cit.*, p. 42.

A norma que estabelece o estado de filiação da pessoa nascida com a gestante é impositiva, porque calcada na preservação de um interesse que é público e não particular de proteção à criança e do seu direito à convivência familiar e cuidado. Na norma brasileira, a gestante não pode entregar o filho a particular, sob pena de perda do poder familiar e prática de crime de abandono material, inclusive. Isso resvala na análise da validade do contrato de gestação sub-rogada, que nessa condição seria nulo.

Mas é preciso, por outro lado, compreender que há consolidação de comportamentos reiterados e liceizados por exercícios autoritários – e não democráticos – que terminam por vir naturalizar as práticas médicas no consenso da sociedade e se tornar irreversíveis em uma dada realidade.

Os dados da realidade brasileira demonstram que a prática reiterada de procedimentos médicos eticamente autorizados já se faz há anos e vem alcançando níveis nunca antes imaginados. Cada ciência cumpre o seu papel e a ciência do direito tem o papel do controle social.

Por isso, tal constatação não afasta o papel do direito enquanto ciência preocupada com o elemento coexistencial, principalmente considerando-se outros contextos políticos e sociais do país que favorecem o desequilíbrio entre classes, seja econômico ou social. A relação entre pessoas materialmente desiguais pode protagonizar outras violações que podem levar o Direito a se preocupar em aprisionar certas liberdades, já que estas liberdades podem estar sendo utilizadas em violação de direitos fundamentais de outras pessoas.

Nesse ponto é preciso haver muito cuidado com as críticas fundamentalmente técnicas de certas liberdades e autonomias para que não sejam confundidas com posturas de conservadorismo de uma época de exclusões e limitadora das liberdades.

Para tentar recategorizar os fatos da realidade filial enquanto suportes que possam vir a gerar efeitos jurídicos entre as partes, ter-se-ia que regular a prática da reprodução humana assistida no Brasil, que exigiria revisão legislativa de vários outros institutos, como o poder familiar e a sua irrenunciabilidade, lembrando que este já se estabelece ficticiamente entre a gestante e o nascituro, que o representa desde a concepção.

Enquanto isso não ocorre, pode se considerar uma prospecção legal no Brasil, a partir do último substitutivo do projeto de lei que tramita no Congresso Nacional.

O projeto que se refere à gestação sub-rogada apresenta uma solução intermediária, que é a validação do acordo de vontades pelo crivo jurisdicional e garantia de não violação de direitos fundamentais. Isso porque a realidade é notória e frequentemente negociada no Brasil e tem sido admitida fora do parentesco, distanciando-se da presunção de solidariedade entre as partes.

Se a realidade fática nesse aspecto parece ser irrefreável, que ao menos se garanta que o pacto não violará direitos fundamentais dos contratantes, em sua concreção.

Assim, o sistema brasileiro precisa assumir a sua condição de um sistema paternalista - libertário. Renata Multedo suscita essa possibilidade a partir da doutrina norte-americana, que não reconhece nas expressões uma contradição.

A doutrina, segundo a autora, afirma ser possível e legítimo que instituições públicas e/ou privadas afetem o comportamento das pessoas ao mesmo tempo em que respeitam a sua liberdade de escolha. Em seu viés paternalista, haveria uma tentativa de influência ou convencimento para que os indivíduos adotassem determinadas condutas que fossem julgadas por seus interventores como mais úteis à coletividade, ao mesmo tempo em que se concede a este indivíduo a possibilidade de recusa ao arranjo se assim desejar.[160]

---

160 MULTEDO, Renata Vilela. *Liberdade e família* – limites para a intervenção do Estado nas relações conjugais e parentais. Rio de Janeiro: Processo, 2017, p. 63.

CAPÍTULO III

REPRODUÇÃO HUMANA ASSISTIDA NO BRASIL

Para melhor elaborar o corte metodológico quanto à autonomia parental no uso das técnicas de reprodução humana assistida no Brasil, é importante observar o cenário brasileiro a partir dos princípios bioéticos adotados e mesmo a atuação dos Conselhos Federais de Medicina na oferta e intervenção social, bem como a do Estado a partir de sua previsão normativa constitucional.

Portanto, o objetivo da reflexão não é detalhar todas as técnicas, mas apenas noticiá-las, ressaltando onde poderiam ter amparo e onde podem estar colidindo com as previsões normativas vigentes.

Em que pese o Brasil não possuir lei específica regulatória da matéria, é inegável que temos parâmetros normativos que anunciam certa legitimidade da prática. Assim, será importante também visitar a prospecção legal e a tendência regulatória brasileira, seja para reafirmar a importância de que ela seja aprovada em certa medida, seja para despertar ou advertir sobre o surgimento de situações subjetivas existenciais na realidade que podem comprometer até mesmo as conquistas humanitárias.

3.1 Bioética principialista e bioética interventiva

Os Estados Unidos da América são o berço da chamada bioética principialista, surgida a partir de alguns casos de violação de direitos humanos que despertaram a opinião pública. Os casos decorreram de experiências com seres humanos, no teste de injeção de células cancerosas em pacientes idosos e de hepatite viral em crianças com síndrome de Down. Além disso, não obstante a penicilina já descoberta à época, 400 negros sifílicos foram deixados sem tratamento para pesquisa do curso natural da doença.[161]

A partir daí, como resultado da Comissão Nacional instalada para a proteção dos seres humanos da pesquisa biomédica e comportamento, foi elaborado o Relatório Belmont em 1978, que identificou três princípios básicos, a saber: (a) autonomia – respeito pelas pessoas e decisões; (b) beneficência; e (c) justiça.

O princípio do respeito pelas pessoas e suas decisões valoriza a *autonomia* e autodeterminação, autorizando a pessoa capaz a deliberar sobre a sua existência, desde que mediante consentimento informado. O princípio da *beneficência* gera a obrigação de não causar dano e da maximização dos benefícios possíveis com a minimização dos prejuízos; e o princípio da *justiça* traduz-se na imparcialidade da distribuição dos riscos e benefícios na valorização de que os iguais devem ser tratados igualmente.

George Salomão ressalta que essa bioética já mundializada é anunciadora de um modelo casuístico e libertário que descontextualiza a situação existencial dos sujeitos da relação em seu entorno. Por essa razão, o marco teórico a ser utilizado nessa esfera interdisciplinar não será apenas este, mas outras teorias da bioética.[162]

Volnei Garrafa destaca uma crítica surgida nos últimos anos a partir dos países periféricos da metade sul do planeta de que a chamada teoria bioética principialista seria insuficiente e/ou impotente para analisar os macroproblemas éticos persistentes (ou cotidianos) verificados na realidade concreta. O processo de globalização econômica mundial, ao invés de amenizar, aprofundou ainda mais as desigualdades verificadas entre as nações ricas do hemisfério norte e as pobres do sul, exigindo, portanto, novas leituras e propostas.[163]

Tal contexto exige uma forma diferente de trabalhar a bioética. Ao invés da maximização do princípio da autonomia que se baseia na ideia de liberdade subjetiva e individual, seria necessário refrear algumas

---

[161] LEITE, George Salomão. Ensaio sobe bioética constitucional. *In*: SARLET, Ingo Wolfgang; LEITE, George Salomão (Org.). *Direitos fundamentais e biotecnologia*. São Paulo: Método, 2008, p. 47.

[162] LEITE, George Salomão. *Ensaio sobre bioética constitucional*. Direitos fundamentais e biotecnologia, *cit.*, p. 47.

[163] GARRAFA, Volnei. Da bioética de princípios a uma bioética interventiva. Disponível em: http://revistabioetica.cfm.org.br/index.php/revista_bioetica/article/view/97/102. Acesso em: 2 fev. 2020.

práticas para garantir o exercício do que já foi conquistado coletivamente, e isso se daria através de uma bioética de mais intervenção.[164]

Observa-se que a postura do Brasil em sua realidade social através do Conselho Federal de Medicina é justamente baseada na bioética dos princípios, fechando os olhos para situações que não são apenas individuais, mas também coletivas.[165]

Assim, a preocupação em se considerar o acesso aos meios da reprodução medicamente assistida um direito fundamental importaria em se admitir o acesso material e não apenas formal a todas as pessoas, independentemente de sua finalidade, orientação sexual e estado civil.[166]

É importante ressaltar, porém, que os países colonizados que se enquadram em um sistema aberto ou mesmo híbrido e indefinido como o Brasil – onde o Estado não intervém na oferta e na procura desses serviços – tornam-se palco de utilização dos meios reprodutivos para cidadãos de países colonizadores, onde todos ou alguns dos serviços são proibidos.

A partir da perspectiva decolonial trabalhada por Quijano, os efeitos da colonialidade histórica, como exercício de um saber dominante, ainda se fazem presentes na categorização de seres humanos dominantes e dominados e, portanto, superiores e inferiores, que foi a lógica dualista imposta por essa construção eurocêntrica de conhecimento.[167]

Portanto, a liberação/emancipação proposta pela modernidade torna-se inefetiva pela história da colonialidade eurocêntrica. As promessas de igualdade e liberdade não se efetivam na prática e isso não pode ser maquiado por perspectivas ideológicas distintas. A questão é ou se concorda com as evidentes desigualdades sociais ou não se concorda, *fazendo de conta* ou ignorando deliberadamente que elas não existem. Mas, de fato, sabemos que elas existem e em números.

Não há dúvidas de que uma eugenia mais liberal diante de tantas distorções sociais será regulada sobre a base da oferta e da demanda

---

164 GARRAFA, Volnei. Da bioética de princípios a uma bioética interventiva. Disponível em: http://revistabioetica.cfm.org.br/index.php/revista_bioetica/article/view/97/102. Acesso em: 2 fev. 2020.

165 HOLANDA, Maria Rita. A vulnerabilidade a mulher no caso da gestação sub-rogada no Brasil. *In*: LÔBO, Fabíola; EHRHARDT JR., Marcos (Org.). *Vulnerabilidade e sua compreensão no Direito Brasileiro*. Itaiatuba: Foco, 2021, p. 207.

166 HOLANDA, Maria Rita de, *cit.*, p. 207.

167 QUIJANO, Aníbal. Colonialidad del poder, eurocentrismo y América Latina. Edición digital Construcción a cargo de El Cid Editor, ISBN 950-9231-51-7_9. Consejo Latinoamericano de Ciencias Sociales – CLACSO, p. 12.

e, portanto, do *ter* e não do *ser*. As leis do mercado e, portanto, de um estado paralelo, determinam uma regulação.

Habermas adverte que a intervenção no genoma humano e a possibilidade de alteração da cadeia genética em processo de seleção que elimine doenças hereditárias e salve vidas, por exemplo, embora sejam possibilidades estimulantes para se considerar, a teoria liberal – *Pro Choice*, colocam em risco as considerações sobre a própria vida e escolhas que se pode fazer com relação às vidas que não nos pertencem.[168]

O autor reflete sobre uma eugenia liberal, admitindo que esta não reconhece um limite entre intervenções terapêuticas e de aperfeiçoamento, permitindo as preferências individuais dos integrantes do mercado. Na medida em que a produção e utilização de embriões para fins de pesquisas na área médica se disseminam e se normalizam, ocorre uma mudança na percepção cultural da vida humana pré-natal e uma perda da sensibilidade moral para os limites dos cálculos do custo-benefício.

Na Carta dos Direitos Fundamentais da União Europeia há limites a serem observados que justificam as legislações dos países da Europa, conforme previsão em seu artigo 3º, *nomeadamente a proibição de transformar o corpo humano ou as suas partes, enquanto tais, numa fonte de lucro*.[169]

Em verdade, o que se tornou tecnicamente disponível por meio da ciência deve sofrer balizamento moral de indisponibilidade, que por sua vez e de certa forma, paradoxalmente também pode revelar uma posição partidarista e conservadora – *Pro Life*.

O autor ressalta o uso do Diagnóstico Genético Pré-Implantatório (DGPI), que torna possível submeter o embrião que se encontra no estágio de oito células a um exame genético de precaução, evitando riscos de transmissão de doenças hereditárias, poupando a mãe de uma

---

168 HABERMAS, Jürgen. *O futuro da natureza humana*: a caminho de uma eugenia liberal? Tradução Karina Jannini. São Paulo: Marins Fontes, 2004, p. 18.

169 CARTA DOS DIREITOS FUNDAMENTAIS DA UNIÃO EUROPEIA, *Jornal Oficial das Comunidades Europeias*. Disponível em: http://www.europarl.europa.eu/charter/pdf/text_pt.pdf. Acesso em: 4 jan. 2016. Direito à integridade do ser humano. 1. Todas as pessoas têm direito ao respeito pela sua integridade física e mental. 2. No domínio da medicina e da biologia, devem ser respeitados, designadamente:
- o consentimento livre e esclarecido da pessoa, nos termos da lei;
- a proibição das práticas eugênicas, nomeadamente das que tem por finalidade a seleção das pessoas;
- a proibição de transformar o corpo humano ou as suas partes, enquanto tais, numa fonte de lucro; e
- a proibição da clonagem reprodutiva dos seres humanos.

interrupção da gravidez, permitindo prevenir um eventual aborto pela rejeição, mas isso não contraria a interrupção da gravidez em aspectos relevantes, que é distinto.[170]

Já existem sistemas de intervenção em partes do DNA – responsável por identificar as características únicas das pessoas – que possibilitam o uso de ferramentas simples e que visam melhoria, revitalização do código genético da pessoa, eliminando a possibilidade de doenças.

O sistema CRISPR – Cas9 – é uma ferramenta para a edição genética que favorece modificações precisas, rápidas e pouco onerosas na estrutura do DNA de seres vivos, e, se utilizado indiscriminadamente, poderá atender não apenas uma finalidade terapêutica, como promover uma melhoria nos seres, o que traz fortes dilemas éticos.[171]

O limite para o uso dessa ferramenta será apenas ético e moral, se o Estado não a regular. A perspectiva humanitária pode se perder em um contexto regulado pelas regras do mercado e a naturalização dos procedimentos na cultura facilitará o uso para outras finalidades, voltadas a atender apenas aos demandantes da manipulação.[172]

Habermas alerta sobre o uso indiscriminado e o exercício de ampla autonomia, porque esta deve ser considerada não apenas na perspectiva de quem pretende utilizá-la:

A autonomia é, antes, uma conquista precária de existências finitas, que só conseguem se fortalecer quando conscientes de sua vulnerabilidade física e de sua dependência social. É o universo das relações e interações interpessoais possíveis, que necessita e é capaz de impor regras morais. Apenas nessa rede de relações de reconhecimento e legitimamente reguladas é que as pessoas podem desenvolver e manter uma identidade pessoal, juntamente com sua integridade física.[173]

É importante ressaltar que o DGPI não é obrigatório e deve voltar-se ao que se classifica como enfermidade e não como deficiência, ou seja, quando houver histórico familiar latente de risco de doenças graves na futura criança. Isso porque houve giro conceitual a partir da Convenção sobre os Direitos da Pessoa com Deficiência no Brasil,

---

170 HABERMAS, Jürgen. *O futuro da natureza humana*: a caminho de uma eugenia liberal? Tradução Karina Jannini. São Paulo: Marins Fontes, 2004, p. 43.

171 DANTAS, Carlos Henrique Félix. *Aprimoramento genético em embriões humanos*: limites ético-jurídicos ao planejamento familiar na tutela da deficiência como diversidade biológica humana. Belo Horizonte: Fórum, 2022. p. 254.

172 CAIN, C. Edição do genoma CRISPR. *Science-Business eXchange* 6, 77 (2013). Disponível em: https://doi.org/10.1038/scibx.2013.77 e em: http://www.nature.com/scibx/journal/v6/n4/full/scibx.2013.77.html. Acesso em: 4 jan. 2016.

173 HABERMAS, Jürgen, *cit.*, p. 48.

posteriormente consolidada pela Lei de Inclusão nº 13.146/2015 – Estatuto da pessoa com deficiência.

A deficiência em seu modelo social, se configura em uma limitação total ou parcial de uma das funcionalidades do indivíduo, a partir da relação com um meio ambiente não adaptado, enquanto a enfermidade traz um conteúdo abstrato e impreciso, que se aproxima do conceito de saúde para determinar um corpo anormal, biologicamente falando. Dessa forma, a diversidade funcional proveniente da deficiência, confere à este indivíduo uma potencial autonomia, não se justificando qualquer intervenção no genoma humano para elimina-la. [174]

Como se vê, são muitas reflexões contextuais que devem ser observadas para a análise de uma autonomia ao projeto parental.

O recorte procedido nesse estudo analisa a autonomia parental sob outro contexto de vulnerabilidade, a de gênero, que padece de uma realidade despedaçada pela desigualdade material. Dessa forma, estará voltado primordialmente à reflexão da autonomia para o exercício a uma *monoparentalidade voluntária* e para o uso da *gestação sub-rogada*.

Por essa razão, a estrutura teórica da bioética a ser utilizada não se restringirá à base da bioética libertária e principialista, mas também encontrará base nas bioéticas interventiva e de inspiração feminista.

3.2 Técnicas e formas auxiliares à reprodução humana

A abordagem completa desse item envolveria conceitos técnicos e um conhecimento científico médico mais aprofundado se o estudo estivesse concentrado apenas nos aspectos do biodireito. Mas o que se pretende, é analisar como a procriação assexuada e a evolução das técnicas envolvidas afetaram valores culturais e requerem um olhar diferenciado e precavido de seus efeitos na esfera social e no campo jurídico ligado às relações parentais.

No tratamento dado por Maria Helena Diniz a reprodução humana assistida é o conjunto de operações para unir artificialmente os gametas feminino e masculino, dando origem a um ser humano, e poderá se dar por vários métodos.[175]

Apenas para dar suporte técnico à reflexão sobre a autonomia parental nas duas hipóteses indicadas, será apresentada uma classificação

---

174 DANTAS, Carlos Henrique Félix. *Op. cit.*, p. 251.

175 DINIZ, Maria Helena. *O estado atual do biodireito*. São Paulo: Saraiva, 2001, p. 452.

já usual de várias técnicas e meios auxiliares à reprodução humana assistida que são desenvolvidos pelas clínicas de fertilização.

Assim, são consideradas: a) Inseminação Artificial (IA); b) Transferência Intratubária de Gametas (GIFT); c) Transferência Intratubária de Zigotos (ZIFT); d) Fertilização in Vitro (FIV); e) Injeção Intracitoplásmica do Espermatozoide; e f) Técnicas Auxiliares ao Processo de RHA (Doação de gametas sexuais; doação compartilhada de óocitos; diagnóstico genético pré-implantatório – *DGPI*; criopreservação de gametas; criopreservação de embriões e a gestação sub-rogada – *GS*).[176]

Diante dessa breve classificação, importa refletir sobre a autonomia parental em duas técnicas auxiliares para a reprodução assistida: a doação de gametas visando uma *monoparentalidade voluntária e gestação sub-rogada*, ambas realizadas na realidade social por intermédio dos centros de reprodução humana.

Em que pese a tentativa de análise da incidência normativa sobre tais autonomias, é inegável que a matéria da reprodução humana assistida se insere nas discussões da bioética e do biodireito, que por sua vez requer considerações filosóficas e sociológicas, além das jurídicas.

O entusiasmo da engenharia genética foi e é grande, e o *frenesi* passou a se constituir um grande desafio para o direito, não apenas pelos problemas ético-jurídicos que envolvem a possibilidade de *coisificação* do ser humano, como também nas categorias jurídicas do parentesco de filiação e efeitos decorrentes.

Um dos principais avanços foi a possibilidade de isolamento de gametas, de forma a permitir uma bifurcação no critério biológico, entre o DNA e a consanguinidade. Esse dado real pode mudar concepções de maternidade e de paternidade nos sistemas.

No Brasil, não obstante diversos projetos de lei com os seus respectivos substitutivos, ainda não há normatização específica na utilização e limites das Técnicas de Reprodução Humana – TRH, já largamente implementadas em diversos centros médicos do país. Na prospecção da lei brasileira o acesso seria para todos, seja dentro de uma conjugalidade ou fora dela.

Já se reconheceu que os elementos fáticos decorrentes da utilização das técnicas podem ensejar o estabelecimento de vínculos jurídicos parentais. Por outro lado, da configuração dos suportes fáticos identificados verifica-se que a norma jurídica não incide na configuração

---

176 CAMELO, Manuel. *Projetos parentais ectogenéticos LGBT*: o desafio da construção das famílias homoparentais e transparentais perante o ordenamento jurídico brasileiro, dissertação de mestrado defendida na UFPE, em 2020, p. 178.

parental decorrente do contrato entre particulares visando uma gestação que servirá de meio a um fim pretendido por terceiros.

Problema ainda maior decorre, na maioria das vezes, em relação ao custo da assistência médica, sobretudo a que depende de uma técnica mais complexa, porque o que se vislumbra já no judiciário é o uso da inseminação caseira, onde o acordo de vontades se faz informalmente entre as pretendentes, e volta-se normalmente a um projeto monoparental feminino ou bipatental homoafetivo feminino, com a colaboração de um doador do material genético. Como afastar a parentalidade de sujeição pelo DNA, se posteriormente houver a busca da investigatória ou declaração de vontade de reconhecimento pelo genitor/doador?

Essa não será uma problemática enfrentada nessa reflexão, mas não pode ser ignorada, considerando-se a prospecção de um projeto parental.

Com efeito, será necessário, antes da análise da prospecção legal no Brasil, buscar a base constitucional e as possíveis regras infraconstitucionais que justificam a sua utilização e também possíveis limites.

3.3 Base constitucional brasileira

O Brasil possui base Constitucional para regulamentar as técnicas de reprodução humana e estabelecer novos critérios para o estabelecimento do estado de filiação.

Inicia-se com o reconhecimento do direito fundamental à saúde enquanto direito de todos e dever do Estado, a fim de que sejam reduzidos os riscos de doenças e o acesso igualitário às ações e serviços para a sua promoção. A regra encontra-se inserta no artigo 196 da Constituição Federal de 1988.[177]

A Organização Mundial de Saúde define saúde como *um completo estado de bem-estar físico, mental e social e não apenas a ausência de doença ou enfermidade*. Sobre esse conceito extremamente amplo e subjetivo pairam várias críticas. Citando Caponi, Lunardi adverte sobre a generalização e imprecisão desse conceito:

---

[177] BRASIL. Constituição da República Federativa. Disponível em: http://www.planalto.gov.br/ccivil_03/Constituicao/Constituicao.htm. Acesso em: 20 jan. 2016. Art. 196. A saúde é direito de todos e dever do Estado, garantido mediante políticas sociais e econômicas que visem à redução do risco de doença e de outros agravos e ao acesso universal e igualitário às ações e serviços para sua promoção, proteção e recuperação.

> (...) mais do que ao seu caráter utópico e de subjetividade, refere-se à possibilidade desta conceituação de saúde ser politicamente utilizada "para legitimar estratégias de controle e de exclusão do que consideramos como indesejável e perigoso". Ao afirmar-se o bem-estar como um valor desejável, seja físico, emocional ou social, parece que tudo o que é reconhecido como positivo na sociedade, como produtor da sensação e do sentimento de bem-estar, passa a poder fazer parte do âmbito da saúde, como "a laboriosidade, a convivência social, a vida familiar, o controle dos excessos", caracterizando, ao contrário, como um desvalor, como o seu "reverso patológico", tudo o que se apresenta como negativo, perigoso, indesejável, ou o que é reconhecido como maléfico.
> (...)
> Dentre outros equívocos possíveis, decorrentes do uso de um conceito de saúde tão abrangente, é ressaltado o perigo nas exigências de "reivindicações e direitos que nem sempre podem ser reduzidos a parâmetros de saúde, como é o caso, por exemplo, do direito à autonomia, como ao legitimar uma extensão de respostas 'terapêuticas' para qualquer conflito social".[178]

Importante refletir sobre a extensão desse conceito, porque muitos dos argumentos para a obtenção de um amplo acesso às técnicas de reprodução humana é o sentido do *bem-estar* não apenas físico como social.

Quando a procriação estava na finalidade do casamento, a sua ausência ou impossibilidade natural era motivo para grandes preocupações e transtornos sociais, inclusive.

Eduardo Leite remonta às mais remotas épocas em que a esterilidade já era considerada como um fator negativo, como uma maldição. A mulher era encarada como um ser maldito que precisava ser banido da sociedade. Em Roma, a esterilidade justificava o repúdio do marido.[179]

Importante ressaltar que a infertilidade não se confunde com esterilidade. Segundo Ana Cláudia Brandão, o termo infertilidade indica que a condição pode ser tratada e revertida, podendo ser um problema

---

178 LUNARDI, Valéria Lerch. Problematizando conceitos de saúde, a partir do tema da governabilidade dos sujeitos. *R. Gaúcha Enferm.*, Porto Alegre, v. 20, n.1, p. 26-40, jan.1999, disponível em: file:///Users/mariarita/Downloads/4219-13708-1-PB.pdf. Acesso em: 3 fev. 2021.

179 LEITE, Eduardo Oliveira. *Procriações artificiais e o Direito*. Aspectos médicos, religiosos, psicológicos, éticos e jurídicos. São Paulo: Revista dos Tribunais, 1995, p. 17.

temporário, e a esterilidade não, pois seria incapacidade permanente e irreversível.[180]

Historicamente fica compreensível a razão pela qual a humanidade possui fortes anseios a reproduzir biologicamente, enquanto símbolo da mais perfeita saúde. A necessidade de reprodução pela mulher nada tinha a ver com o desejo da parentalidade, mas com a alternativa para a inclusão social. Tanto assim, que as crianças eram entregues às amas de leite para a sua tenra criação, não se estabelecendo fortes vínculos afetivos.

Medidas acientíficas eram buscadas para a cura e, só no final do século XVI (em 1590), o estudo da esterilidade conjugal ganhou foros de cientificidade, com a invenção do microscópio, por Leenwenhock.[181]

Mas foi na década de 70 que as descobertas mais incisivas ocorreram e foram capazes de garantir a evolução das procriações artificiais.[182]

A necessidade da intervenção médica para viabilizar a fecundidade tornou-se o remédio necessário à cura de uma suposta doença, que além de orgânica ainda é social. As causas tanto da infertilidade do homem como da mulher são diversas, mas todas elas são diagnosticadas pela ciência médica, porque as dificuldades decorrem de situações orgânicas adversas do corpo humano e sua formação. Hoje, tanto a infertilidade feminina (CID 10-N97) como a infertilidade masculina (CID 10-N46) encontram-se no cadastro internacional de doenças. O órgão responsável pela criação do Cadastro Internacional de Doenças é a Organização Mundial de Saúde.

Essa categoria patológica e padronização inserem a infertilidade no campo de uma doença que justifica a busca da cura pelos meios disponíveis, resultando em um dever do Estado para com os seus cidadãos, uma vez que a saúde é um direito fundamental. É bem verdade, que aqui está a se reportar a uma saúde reprodutiva, que não necessariamente está ligada à necessidade da vida humana.

Assim, o desenvolvimento científico necessário para a garantia de tal direito fundamental constitui-se dever de promoção pelo Estado, conforme dispõe a norma prevista no artigo 218 da Constituição da

---

180 BRANDÃO, Ana Cláudia. *Reprodução humana assistida e suas consequências nas relações de família*: a filiação e a origem genética sob a perspectiva da repersonalização. 2. ed. Curitiba: Juruá, 2016, p. 43.

181 LEITE, Eduardo Oliveira, *cit.*, p. 18.

182 LEITE, Eduardo Oliveira, *cit.*, p. 18.

República de 1988, cujo texto foi alterado pela Emenda Constitucional nº 85, de 2015.[183]

Para os que defendem restrições ao projeto individual de maternidade e de paternidade – monoparentalidade voluntária – a problemática pode despertar também interesse de ordem pública. Para alguns doutrinadores esse interesse público seria necessário para garantir os direitos de futuras gerações na coletividade e isso reduziria a análise do projeto parental apenas enquanto interesse individual da paternidade e ou maternidade, de acordo com o que estabelece o artigo 225 da CF/1988.[184]

A otimização das chances de reprodução humana implica não apenas a garantia de acesso ao direito à saúde como também a legitimação da liberdade de planejamento familiar, que em muitas situações só poderá ser exercida por meio de assistência médica, devendo esta ser garantida, em tese, pelo Estado. Da mesma forma dispõe o §7º do artigo 226 do mesmo diploma normativo constitucional.[185]

Com base nesse contexto Constitucional, o Brasil regulamentou de forma infraconstitucional a matéria referente ao patrimônio genético e a sua utilização, por meio da Lei de Biossegurança, de nº 11.105/2005, que regulamenta os incisos II, IV e V do §1º do art. 225 da Constituição

---

183 BRASIL. Constituição da República Federativa. Disponível em: http://www.planalto.gov.br/ccivil_03/Constituicao/Constituicao.htm, acesso em: 20 jan. 2016. Art. 218. O Estado promoverá e incentivará o desenvolvimento científico, a pesquisa, a capacitação científica e tecnológica e a inovação.
§1º A pesquisa científica básica e tecnológica receberá tratamento prioritário do Estado, tendo em vista o bem público e o progresso da ciência, tecnologia e inovação.

184 BRASIL. Constituição da República Federativa. Disponível em: http://www.planalto.gov.br/ccivil_03/Constituicao/Constituicao.htm. Acesso em: 20 jan. 2016.
Art. 225. Todos têm direito ao meio ambiente ecologicamente equilibrado, bem de uso comum do povo e essencial à sadia qualidade de vida, impondo-se ao Poder Público e à coletividade o dever de defendê-lo e preservá-lo para as presentes e futuras gerações.
§1º Para assegurar a efetividade desse direito, incumbe ao poder público:
II – preservar a diversidade e a integridade do patrimônio genético do País e fiscalizar as entidades dedicadas à pesquisa e manipulação de material genético; (...)
IV – exigir, na forma da lei, para instalação de obra ou atividade potencialmente causadora de significativa degradação do meio ambiente, estudo prévio de impacto ambiental, a que se dará publicidade;
V – controlar a produção, a comercialização e o emprego de técnicas, métodos e substâncias que comportem risco para a vida, a qualidade de vida e o meio ambiente;

185 BRASIL. Constituição da República Federativa. Disponível em: http://www.planalto.gov.br/ccivil_03/Constituicao/Constituicao.htm. Acesso em: 20 jan. 2016. Art. 226. A família, base da sociedade, tem especial proteção do Estado.
§7º Fundado nos princípios da dignidade da pessoa humana e da paternidade responsável, o planejamento familiar é livre decisão do casal, competindo ao Estado propiciar recursos educacionais e científicos para o exercício desse direito, vedada qualquer forma coercitiva por parte de instituições oficiais ou privadas.

Federal, assim como a matéria referente ao planejamento familiar por meio da Lei nº 9.263/96, que regulamenta, por sua vez, o §7º do artigo 226.

A Lei nº 11.935/2009, que estabelece a obrigatoriedade dos planos de saúde arcarem com os custos do atendimento nos casos de planejamento familiar, permite a difusão e utilização de técnicas, que sempre possuem um alto custo. Mas essa discussão não se encerra aqui. Há vários entendimentos jurisprudenciais no sentido da não cobertura e principalmente se não estiver expressamente previsto no contrato. A esse respeito, registre-se o Enunciado nº 20, aprovado na I Jornada de Direito da Saúde do Conselho Nacional de Justiça em 2014, com redação dada pela III Jornada em 2019, que assim estabelece que *a inseminação artificial e a fertilização in vitro não são procedimentos de cobertura obrigatória pelas operadoras de planos de saúde, salvo por expressa previsão contratual.*[186] Por aqui já se percebe um interesse econômico e corporativo dominante.

Ao longo da década de 90, vários instrumentos internacionais de proteção aos direitos humanos anunciaram a emergência de se tratar os direitos reprodutivos como tais, o que em princípio reclamaria do próprio Estado uma garantia no acesso científico às técnicas de reprodução humanas desenvolvidas pela ciência médica.

Segundo Flávia Piovesan os direitos reprodutivos incluem:

> a) o direito de adotar decisões relativas à reprodução sem sofrer discriminação, coerção ou violência;
> b) o direito de decidir livre e responsavelmente o número de filhos e o intervalo entre seus nascimentos;
> c) o direito de ter acesso às informações e meios seguros, disponíveis, acessíveis, e;
> d) o direito de acesso ao mais elevado padrão de saúde reprodutiva.[187]

No âmbito constitucional, e dentre os princípios fundamentais, tendo em vista que os direitos reprodutivos constituem verdadeiro exercício da cidadania e da dignidade da pessoa humana, ressaltam-se os princípios consagrados no artigo 1º, dentre os fundamentos da República Federativa Brasileira. Nos objetivos fundamentais, em seu artigo 3º, enuncia a promoção do bem de todos, sem preconceitos de origem, raça, sexo, cor, idade e quaisquer outras formas de discriminação.

---

186 CONSELHO NACIONAL DE JUSTIÇA. Jornadas de Direito Médico, disponível em: https://www.cnj.jus.br/wp-content/uploads/2019/03/e8661c101b2d80ec95593d03dc1f1d3e.pdf. Acesso em: 4 fev. 2021.

187 PIOVESAN, Flávia. *Temas de Direitos Humanos*. 4. ed. São Paulo: Saraiva, 2010, p. 314.

O conteúdo do princípio da dignidade humana encerra inúmeros debates e perspectivas. No dizer de Rabenhorst, no entanto, *é apenas um princípio prudencial, sem qualquer conteúdo prefixado*. Acrescenta o autor:

> Trata-se de uma cláusula aberta que assegura aos seres humanos o direito à mesma consideração e respeito, mas que pressupõe, para sua efetivação em casos concretos (sobretudo no campo da interpretação constitucional), dos próprios julgamentos que fazemos acerca da admissibilidade ou não de determinadas formas de expressão da autonomia humana.[188]

Dentre os direitos e garantias fundamentais, destaque-se o artigo 5º, *caput*, ao estabelecer que todos são iguais perante a lei, sem distinção de qualquer natureza, norma esta que é garantidora do princípio da igualdade e que proíbe toda e qualquer discriminação.

A Constituição Federal de 1988, por fim, consagra, ao disciplinar a ordem social, a maior parte das normas constitucionais relativas aos direitos reprodutivos, principalmente os direitos à saúde e ao planejamento familiar. Nesse sentido, destacam-se o artigo 196 e o §7º do artigo 226 sem prejuízo de outros dispositivos que direta ou indiretamente abrangem os direitos reprodutivos.[189]

A maior polêmica na presente reflexão talvez seja enfrentar a possibilidade de os direitos reprodutivos não serem fundamentais, por não poderem ser garantidos de forma ampla e indiscriminada, sem que se comprometam outros direitos inegavelmente fundamentais.

Apesar de se referirem também a deveres fundamentais, muitas Constituições como a do Brasil não elaboraram uma lista de deveres semelhante àquela dos direitos. De acordo com Dimoulis, os deveres

---

188 RABENHORST, Eduardo R. A dignidade do homem e os perigos da pós-humanidade. *In*: SARLET, Ingo Wolfgang; LEITE, George Salomão (Org.). *Direitos Fundamentais e Biotecnologia.* São Paulo: Método, 2008, p. 128.

189 BRASIL. Constituição da República Federativa do Brasil de 1988. Disponível em: file:///C:/Documents%20and%20Settings/Eduardo/Meus%20documentos/Downloads/constituicao_federal_35ed%20(1).pdf. Acesso em: 7 fev. 2016.

Art. 196 da CF/88: A saúde é direito de todos e dever do Estado, garantido mediante políticas sociais e econômicas que visem a redução do risco de doença e de outros agravos e ao acesso universal e igualitário às ações e serviços para sua promoção, proteção e recuperação. Dispõe o Art. 226. A família, base da sociedade, tem especial proteção do Estado. §7º Fundado nos princípios da dignidade da pessoa humana e da paternidade responsável, o planejamento familiar é livre decisão do casal, competindo ao Estado propiciar recursos educacionais e científicos para o exercício desse direito, vedada qualquer forma coercitiva por parte de instituições oficiais ou privadas.

individuais permaneceram fixados nas normas infraconstitucionais, enquanto a Constituição dá ênfase aos direitos.[190]

Segundo o autor, citando Carl Schimitt, trata-se de uma característica de um Estado Constitucional Liberal que tem como elemento crucial a garantia dos direitos aos cidadãos e não sua submissão a deveres.[191]

A julgar essa premissa e considerando as leis infraconstitucionais brasileiras, observa-se que a autonomia parental sofre limites, alguns até sujeitos a críticas na lei de planejamento familiar. A liberdade conferida a todos os sujeitos é inegável, mas esta lei não tem a competência para estabelecer parâmetros de parentalidade, que são conferidos à legislação civil.

A lei do planejamento familiar, que regulamenta o dispositivo constitucional de liberdade nesse planejamento, estabelece o seguinte em seu art. 4º:

> Art. 4º O planejamento familiar orienta-se por ações preventivas e educativas e pela garantia de acesso igualitário a informações, meios, métodos e técnicas disponíveis para a regulação da fecundidade.

A disposição de métodos e técnicas dependerá de outros limites a serem estabelecidos em legislação própria e que inclui também, políticas públicas.

Em que pese a defesa da aplicabilidade imediata das normas constitucionais, a densidade de seus conteúdos não pode ser considerada ao arredio das regras já vigentes no ordenamento jurídico brasileiro. Como irradiação das normas constitucionais, há que se verificar o sentido estabelecido pela lei civil em várias circunstâncias.

A autodeterminação enquanto direito de personalidade também vigora dentro das limitações da legislação civil. A julgar pelo art. 14, a disposição do próprio corpo ou parte dele só poderá se efetivar após a morte do detentor do direito de personalidade, e de forma gratuita, para atender objetivo científico e altruístico. A única ressalva no parágrafo único é com relação ao transplante, que é regulado por lei própria.

---

190 DIMOULIS, Dimitri; MARTINS, Leonardo. Deveres Fundamentais. *In*: LEITE, George Salomão, SARLET, Ingo Wolfgang; CARBONELL, Miguel (Coord.). *Direitos, deveres e garantias fundamentais*. Salvador: Juspodivm, 2011, p. 327.

191 SCHIMITT, Carl *apud* DIMOULIS, Dimitri *et al*. Deveres Fundamentais. *In*: LEITE, George Salomão; SARLET, Ingo Wolfgang; CARBONELL, Miguel (Coord.). *Direitos, deveres e garantias fundamentais*. Salvador: Juspodivm, 2011, p. 326.

De outro lado, é assegurada a proteção ao nascituro enquanto sujeito de direito, de acordo com a disposição do art. 2º da legislação civil. A sua representação nas demandas será efetivada pela gestante, no exercício do poder familiar que lhe é conferido, pela simples incidência normativa na configuração de que *mãe é a gestante*.

A regra da curatela, no art. 1779, confirma o exercício do poder familiar pela gestante, ao prever a possibilidade do instituto, que é subsidiário ao poder familiar tão somente *se o pai falecer, estando grávida a mulher e não tendo o poder familiar*.

De outro lado, a legislação do poder familiar reconhece como hipótese de destituição deste, inclusive, a entrega do filho em adoção a particular, em seu art. 1.638, V, que assim expõe:

> Art. 1.638. Perderá por ato judicial o poder familiar o pai ou a mãe que:
> (...)
> V – entregar de forma irregular o filho a terceiros para fins de adoção. *(Incluído pela Lei nº 13.509, de 2017)*

Mesmo na lei de adoção, onde há a possibilidade de entrega do filho pela gestante, há a interveniência do Estado, através do Estatuto da Criança e do Adolescente, no §1º do art. 13, que assim dispõe:

> Art. 13. Os casos de suspeita ou confirmação de castigo físico, de tratamento cruel ou degradante e de maus-tratos contra criança ou adolescente serão obrigatoriamente comunicados ao Conselho Tutelar da respectiva localidade, sem prejuízo de outras providências legais.
> (...)
> §1 º As gestantes ou mães que manifestem interesse em entregar seus filhos para adoção serão obrigatoriamente encaminhadas, sem constrangimento, à Justiça da Infância e da Juventude. *(Incluído pela Lei nº 13.257, de 2016)*

A interpretação sistemática de tais dispositivos, portanto, confirma que a autonomia parental por contrato entre particulares não é possível, seja pela irrenunciabilidade do poder familiar, seja pela indisponibilidade de parte do corpo, durante a vida, seja pela instrumentalização de uma pessoa, na configurada em gestação sub-rogada ou maternidade de substituição.

Por outro lado, a realização da monoparentalidade voluntária não transgride qualquer dessas regras se o sujeito ativo for uma mulher, o que não ocorre com a busca pelo homem, independentemente de sua orientação sexual, pois implicaria de qualquer forma na necessidade da presença de uma mulher, que geste e disponha parcial e temporalmente de parte de seu corpo.

Há correntes doutrinárias de exercício de maior ou menor autonomia, se mais libertarista ou mais utilitarista. E mais uma vez a afirmação de que não se trata de opção ou de defesa dessa configuração, mas de constatação.

Sarmento, defendendo a eficácia imediata das normas constitucionais, ressalta que:

> Parece indiscutível que se a opressão e a violência contra a pessoa provêm não apenas do Estado, mas de uma multiplicidade de autores privados, presentes em esferas como o mercado, a família, a sociedade civil e a empresa, a incidência dos direitos fundamentais na esfera das relações entre particulares se torna um imperativo incontornável.[192]

Mas o autor, apesar de ser um defensor da incidência imediata e defensor de uma autonomia existencial libertária, faz ressalvas também a partir da seguinte premissa:

> (...) para que o Supremo Tribunal Federal, que assentou essa teoria, defina alguns parâmetros mínimos para a ponderação que deve ser realizada nos casos concretos entre estes os direitos e a autonomia privada, nas suas mais varadas manifestações. A ausência de standards que hoje se observa compromete a segurança jurídica e pode deixar a solução dos casos muito dependente das concepções e idiossincrasias dos juízes.[193]

Da principiologia apresentada, constata-se que os valores mais invocados talvez estejam na esfera da dignidade, liberdade, igualdade, paternidade responsável, melhor interesse a criança e solidariedade.

Na prospecção legal do Brasil, com relação às técnicas de reprodução humana assistida, aponta-se para um sistema permissivo, porém com restrições, como por exemplo a não onerosidade do contrato, que não lhe retira todas as ponderações legais restritivas citadas.

---

[192] SARMENTO, Daniel. A vinculação dos particulares aos direitos fundamentais: o debate teórico e a jurisprudência do STF. *In*: LEITE, George Salomão; SARLET, Ingo Wolfgang; CARBONELL, Miguel (Coord.). *Direitos, deveres e garantias fundamentais*. Salvador: Juspodivm, 2011, p. 285-323.

[193] SARMENTO, Daniel, *cit.*, p. 285-323.

3.2 Regras de intersecção limitadoras aos efeitos das técnicas de reprodução humana assistida

O Brasil, como já mencionado, não possui legislação que regulamente a utilização das técnicas de reprodução humana assistida como em outros países. Contudo, para análise da autonomia parental, é importante registrar os parâmetros infraconstitucionais legais vigentes que apresentam intersecção com a matéria.

Aqui serão delineadas três das legislações de intersecção limitadora: a Lei de Biossegurança, de nº 11.105/2005; a Lei do Planejamento Familiar, de nº 9.263/1996; e a Lei nº 9.434/1997, que dispõe sobre a remoção de órgãos, tecidos e partes do corpo humano para fins de transplante e tratamento.

Com relação à primeira, a Lei de Biossegurança, de nº 11.105/2005, importa a análise do art. 5º, cuja constitucionalidade foi questionada, tendo sido referendada ao final pelo Supremo Tribunal Federal. O artigo específico traz espectros da autonomia dos donos do material genético e consequentemente, da condição ou natureza jurídica do embrião excedentário que decorre da utilização das técnicas de reprodução humana.

A partir das amplas discussões sobre a bioética em nosso país, máxime na referida decisão do Supremo Tribunal Federal que julgou pela constitucionalidade do artigo 5º da Lei de Biossegurança (nº 11.105/2005) no que se refere à pesquisa em embriões excedentários inviáveis, o Estado conferiu certa autonomia aos "donos" do material genético, definindo juridicamente a situação do embrião criopreservado perante a lei.

Esta seria a única legislação voltada ao tratamento do material genético obtido nos centros médicos, quando das tentativas da reprodução humana: o denominado embrião excedentário, material fecundado que consiste na "sobra" de um projeto parental.[194]

---

[194] BRASIL. Lei de Biossegurança. Disponível em: http://www.planalto.gov.br/ccivil_03/_ato2004-2006/2005/lei/l11105.htm, acesso em: 20 jan. 2016.

Art. 5º É permitida, para fins de pesquisa e terapia, a utilização de células-tronco embrionárias obtidas de embriões humanos produzidos por fertilização *in vitro* e não utilizados no respectivo procedimento, atendidas as seguintes condições:

I – sejam embriões inviáveis; ou

II – sejam embriões congelados há 3 (três) anos ou mais, na data da publicação desta Lei, ou que, já congelados na data da publicação desta Lei, depois de completarem 3 (três) anos, contados a partir da data de congelamento.

§1º Em qualquer caso, é necessário o consentimento dos genitores.

A regra permite a utilização de células-tronco embrionárias obtidas de embriões humanos criopreservados que não foram utilizados no projeto parental, para fins de pesquisa científica, desde que estes sejam inviáveis ou estejam congelados há mais de três anos. O tempo da criopreservação presume a sua inviabilidade para fins de implantação em útero e desenvolvimento, presunção esta que não se faz absoluta.

Além disso, seja a hipótese de inviabilidade diagnosticada ou congelamento, será necessário o consentimento dos genitores.

Esta mesma regra veda a comercialização do embrião excedentário, sob pena de tipificação criminal prevista no artigo 15 da Lei nº 9.434/1997.

Nesse sentido, o material genético está sob o *patrimônio* de seus genitores, assim como o seu destino de *morte* ou *destruição* pelo descarte, caso venha a ter a sua utilização consentida para as pesquisas humanitárias. Importante operar o cruzamento entre essa concepção legal e os dados fornecidos pelo SisEmbrio mais adiante.

De alguma forma, foi reconhecida a vida e origem do material embrionário, enquanto sendo da *ordem da pessoa* e com impossibilidade de *descarte*, cinja-se, salvo autorizado pelos *proprietários*, aqui considerados aqueles que originaram o material. Há potencial paradoxo na proteção pela proibição do descarte e subsequente autorização na hipótese de anuência pelos donos do material.

Tal possibilidade, de acordo com as categorias jurídicas civis vigentes, aproxima o embrião excedentário da qualidade de *coisa jurídica*, já que não é nascituro, uma vez que sequer foi concebido, mas apenas fecundado, o que a princípio lhe retiraria também a sua qualificação como sujeito de direito, e jamais alcançaria a condição de pessoa, que exige o nascimento com vida.

Os genitores, portanto, detêm autonomia quanto à decisão de seu destino, considerando-se a manutenção de sua criopreservação, utilização própria para o projeto parental, a cessão/dação do material para projeto parental de terceiro e mesmo o descarte quando autorizam a pesquisa de células-tronco, a partir da sua presumida inviabilidade pelo tempo de congelamento.

---

§2º Instituições de pesquisa e serviços de saúde que realizem pesquisa ou terapia com células-tronco embrionárias humanas deverão submeter seus projetos à apreciação e aprovação dos respectivos comitês de ética em pesquisa.
§3º É vedada a comercialização do material biológico a que se refere este artigo e sua prática implica o crime tipificado no art. 15 da Lei nº 9.434, de 4 de fevereiro de 1997.

Paulo Lôbo classifica os sujeitos de direitos não personalizados e dentre eles inclui o embrião excedentário concebido in vitro na condição de sujeito de direitos não personalizados, desde que crioconservados até três anos da concepção, desde que considerado aptos à procriação.[195]

Com base nesse entendimento, o autor entende que o embrião excedentário seria um sujeito de direito com potencial direito sucessório, assim como a prole eventual, com previsão no artigo 1799 do CCB.

Com a devida vênia, a classificação do embrião excedentário pelo autor parte da ideia de que este foi *concebido in vitro*, quando, na verdade, nesse estágio ainda não houve *concepção* e sim apenas *fecundação* (união dos gametas e não implantação no útero). Essa distinção pode recolocar o embrião excedentário como um *ser* tão somente por serem células de origem humana, mas não como sujeito de direito não personalizado equiparado ao nascituro.

Estaria o embrião excedentário entre a qualificação de *coisa jurídica* e *sujeito de direito* e, portanto, uma categoria ainda não previamente definida pelo Direito brasileiro, que embora lhe tenha conferido certa proteção condicionando o seu descarte, tal proteção não se equipara ao nascituro. Se assim o fosse, o descarte embrionário poderia estar equiparado ao aborto. Encontra-se em uma zona cinzenta em que, apesar de admitir disponibilidade, exige o respeito, proíbe a comercialização e considera-se a doação e de destinação limitada, sempre voltada ao benefício pessoal e não patrimonial do ser humano.

É óbvio que o Brasil com essa decisão deixa claro que o embrião excedentário não ocupa o mesmo *status* que o nascituro, de forma que não poderá ser sujeito de direito.

Esse dado confere uma autonomia na esfera da não parentalidade pelos progenitores, uma vez que a decisão é deles quanto à sua utilização ou não em novo projeto parental próprio.

Adiante a realidade brasileira encontra-se registrada no *controle* pela ANVISA, através do SisEmbrio – sistema criado para cadastro e controle dos dados relativos aos embriões doados, por meio de centros e clínicas de reprodução humana no Brasil, com os números especificados dos descartes de embriões em razão de sua inviabilidade, dado esse registrado no 14º Relatório SisEmbrio, no ano de 2022, relativo aos anos e 2020 e 2021.

Há limites éticos e jurídicos à intervenção científica que devem ser observados e essa é uma matéria que tende a ser universalizada,

---

195 LÔBO, Paulo. *Direito Civil*. Parte Geral, 2019, p. 104.

não obstante o contexto histórico e cultural de um povo possa ser determinante para o estabelecimento de tratamentos diferenciados.

Maria Cláudia Brauner adverte sobre a necessidade de construir uma posição coerente e objetiva, no sentido de organizar a intervenção médica na reprodução humana, a fim de assegurar a saúde e a integridade física e psicológica das pessoas envolvidas na reprodução medicamente assistida. Para a autora, os princípios mínimos a serem observados, devem estar adstritos a critérios que possam garantir o consentimento esclarecido dos interessados e, principalmente, a proteção ao ser humano que será gerado a partir das referidas técnicas.[196]

Portanto, a lei de biossegurança confere aos progenitores plena autonomia sobre o embrião excedentário e consequentemente sobre a sua utilização ou não em um projeto parental próprio ou mesmo alheio.

Com relação à segunda, a Lei nº 9.263/1996, sobre o planejamento familiar que regula o §7º da Constituição Federal, há expressa definição do planejamento como sendo *o conjunto de ações de regulação da fecundidade que garanta direitos iguais de constituição, limitação ou aumento da prole* ***pela mulher, pelo homem ou pelo casal.***[197]

Diferentemente da expressão constitucional, a lei estende a liberdade de planejamento a pessoas, independentemente da existência de conjugalidade, sugerindo em uma primeira leitura a possibilidade de projeto individual de paternidade ou maternidade.

As ações de atenção e atendimento global à saúde previstas pela lei correspondem, de acordo com o seu artigo 3º, a:

> I – a assistência à concepção e contracepção;
> II – o atendimento pré-natal;
> III – a assistência ao parto, ao puerpério e ao neonato;
> IV – o controle das doenças sexualmente transmissíveis;
> V – o controle e a prevenção dos cânceres cérvico-uterino, de mama, de próstata e de pênis.

Particularmente aqui interessa o disposto no inciso I, com relação à assistência à concepção e contraconcepção, bem como o que estabelece o artigo 4º e seu parágrafo único, que dispõe sobre a garantia do acesso

---

196 BRAUNER, Maria Cláudia Crespo. *Direito, sexualidade e reprodução humana*: conquistas médicas e o debate bioético. Rio de Janeiro: Renovar, 2003, p. 1.

197 BRASIL. Lei nº 9.263, de 12 de janeiro de 1996. *Regula o planejamento familiar de acordo com a CF/88*. Disponível em: http://www.planalto.gov.br/ccivil_03/LEIS/L9263.htm. Acesso em: 20 jan. 2016.

igualitário a informações, meios, métodos e técnicas disponíveis para a regulação da fecundidade.[198]

No espectro do que se denomina *saúde reprodutiva*, pode-se vislumbrar os meios de combate à infertilidade e a utilidade das técnicas de reprodução humana para tanto.

Merecem destaque também na referida lei os artigos 9º e 10º, que traduziam uma autonomia relativizada pela idade e pelo gênero, mas foram devidamente alterados no ano de 2022, conforme disposto:

> Art. 9º Para o exercício do direito ao planejamento familiar, serão oferecidos todos os métodos e técnicas de concepção e contracepção cientificamente aceitos e que não coloquem em risco a vida e a saúde das pessoas, garantida a liberdade de opção.
> Parágrafo único. A prescrição a que se refere o *caput* só poderá ocorrer mediante avaliação e acompanhamento clínico e com informação sobre os seus riscos, vantagens, desvantagens e eficácia.
> Art. 10. Somente é permitida a esterilização voluntária nas seguintes situações: (Artigo vetado e mantido pelo Congresso Nacional – *Mensagem nº 928, de 19.8.1997*)
> I – em homens e mulheres com capacidade civil plena e maiores de 21 (vinte e um) anos de idade ou, pelo menos, com 2 (dois) filhos vivos, desde que observado o prazo mínimo de 60 (sessenta) dias entre a manifestação da vontade e o ato cirúrgico, período no qual será propiciado à pessoa interessada acesso a serviço de regulação da fecundidade, inclusive aconselhamento por equipe multidisciplinar, com vistas a desencorajar a esterilização precoce; (Redação dada pela Lei nº 14.443, de 2022) Vigência;
> II – *risco à vida ou à saúde da mulher ou do futuro concepto*, testemunhado em relatório escrito e assinado por dois médicos.
> §1º É condição para que se realize a esterilização o registro de expressa manifestação da vontade em documento escrito e firmado, após a informação a respeito dos riscos da cirurgia, possíveis efeitos colaterais, dificuldades de sua reversão e opções de contracepção reversíveis existentes.
> §2º A esterilização cirúrgica em mulher durante o período de parto será garantida à solicitante se observados o prazo mínimo de 60 (sessenta)

[198] BRASIL. Lei nº 9.263, de 12 de janeiro de 1996. Regula o planejamento familiar de acordo com a CF/88. Disponível em: http://www.planalto.gov.br/ccivil_03/LEIS/L9263.htm. Acesso em: 20 jan. 2016.
Art. 4º O planejamento familiar orienta-se por ações preventivas e educativas e pela garantia de acesso igualitário a informações, meios, métodos e técnicas disponíveis para a regulação da fecundidade.
Parágrafo único – O Sistema Único de Saúde promoverá o treinamento de recursos humanos, com ênfase na capacitação do pessoal técnico, visando a promoção de ações de atendimento à saúde reprodutiva.

> dias entre a manifestação da vontade e o parto e as devidas condições médicas. (Redação dada pela Lei nº 14.443, de 2022) Vigência;
> §3º Não será considerada a manifestação de vontade, na forma do §1º, expressa durante ocorrência de alterações na capacidade de discernimento por influência de álcool, drogas, estados emocionais alterados ou incapacidade mental temporária ou permanente.
> §4º A esterilização cirúrgica como método contraceptivo somente será executada através da laqueadura tubária, vasectomia ou de outro método cientificamente aceito, sendo vedada através da histerectomia e ooforectomia.
> §5º (Revogado). (Redação dada pela Lei nº 14.443, de 2022) Vigência
> §6º A esterilização cirúrgica em pessoas absolutamente incapazes somente poderá ocorrer mediante autorização judicial, regulamentada na forma da Lei.[199]

A lei estabelece dever ao Estado na oferta de todos os métodos e concepção e contracepção aceitos cientificamente, mas com ressalva de risco à saúde e vida da pessoa. É importante refletir sobre a extensão do conceito de saúde, se se for admitir sentido amplo e subjetivo ao termo *bem-estar* de saúde física e mental.

No ano de 2022, foi sancionada a Lei nº 14.443, que alterou a lei do planejamento familiar de nº 9263/96, e foi destaque principalmente na diminuição da idade mínima de 25 para 21 anos para a realização da esterilização voluntária para homens e mulheres, salvo para quem já tinha pelos menos dois filhos vivos, quando esse limite não seria exigido; e a não exigência do consentimento expresso de ambos os cônjuges para que ocorra a esterilização.[200]

Era dura a proibição de exercício de autonomia parental a pessoas entre 18 e 25 anos de idade, porque estabelecia uma autonomia negativa. Impedia o exercício do direito de não ter filhos, mediante a esterilização. A postura parecia enfatizar a importância da perpetuação da espécie, independente de desejo e projetos familiares. Se o projeto familiar fosse não ter filhos, a única alternativa seriam métodos anticonceptivos que não a esterilização.

---

199 BRASIL. Lei nº 9.263/1996. Disponível em: http://www.planalto.gov.br/ccivil_03/leis/l9263.htm. Acesso em: 17 jan. 2021.

200 BRASIL. *Lei nº 14.443, de 02 de setembro de 2022*. Altera a Lei nº 9.263, de 12 de janeiro de 1996, para determinar prazo para oferecimento de métodos e técnicas contraceptivas e disciplinar condições para esterilização no âmbito do planejamento familiar. Brasília, DF: Diário Oficial da União, 05 set. 2022. Disponível em: https://normas.leg.br/?urn=urn:lex:br:federal:lei:2022-09-02;14443. Acesso em: 04 maio 2023.

A imaginar um exercício pleno de autonomia aos maiores capazes, bastaria o termo de consentimento livre e consentido previsto no inciso no §1º do artigo10. A falta de discernimento por quaisquer circunstâncias tornaria o instrumento anulável, independentemente da expressa vedação.

A reverência que se conferia à conjugalidade ao se exigir o consentimento do outro para a esterilização, era polêmica. A conjugalidade estava restringindo a autonomia individual com relação ao desejo de não ter filhos.

A conjugalidade não conduz os cônjuges à obrigatoriedade de ter filhos, embora possa gerar expectativas. A expectativa, no entanto, não deve interferir na autodeterminação existencial da parentalidade. No máximo, na frustração dessa expectativa, poderia haver a possibilidade de anulabilidade do casamento, se a esterilidade ou esterilização estivesse investida dos elementos do erro, que exigem anterioridade, ignorância e insuportabilidade ou mesmo em sua válida dissolubilidade.

Tratava-se de uma intervenção exacerbada do Estado na autodeterminação existencial, que felizmente foi corrigida.

Mas, três elementos devem ser considerados a partir das reflexões trazidas até então:

a) Embora a Constituição Federal estabeleça a liberdade de planejamento familiar ao casal, o direito será de acesso a todas as pessoas, como prevê a lei infraconstitucional, mesmo na ausência da conjugalidade. Isso porque a norma constitucional também protege a monoparentalidade sem ressalvas a sua voluntariedade ou involuntariedade, ainda que a voluntariedade venha a significar para alguns um projeto "individualista", fora da esfera jurídica. Se assim fosse, há projeto individualista também quando o detentor de material genético fecundado pode doar ou não doar, usar ou não usar o embrião excedentário ou mesmo mantê-lo criopreservado até a sua inviabilidade, estando autorizado a isso por lei;
b) A infertilidade, por sua vez, possui diversos tratamentos que importam também em manipulações genéticas e hormonais e tais tratamentos não estão voltados necessariamente à disposição de material genético de terceiro, ou mesmo de cessão do próprio corpo para projeto parental alheio.
c) A concepção de saúde teria que ser observada para todos os sujeitos envolvidos na prática médica, o que inclui terceiros *colaboradores* ou *instrumentalizadores* do projeto parental.

Por outro lado, se o objetivo é defender uma autodeterminação existencial inclusive quanto à esterilização, porque esta mesma autodeterminação não se justificaria com relação à gestação sub-rogada?

Por fim, a referência à Lei nº 9.434/97 em seu art. 15, que foi mencionada no §3º do art. 5º da Lei de Biossegurança, no que se refere à imputação de crime para quem comprar ou vender tecidos, órgãos ou partes do corpo humano e para quem intermedeia, facilita ou aufere qualquer vantagem com a transação.

Esses são os dispositivos legais no Brasil que poderiam fornecer alguma base de legitimação a procedimentos científicos ligados à reprodução humana no auxílio ao planejamento familiar, mas que não traz em si toda a extensão já realizada pela prática médica.

É importante destacar que, embora o Código Civil mencione técnicas de reprodução humana em seu artigo 1.597, o faz não com o propósito de regulá-las, mas tão somente reconhecendo uma realidade premente da prática médica e visando garantir que os filhos decorrentes destes estejam sujeitos às mesmas regras de presunções jurídicas de filiação com relação aos filhos decorrentes da reprodução humana natural. O faz também com imperfeição e suscitando uma série de dúvidas sistêmicas.

O Brasil apresenta uma prospecção legal que é importante noticiar. A importância do estudo da prospecção de uma lei no país se dá pelo caminho traçado dentro da maturidade e consenso da sociedade. Um projeto de lei pode apontar os caminhos que serão irreversíveis na realidade social do país e o destino de novas categorizações.

Há uma margem de guinada de 180º das previsões de um projeto de lei, mas especificamente este se encontra amparado por uma série de práticas médicas socializadas, utilizadas e que vêm sendo *aceitas* pela sociedade.

O último substitutivo do projeto de lei no Brasil é o de nº 115, do ano de 2015, de autoria de Juscelino Rezende Filho do PRP/MA, que tramita da Câmara dos Deputados.[201] O projeto institui o Estatuto da Reprodução Assistida para regular a aplicação e utilização das técnicas de reprodução humana assistida e seus efeitos no âmbito das relações civis sociais.

Sendo relativamente antigo em face dos avanços da biotecnologia, o projeto, além das técnicas mencionadas, já bem difundidas na prática,

---

201 BRASIL. Câmara dos Deputados. Disponível em: https://www.camara.leg.br/proposicoesWeb/fichadetramitacao?idProposicao=945504. Acesso em: 14 jan. 2020.

prevê algumas práticas auxiliares que poderão contribuir com o projeto parental de terceiros, como a doação de gametas e a cessão temporária de útero.

O instrumento não prevê uma série de outras elaborações já bem difundidas na atuação dos centros médicos de reprodução, como a doação de oócitos compartilhada, por exemplo, mas prevê um certo controle demográfico, inclusive para as doações, controle este realizado através do Sistema Nacional de Produção de Embriões – *SisEmbrio*, que concentrará as informações dos bancos de células e tecidos germinativos, visando controlar uso do mesmo material no Estado em que já foi utilizado.

Mas há previsão da doação de gametas e da gestação sub-rogada. Embora o sigilo seja garantido ao doador de gametas, isso não ocorrerá se for para assegurar o conhecimento à origem genética, desde que com autorização legal e se for para proteger interesse relevante de sua saúde e vida.

Já a gestação sub-rogada lá denominada como cessão temporária de útero, no art. 21 do projeto, é permitida para casos em que a indicação médica identifique qualquer fator de saúde que impeça ou contraindique a gestação por um dos cônjuges, companheiros ou pessoa que se submete ao tratamento. Presume-se que a dificuldade seja da mulher do par, para a gestação, diante de ausência ou problemas de sua condição uterina; há vedação a qualquer retribuição econômica à mulher que cede o útero em gestação, caráter lucrativo ou comercial, além do limite de parentesco que deve haver entre os contratantes até o 2º.

Interessante a esse respeito é que o projeto prevê que o pacto entre a gestante e os contratantes se dê antes do início do procedimento *e de que seja homologado judicialmente, sob pena de nulidade do pacto, inclusive.* Observa-se aqui a tentativa do Estado brasileiro em avançar nas práticas consolidadas pela ciência médica, mas sempre com o cuidado de certo controle estatal e, neste caso, o controle jurisdicional.

Por fim, o art. 26 do projeto coroa as condições para o registro da criança em nome da contratante e não da gestante, na forma a seguir descrita:

> Para que seja lavrado o assento de nascimento da criança nascida em gestação de substituição, será levado ao Cartório de Registro Civil de Pessoas Naturais o pacto de substituição homologado, juntamente com a comprovação do nascimento emitida pelo hospital, declaração do médico responsável pelo tratamento descrevendo a técnica empregada e o termo de consentimento médico informado.

Há no projeto, portanto, uma perspectiva legal diferente ao que se prevê na Resolução nº 2320/2022, do Conselho Federal de Medicina, e no Provimento nº 63/2017, do CNJ. Para o projeto, os contratos devem ser submetidos à análise jurisdicional que autorizará ou não o exercício da autonomia a depender do caso concreto.

No contexto brasileiro de profunda desigualdade social, isso garantiria o equilíbrio material no exercício da autonomia, bem como, minimamente, a base da solidariedade contratual.

3.5 Menção e reflexão sobre os efeitos parentais das técnicas nas presunções jurídicas de filiação

A regra destinada às presunções jurídicas de filiação, insertas no art. 1.597 do Código Civil Brasileiro – CCB, menciona as técnicas de reprodução humana, mas sobre elas nada regula.

O aumento das presunções jurídicas se deu com o CCB de 2002, no acréscimo dos incisos III, IV e V, mantendo-se o modelo de prazos vigentes desde a legislação de 1916, nos incisos I e II.

O intuito não foi regular procedimentos médicos ou implicar a autorização legal para que a estes se procedam, mas tão somente deixar claro que não haveria distinção entre os efeitos decorrentes de uma reprodução natural ou de uma reprodução medicamente assistida. Em quaisquer dessas formas, os filhos advindos dentro de uma conjugalidade (casamento ou união estável) terão o marido ou o companheiro como pai.

Muitas interpretações giram em torno da regra, dentre elas: a) se se estendem à união estável; e b) se os termos acrescidos sobre reprodução assistida podem ser interpretados de forma ampla.

A premissa aqui adotada é de que a regra se presta a presumir a paternidade, já que a maternidade resta definida na lei.

Importante, antes de tudo, buscar o esclarecimento quanto ao significado de uma *presunção* para o Direito. O vocábulo presunção provém do latim *praesumptione*,[202] tendo o sentido vulgar de *ato ou efeito de presumir; inferência ou opinião baseada na probabilidade; suposição; ação de admitir qualquer coisa como verdadeira, até que se prove o contrário*.

---

[202] DICIONÁRIO DA LÍNGUA PORTUGUESA *ON-LINE*. Disponível em: http://michaelis.uol.com.br/moderno/portugues/index.php?lingua=portugues-portugues&palavra=presun%E7%E3o. Acesso em: 5 nov. 2015.

Para o Direito compreende conjectura, consequência ou conclusão que a lei ou o juiz tira de fatos conhecidos, para afirmar a existência ou verdade do fato que se pretende provar.[203]

Assim, as presunções legais, no dizer de Didier, *são regras jurídicas que impõem que se leve em consideração a ocorrência de determinado fato*. A razão de tais normas jurídicas se dá pela necessidade de se adotar um critério único, face à impossibilidade de se aferir se ocorreu ou não o fato.[204]

Sousa ressalta os sentidos vulgar e jurídico da presunção, enquanto díspares, uma vez que naquele caracteriza-se como um estádio prévio à certeza, aparecendo como uma atividade mental valorativa incompatível com a certeza, enquanto neste constitui um instrumento normal para conseguir alcançar a convicção judicial.[205]

Para o autor, o estabelecimento de uma norma de presunção está vinculado à função de estabilização de expectativas e objetivos que as instituições pretendem cumprir. O estabelecimento de uma norma de presunção pode então ser coerente com essa pretensão, não representando apenas o resultado de uma regularidade preexistente, mas denotando, sobretudo, o intuito de estabelecer uma normalidade institucional, como é o caso da presunção de paternidade do marido da mãe.

No Direito brasileiro, as presunções de filiação têm por finalidade fixar o momento da concepção, de modo a definir esta e fixar a paternidade, com os direitos e deveres decorrentes. Na identificação atribuída por Paulo Lôbo são as seguintes:

> a) *pater is est quem nuptiae demonstrant*, impedindo que se discuta a origem da filiação se o marido da mãe não a negar; b) *mater semper certa est*, impedindo a investigação de maternidade contra mulher casada. A maternidade manifesta-se por sinais inequívocos da gravidez e do parto, não obstante as dúvidas suscitadas em decorrência da manipulação genética; c) a presunção de paternidade atribuída ao que teve relações sexuais com a mãe, no período da concepção.[206]

---

203 DICIONÁRIO DA LÍNGUA PORTUGUESA *ON-LINE*. Disponível em: http://michaelis.uol.com.br/moderno/portugues/index.php?lingua=portugues-portugues&palavra=presun%E7%E3o. Acesso em: 5 nov. 2015.

204 DIDIER JR., Fredie. *Curso de direito processual civil*. Teoria da prova, direito probatório, decisão, precedente, coisa julgada e tutela provisória. Salvador: Juspodivm, 2015. v. 2. p. 56.

205 SOUSA, Luis Filipe Pires de. *Prova por presunção no direito civil*. Coimbra: Edições Almedina AS, 2013, p. 18.

206 LÔBO, Paulo. *Direito Civil*. Famílias. 6. ed. São Paulo: Saraiva, 2015, p. 201.

Como se pode perceber, a presunção de concepção relaciona-se ao nascimento e reflete hodiernamente, segundo o autor, a mudança de concepção da família da legitimidade para o plano da afetividade, com redirecionamento da função tradicional.[207]

Ditas presunções no ordenamento brasileiro podem se apresentar com base no critério biológico ou no critério socioafetivo, segundo a disposição da referida regra, tendo em vista as novas inserções realizadas pelo Código Civil de 2002.

Conforme mencionado, o artigo 1.597 do Código Civil foi acrescido com a utilização das técnicas de reprodução humana, suscitando uma série de dúvidas quanto à interpretação de seu alcance.[208]

As referidas presunções, decorrem de um estado de conjugalidade dos *pais*, conjugalidade esta entendida em sentido amplo. Atribui-se certeza à paternidade incerta, através da conjugalidade deste com a gestante, que em nossos preceitos legais é sempre certa e aparente pela prenhez e parto.

Em razão da autorização legal do uso da presunção, é possível, por exemplo, além da presunção da paternidade da filiação prevista no artigo 1.597, a presunção *judicial* de paternidade daquele que se nega a fazer exame de DNA em demanda investigativa, entendimento sumulado pelo Superior Tribunal de Justiça (Súmula nº 301), hoje positivado, já que a Lei nº 12.004/09 incluiu o artigo 2º-A na Lei nº 8.560/92, cujo parágrafo único afirma: *A recusa do réu em se submeter ao exame de código genético – DNA gerará a presunção da paternidade, a ser apreciada em conjunto com o contexto probatório.*[209]

Nova alteração dessa lei se deu em 2021 através da Lei nº 14.138, e conformando a jurisprudência, autorizando exame de pareamento do código genético (DNA), para fins de comprovação da paternidade,

---

[207] LÔBO, Paulo, *cit.*, p. 203.

[208] BRASIL. Código Civil Brasileiro de 2002. Disponível em: http://www.planalto.gov.br/ccivil_03/leis/2002/L10406.htm. Acesso em: 20 jan. 2016.
Art. 1.597. Presumem-se concebidos na constância do casamento os filhos:
I – nascidos cento e oitenta dias, pelo menos, depois de estabelecida a convivência conjugal;
II – nascidos nos trezentos dias subsequentes à dissolução da sociedade conjugal, por morte, separação judicial, nulidade e anulação do casamento;
III – havidos por fecundação artificial homóloga, mesmo que falecido o marido;
IV – havidos, a qualquer tempo, quando se tratar de embriões excedentários, decorrentes de concepção artificial homóloga;
V – havidos por inseminação artificial heteróloga, desde que tenha prévia autorização do marido.

[209] BRASIL. Lei nº 8.560, de 29 de dezembro de 1992. Disponível em: http://www.planalto.gov.br/ccivil_03/leis/L8560. *Regula a investigação de paternidade dos filhos havidos fora do casamento e dá outras providências*. Acesso em: 6 fev. 2016.

entre filho e parente de suposto pai, com preferência pelos parentes de mais próximo grau, caso o suposto genitor tenha morrido ou esteja desaparecido, importando a recusa em presunção da paternidade, a ser apreciada em conjunto com o contexto probatório.[210]

Como não é possível obrigar o pretenso pai a colher material para a realização do exame, o juiz presume a paternidade e resolve o litígio, contudo considerando o conjunto de provas apresentados e justificando a aplicação da referida presunção.

A relatividade da presunção, segundo Fredie Didier, constata-se do trecho final do texto normativo, que remete o órgão julgador ao exame de todo o contexto probatório para a confirmação da presunção, o que seria irrelevante se estivéssemos diante de uma presunção legal absoluta.[211]

Isso significa que é possível afastar a presunção com a prova contrária, como, por exemplo, a prova de esterilidade ou de tipo sanguíneo incompatível com o do suposto filho.

Sistematizando, o autor identifica duas regras que cuidam da recusa da parte a submeter-se a exame médico judicial: a) uma regra geral, prevista no artigo 232 do Código Civil, de pouca utilidade prática, pois refere a presunção judicial que decorre da recusa, vista como indício; e b) uma regra específica para as ações de investigação de paternidade, que prevê uma presunção legal relativa de paternidade biológica, no caso de haver recusa da parte a submeter-se ao exame de DNA.

A mencionada lei de 2009 que reformulou a Súmula nº 301 do Superior Tribunal de Justiça trouxe avanço, pois proporciona essa relativização. A Súmula, extremamente criticada, assim se expressava: *em ação investigatória, a recusa do suposto pai a submeter-se ao exame de DNA induz presunção juris tantum de paternidade.*

Esse enunciado tinha uma série de problemas: a) não estava em conformidade com os precedentes do próprio STJ, pois todos cuidam de presunções judiciais, que não podem ser absolutas nem relativas, atributos exclusivos das presunções legais; b) ainda assim, não havia, à época da edição do enunciado da súmula, a mencionada presunção legal relativa, não prevista na legislação civil codificada; tanto não existia essa presunção, que houve necessidade de edição de uma nova lei para determiná-la. O enunciado da súmula do STJ estava, portanto,

---

210 BRASIL. Lei nº 14.138/2021. Disponível em: https://www.in.gov.br/en/web/dou/-/lei-n-14.138-de-16-de-abril-de-2021-314698969. Acesso em: 22 abr. 2021.

211 DIDIER JR., Fredie. *Editorial 68*. Disponível em: http://www.frediedidier.com.br/editorial/editorial-68/. Acesso em: 26 jun. 2015.

em desconformidade com os próprios precedentes e com o texto do Código Civil que cuidava da matéria.

Observe-se ainda que com relação às presunções acrescidas pelo legislador civil de 2002, as expressões técnicas (fecundação, concepção e inseminação) possuem sentido próprio, visando a atribuição de paternidade, não obstante as incertezas relacionais que poderia causar.

Em verdade, o tema a respeito das técnicas de reprodução humana merece tratamento individualizado que esclareça o seu alcance e limites, o que o Brasil não tem. A utilização das expressões pelo legislador civil suscita uma permissividade no seu uso, em razão da ausência expressa de proibição, mas não define e nem poderia definir os parâmetros e limites dessa utilização.

A polêmica gerada em torno dos incisos III, IV e V do referido artigo, incluídos sem uma maior e necessária reflexão, reside na insegurança quanto ao tempo na utilização dos procedimentos e a titularidade do material genético utilizado.

É importante frisar, contudo, a distinção que deve se estabelecer entre a busca da paternidade genética, para fins de constituição do estado de filiação, e a busca da identidade genética, enquanto direito de personalidade, como bem pontua Paulo Lôbo:

> O estado de filiação, que decorre da estabilidade dos laços afetivos construídos no cotidiano de pai e filho, constitui fundamento essencial da atribuição de paternidade ou maternidade. Nada tem a ver com o direito de cada pessoa ao reconhecimento de sua origem genética. São duas situações distintas, tendo a primeira natureza de direito de família e a segunda de direito da personalidade. As normas de regência e os efeitos jurídicos não se confundem nem se interpenetram. Para garantir a tutela do direito da personalidade não há necessidade de investigar a paternidade. O objeto da tutela do direito ao conhecimento da origem genética é assegurar o direito da personalidade, na espécie direito à vida, pois os dados da ciência atual apontam para a necessidade de cada indivíduo saber a história de saúde de seus parentes biológicos próximos para a prevenção da própria vida. Não há necessidade de se atribuir a paternidade a alguém para se ter o direito da personalidade de conhecer, por exemplo, os ascendentes biológicos paternos do que foi gerado por dador anônimo de sêmen, ou do que foi adotado, o do que foi concebido por inseminação artificial heteróloga. (...) Toda pessoa tem direito fundamental, na espécie direito da personalidade, de vindicar sua origem biológica para que, identificando seus ascendentes genéticos, possa adotar medidas preventivas para preservação da saúde e, a fortiori, da vida. Esse direito é individual, personalíssimo, não dependendo de

> ser inserido em relação de família para ser tutelado ou protegido. Uma coisa é vindicar a origem genética, outra a investigação da paternidade. A paternidade deriva do estado de filiação, independentemente da origem (biológica ou não).[212]

Os filhos adotivos, e os decorrentes de inseminação heteróloga, na melhor interpretação da lei, não possuem legitimidade para a investigatória de paternidade para fins de constituição de estado de filiação com base na origem genética, a uma porque por ficção a adoção é instituto irrevogável, a duas porque a inseminação heteróloga exige prévio consentimento do marido para o uso de material genético de terceiro. Contudo, nada impedirá que busquem a sua origem genética no exercício de seu direito fundamental à saúde.

Considerando o sentido e natureza jurídica das presunções na esfera cível, observa-se que a verdadeira *presunção* prevista na regra do artigo 1.597 restringe-se aos incisos I e II, já mencionados, assim como a prevista no inciso V, que prevê a paternidade do marido, não obstante a ausência de vínculo genético com este, em respeito ao elemento intencional do projeto parental.

Retomando a fala inicial desse item ao sentido da presunção para o direito, não há que se considerar os incisos III e IV inovados pelo Código Civil de 2002 enquanto verdadeiras presunções, uma vez que não há mera probabilidade na união de gametas pertencentes ao casal (homóloga), mas certeza com relação à paternidade biológica. Os incisos se referem à busca das técnicas de reprodução assistida pelo casal casado ou convivente, com a finalidade de um projeto parental, por meio de instrumento negocial com interveniência médica consentida e devidamente esclarecida e utilização de material genético extraído de ambos.

Por que considerar tal fato na esfera das presunções enquanto ficção ou ainda probabilidade se há certeza da origem biológica quanto a junção do material genético do casal? Além disso, justifica-se a presunção diante da possibilidade pericial de investigação do DNA?

As presunções, historicamente, sempre foram a ficção ideal para a definição da paternidade biologicamente incerta, visando auxiliar a aproximação da verdade real e biológica da verdade jurídica, inclusive pela ausência de mecanismos científicos para tal.

---

212 LÔBO, Paulo. Direito ao estado de filiação e direito à origem genética: uma distinção necessária. *Revista Brasileira de Direito de Família*, Porto Alegre, n. 19, p. 151-153, 2003.

No contexto do Estado Liberal e da família institucionalizada, hierarquizada e matrimonializada, as presunções justificavam-se enquanto deduções legais de fatos que poderiam ter ocorrido ou não e destinavam-se a estender um manto protetor ao casamento e sua paz doméstica, estabelecendo o vínculo de filiação aos casais que assim estivessem unidos pelo casamento, com relação aos filhos que, em prazos definidos em lei, fossem concebidos anteriormente ao casamento ou nascidos posteriormente à sua dissolução.

As presunções seriam um instrumento fictício e garantidor da certeza da filiação, máxime com relação à paternidade que foi sempre cercada de incertezas, repita-se, pela ausência de mecanismos científicos que pudessem atestar a origem biológica e, via de consequência, a filiação.

A sua manutenção, em resposta à indagação, apenas se justifica com o redirecionamento de sentido, que garante o espaço da família pelo afeto e convivência e não pela legitimidade institucional.

Assim, os incisos já mencionados, I e II, justificam a presunção porque se está sempre diante de uma provável condição (probabilidade), e o inciso V porque mesmo diante da certeza da ausência biológica do marido se está atribuindo a paternidade a ele, dado o seu consentimento. Mas os incisos III e IV não são presunções, senão certezas baseadas na origem biológica dos donos dos gametas.

Ao mesmo tempo, os tribunais confundem os conceitos de identidade biológica com filiação e, diante de um conflito entre a verdade biológica e a verdade socioafetiva, ainda, em sua maioria, conferem preponderância à primeira.

Essa disputa entre os dois critérios tomou uma dimensão que hoje parece ser inútil, na medida em que cada um dos pressupostos fáticos (biológico e socioafetivo) detém valores relativizados a depender da situação jurídica concreta e suas especificidades.

O Estatuto das Famílias, cujo projeto de Lei nº 470/2013 tramita no Congresso Nacional, propõe nova redação para o artigo 1.597 do CCB.

Em seu artigo 82, referente às presunções jurídicas de filiação, resume as presunções dos prazos ao aspecto decorrente da convivência familiar e delimita a utilização das técnicas de reprodução assistida impondo o tempo certo para sua utilização, desautorizando a técnica *post mortem* e mantendo as modalidades homóloga e heteróloga.[213]

---

[213] SENADO FEDERAL. *Estatuto das Famílias*. Senadora Lídice da Mata. Projeto de Lei nº 470/2013. SEGRAF – Secretaria de Editoração e Publicações, Brasília/DF, 2014, p. 45. Art. 82. Presumem-se filhos:

A previsão de eliminação das técnicas com possibilidade de implantação *post mortem*, que geraram uma série de debates, máxime com relação à condição ou não de sujeito de direito a ser atribuída ao pré-embrião criopreservado, ameniza a inquietude gerada por doutrinadores que enxergam antinomia entre os artigos 1.597 e 1.798 (capacidade sucessória), mas continua a gerar dúvidas a respeito da utilização das várias técnicas, dentre as quais as polêmicas técnicas de "gestação sub-rogada" e "doação de óvulo".

Além disso, o afastamento dos prazos e a ideia de que o casal esteja convivendo à época da concepção podem fortalecer a hipótese unicamente do critério biológico para a filiação.

Por fim, o projeto mantém o propósito de incursão da matéria de reprodução assistida no âmbito do instituto da filiação, sem que haja uma lei federal própria e adequada para regular os seus limites, de acordo com os preceitos constitucionais e morais da sociedade. Observe-se, por exemplo, o Enunciado nº 257, da III Jornada de Direito Civil, que recomenda a interpretação restritiva das técnicas.

> 257 – Art. 1.597: As expressões "fecundação artificial", "concepção artificial" e "inseminação artificial", constantes, respectivamente, dos incs. III, IV e V do art. 1597 do Código Civil, *devem ser interpretadas restritivamente, não abrangendo a utilização de óvulos doados e a gestação de substituição.* (G.N.)

Embora o enunciado não seja um comando legal e imperativo, reflete uma orientação advinda de um debate sistematizado que pode influenciar na interpretação e aplicação do Direito.

A restrição afasta, indiretamente, o acesso das técnicas pelo casal homoafetivo, visando a filiação pela presunção.

Nesse particular, a interpretação restritiva se faz adequada aos limites legais já impostos em nosso ordenamento jurídico, não apenas no contexto das presunções como no contexto do reconhecimento da filiação e seu registro, normatizada pela Lei nº 6.015/73.

Também com relação aos incisos III e IV do artigo 1.597, a I Jornada de Direito Civil do Conselho da Justiça Federal aprovou enunciado

---

I – os nascidos durante a convivência dos genitores à época da concepção;
II – os havidos por fecundação artificial homóloga, desde que a implantação do embrião tenha ocorrido antes do falecimento do genitor;
III – os havidos por inseminação artificial heteróloga, desde que realizada com prévio consentimento livre e informado do cônjuge ou companheiro, manifestado por escrito, e desde que a implantação tenha acontecido antes do seu falecimento.

ressalvando que os embriões excedentários somente poderão ser utilizados após a dissolução da sociedade conjugal se houver autorização prévia e por escrito do ex-cônjuge, assim como deve a esposa se encontrar na condição de viúva em seu estado civil, para garantir que a presunção de paternidade seja do *de cujus*.

Não obstante os aspectos ideológicos que envolvem os direitos familiares e parentais do casal homoafetivo, as interpretações restritivas aos referidos incisos seriam o caminho mais adequado para o atendimento dos critérios legais no Brasil.

Na práxis brasileira, no entanto, dificilmente há posturas administrativas que se adéquem aos limites estabelecidos pelo ordenamento. O argumento sempre está em torno da força construtiva dos fatos para o Direito. Por essa razão, o Provimento nº 63/2017 do Conselho Nacional de Justiça afasta completamente a presunção, pela força de um contrato, ao permitir que o oficial de registro reconheça a paternidade dos contratantes das técnicas em um centro de reprodução humana.[214]

Por fim, com relação à inseminação heteróloga, que admite a possibilidade de material genético de terceiro dador anônimo na reprodução, no caso o sêmen, se faz necessária a autorização prévia do marido de acordo com o dispositivo legal. Apesar de não haver ressalvas com relação à forma dessa autorização, entende-se que deve se dar expressamente e por escrito. Embora a autorização verbal possa também vir a ser legitimada judicialmente, o fato é que isso garante às partes a correta atuação do centro de reprodução humana intermediador.

A respeito do inciso V, o mais importante é a sua condição de irrevogabilidade, uma vez que o marido que autorizou não poderá impugnar a paternidade pela ausência do vínculo biológico consigo. De forma análoga vêm sendo decididas as negatórias de paternidade nas hipóteses da denominada "adoção à brasileira", em que não houve erro ao se proceder ao registro e onde se estabeleceu a posse de estado de filiação.

Há também, desde 2022, o Projeto de Lei nº 1851 que tramita no Senado e de autoria da Senadora Mara Gabrilli (PSDB-SP), que prevê o consentimento presumido do cônjuge que faleceu, autorizando ao cônjuge sobrevivente o uso do material genético do *de cujus*. Propõe o acréscimo de dois parágrafos ao art. 1597 do CCB, no sentido de que,

[214] BRASIL, Conselho Nacional de Justiça. Provimento nº 63 de 14.11.2017, disponível em: https://atos.cnj.jus.br/atos/detalhar/2525. Acesso em: 26 jan. 2021.

caso não haja expressa disposição não consentindo, seria a implantação *post mortem* permitida por lei.[215]

Há nessa proposta sérios problemas que poderão advir, sobretudo porque é possível ter havido o arrependimento pela interrupção do projeto conjugal, e não tenha havido tempo hábil para incluir cláusula de não consentimento.

3.6 Dados oficiais da reprodução humana na realidade brasileira

O Brasil não possui lei que regulamente a matéria de reprodução humana, como há em outros países, na busca de definição de parâmetros e formas de intervenção do Estado para a garantia dos direitos fundamentais dos sujeitos envolvidos.

A liberdade de inciativa científica conferida aos médicos e a sua atuação em grandes centros de reprodução humana vêm sendo uma tônica pública, notória e cada vez mais acessível à população, que, vivenciando os seus anseios naturais de paternidade e maternidade, demanda corriqueiramente para realizar o seu desejo.

Não há que se falar de matéria legal específica sobre a reprodução humana no Brasil, mas como vimos, temos base constitucional e algumas leis, que trazem parâmetros. Tais dispositivos legais serão analisados mais adiante, em intersecções que nos levam a interpretar alguns limites para o uso das técnicas de reprodução.

A história da reprodução assistida no Brasil é de origem médica, com os avanços de estudos, qualificação de especialistas, ampliação do ensino e cadastramento em redes internacionais que viabilizaram os avanços das pesquisas e implementaram a prática no país.

No relato de Dirceu Pereira, o germe da reprodução humana no Brasil eclodiu no ano de 1947, quando foi fundada a então Sociedade Brasileira de Esterilidade (SBE) na cidade do Rio de Janeiro. Em uma reunião científica, 147 médicos foram os signatários da ata que deu início à associação, cujo objetivo principal era *ocupar-se das questões*

---

215 BRASIL. Senado Federal. *Projeto de Lei nº 1851, de 2022*. Altera o art. 1.597 do Código Civil para dispor sobre o consentimento presumido de implantação, pelo cônjuge ou companheiro sobrevivente, de embriões do casal que se submeteu conjuntamente a técnica de reprodução assistida. 2022. Disponível em https://legis.senado.leg.br/sdleg-getter/documento?dm=9180662&ts=1687892220138&disposition=inline&_gl=1*1g1c0x1*_ga*MTU4NTQ2MzQwMS4xNjA3MzcwNTY1*_ga_CW3ZH25XMK*MTY4OTcxMjc2Mi4xMC4xLjE2ODk3MTUxNzkuMC4wLjA. Acesso em: 19 jul. 2023.

científicas e sociais referentes à esterilidade, à prevenção de sequelas de abortos, à anticoncepção e à assistência à maternidade sob todos os aspectos.[216]

Em 1974, ocorreu o maior evento científico no Brasil, na cidade do Rio de Janeiro, com a reunião dos 50 (cinquenta) especialistas mais expressivos do mundo, oriundos da Europa, Ásia, América do Norte e América Latina. Nesse evento, a SBE passou a se denominar Sociedade Brasileira de Reprodução Humana – SBRH, que foi a responsável por propiciar cursos médicos em todas as capitais, quando passou a ter sede em São Paulo.

Na virada da década 1980/1990 e influenciado pelo nascimento do primeiro bebê de proveta em 1978 na Inglaterra, surgiram vários centros de reprodução assistida em São Paulo, Curitiba, Salvador, Belo Horizonte, Rio de Janeiro, Porto Alegre e Recife, de modo que, no início da década de 1990, o número havia ultrapassado a marca de 10 (dez) clínicas. O primeiro bebê de proveta no Brasil nasceu em 1984, no Paraná.

Três associações médicas têm se destacado no ensino de reprodução humana por meio de cursos e congressos: a SBRH (Sociedade Brasileira de Reprodução Humana), a FEBRASGO (Federação Brasileira das Associações de Ginecologia e Obstetrícia) e a SBRA (Sociedade Brasileira de Reprodução Assistida), mais focada na fertilização extracorpórea. A REDLARA (Rede Latino-Americana de Reprodução Assistida, criada em 1995 no Chile) continua compilando os resultados e tem realizado *talleres* na América Latina com a participação de grande parte de centros de reprodução humana do Brasil, possuindo o cadastramento atual de mais de 200 centros, sendo que 70 são brasileiros.[217]

Mas a Sociedade Brasileira de Reprodução Assistida – SBRA surgiu em 1996. A ANVISA – a Agência Nacional de Vigilância Sanitária (ANVISA) tornou obrigatória a elaboração de relatório anual reportando as atividades de laboratório de embriões (SisEmbrio) com o propósito de fiscalizar a atuação dos Centros Médicos de Reprodução – CMR e produzir compilação de dados nacionais mediante o relatório SisEmbrio, e ensaia a possibilidade de ser o órgão nacional compilador de dados estatísticos de todos os CMR cadastrados.[218]

---

216 PEREIRA, Dirceu Henrique Mendes. *A história da reprodução humana no Brasil*. Disponível em: http://files.bvs.br/upload/S/0100-7254/2011/v39n2/a2450.pdf. Acesso em: 15 jan. 2021.

217 REDLARA. Rede Latino-americana de Reprodução Assistida. Disponível em: https://redlara.com/. Acesso em: 15 jan. 2021.

218 PEREIRA, Dirceu Henrique Mendes. *A história da reprodução humana no Brasil*. Disponível em: http://files.bvs.br/upload/S/0100-7254/2011/v39n2/a2450.pdf. Acesso em: 15 jan. 2021.

O Sistema Nacional de Produção de Embriões (SisEmbrio) é um sistema desenvolvido pela Anvisa, que tem como objetivo criar um banco de dados sobre a produção de células germinativas (oócitos) e embriões humanos armazenados nos Bancos de Células e Tecidos Germinativos – BCTGs, mais conhecidos como clínicas de reprodução humana assistida.

Na publicação do 14º e último relatório atualizado, para o ano de 2022, divulgam-se informações sobre o número de embriões criopreservados e doados para pesquisas com células-tronco embrionárias, conforme determinação da Lei nº 11.105/2005 e do Decreto nº 5.591/2005.[219]

Os dados são impressionantes e registram a realidade da reprodução assistida no Brasil, além da realidade relativa dos embriões excedentários para as pesquisas de células-tronco, de acordo com a Lei de Biossegurança.

Inicialmente o relatório apresenta tabela indicativa dos Estados federados e as informações prestadas por estes sobre o congelamento de embriões e doação de embriões para pesquisa com células-tronco embrionárias em 2018.

O relatório atualiza os dados até o ano de 2022. Até essa data, o SisEmbrio recebeu dados de 193 (cento e noventa e três) CRHAs referentes à produção de embriões dos anos de 2020 a 2022.

Na distribuição de embriões congelados no ano de 2018 no Brasil, dos 297.848 embriões congelados, 69,06% estão em CRHAs da Região Sudeste, 11,9 % na Região Sul, 10,62% na Região Nordeste, 7,27 % na Região Centro-Oeste e 1% na Região Norte.

Em uma comparação entre os anos de 2020 e 2022, houve um aumento considerável de embriões congelados. Em 2020 havia 85.448 embriões e em 2022, 103.931.

Com relação à doação de embriões para a pesquisa clínica com células-tronco embrionárias, as informações contidas, nesse período apenas 44 embriões foram doados para a realização de pesquisas com células-tronco embrionárias no Brasil. O período avaliado foi entre os anos de 2020 e 2022.

O relatório ainda apresenta outros indicadores importantes, mas aqui será suficiente a amostra com relação às taxas de transferência

---

[219] BRASIL, ANVISA – Agência Nacional de Vigilância Sanitária. *14º Relatório do Sistema Nacional de Produção de Embriões.* 2022. Disponível em: https://www.gov.br/anvisa/pt-br/acessoainformacao/dadosabertos/informacoes-analiticas/sisembrio. Acesso em: 19 jul. 2023.

embrionária, seja para doação em prol de projeto parental alheio, seja para as pesquisas em células-tronco, que foi correspondente a 63.301.

Importante destacar a existência de centros e clínicas não cadastrados e cujos dados ficam à margem desse "controle".

A relevância dos dados para a temática trabalhada justifica a preocupação do direito com uma realidade que vem ocorrendo à margem de seus preceitos legais e que vem sendo sujeita a um controle "primário" pelo Estado brasileiro, mas cuja única lei que rege é a Lei de Biossegurança.

Os dados não indicam apenas a doação de embriões excedentários para pesquisas de células-tronco, mas a margem de utilização das técnicas para o desenvolvimento de projeto parental próprio ou alheio. Observa-se que houve crescimento de utilização das técnicas, mesmo no período pandêmico.

3.7 Regras deônticas e administrativas: o Conselho Federal de Medicina e o Conselho Nacional de Justiça

Foram identificados os suportes fáticos legais na norma jurídica vigente e a prospecção legal no Brasil, que aponta para a possibilidade volitiva de constituição de filiação mediante contrato que assegure uma assistência médica à reprodução humana, com a utilização ou não de material genético de terceiros. O fato gerador dessa filiação seria decorrente de uma conduta volitiva, ainda que visando a facilitação do evento do nascimento.

Com o objetivo de comparar a atuação do Conselho Federal de Medicina em sua prática permitida através das Resoluções deônticas, com a prospecção legal no Brasil, serão analisadas as técnicas de doação de gametas e da gestação sub-rogada em atendimento ao estudo da autonomia privada.

No histórico de tais regramentos no país, houve a primeira Resolução de nº 1.358 de 1992, que vigorou durante 18 anos, tendo sido revogada pela Resolução nº 1.957/2010, e posteriormente as Resoluções nº 2.013/2013, nº 2.121/2015, nº 2168/2017, nº 2.294/2021 e a Resolução atualmente vigente de nº 2320/2022.

As resoluções são editadas com base na competência recebida pelo Conselho Federal de Medicina, através da Lei nº 3.268/1957, que foi alterada pela Lei nº 11.000/2004.

A lei originária de 1957 manteve-se intacta com relação às atribuições do Conselho Federal de Medicina, segundo dispõe o seu artigo 5º, que o autoriza, na alínea "g", a expedir as instruções necessárias ao bom funcionamento dos conselhos regionais.[220]

Para compreender melhor a crítica que se pretende estabelecer sobre a invasão da reserva legal pelas referidas Resoluções, faz-se necessário um esclarecimento elementar, bem delineado por Marcos Bernardes de Mello:

> Das espécies de sistemas de direito o nosso caracteriza-se como um direito escrito e legislado, e neste as normas jurídicas são expressadas sob a forma de proposições abstratas que se destinam, em geral, a regular situações futuras e consubstanciadas em documentos escritos, denominados diplomas legais ou legislativos. Logo a sua elaboração exige a observância de normas procedimentais específicas pela autoridade que detenha a competência, no nosso caso, o Poder Legislativo. Diferentemente no sistema do direito consuetudinário, as normas são elaboradas ordinariamente pelos órgãos judiciais, que analisando os costumes e as tradições de comportamento social, as revelam nas decisões de caso concreto. Nem um nem outro sistema esgota as situações possíveis de serem encontradas nas relações sociais, de forma que no sistema escrito, na falta de legislação expressa, admite-se a aplicação do costume, dos princípios gerais do direito, da analogia, e até excepcionalmente da equidade como norma jurídica e no sistema consuetudinário admite-se normas jurídicas expressas em diplomas legais escritos.[221]

---

220 BRASIL. Lei nº 3.268, de 30 de setembro de 1957. Dispõe sobre os Conselhos de Medicina e dá outras providências. Disponível em: http://www.planalto.gov.br/ccivil_03/LEIS/L3268.htm. Acesso em: 6 jan. 2016.
Art. 5º São atribuições do Conselho Federal: a) organizar o seu regimento interno; b) aprovar os regimentos internos organizados pelos Conselhos Regionais; c) eleger o presidente e a secretária geral do Conselho; d) votar e alterar o Código de Deontologia Médica, ouvidos os Conselhos Regionais; e) promover quaisquer diligências ou verificações, relativas ao funcionamento dos Conselhos de Medicina, nos Estados ou Territórios e Distrito Federal, e adotar, quando necessárias, providências convenientes a bem da sua eficiência e regularidade, inclusive a designação de diretoria provisória;
f) propor ao Govêrno Federal a emenda ou alteração do Regulamento desta lei; g) expedir as instruções necessárias ao bom funcionamento dos Conselhos Regionais; h) tomar conhecimento de quaisquer dúvidas suscitadas pelos Conselhos Regionais e dirimi-las; i) em grau de recurso por provocação dos Conselhos Regionais, ou de qualquer interessado, deliberar sôbre admissão de membros aos Conselhos Regionais e sôbre penalidades impostas aos mesmos pelos referidos Conselhos. j) fixar e alterar o valor da anuidade única, cobrada aos inscritos nos Conselhos Regionais de Medicina; e l) normatizar a concessão de diárias, jetons e auxílio de representação, fixando o valor máximo para todos os Conselhos Regionais.

221 MELLO, Marcos Bernardes de. *Teoria do fato jurídico*: plano da existência. São Paulo: Saraiva, 2011, p. 55.

Procedimentos autorizadores de uma atividade profissional não qualificam o fato como jurídico. Lourival Vilanova elucida que, *sem norma, um fato não adquire qualificação de fato jurídico*. E no caso específico dos procedimentos médicos, nem mesmo a aplicação das fontes secundárias está ocorrendo por parte do estado juiz, uma vez que são autorizadas e aceitas de forma extrajudicial.[222]

A Resolução nº 2.320 de 2022 justifica a intervenção médica com base nas seguintes *premissas*:[223]

> a) seria uma garantia do direito fundamental à saúde, considerando a "infertilidade" como patologia, e o anseio humano em superá-la;
> b) o aumento das taxas de sobrevida e cura após os tratamentos das neoplasias malignas, possibilitando às pessoas acometidas um planejamento reprodutivo antes de intervenção com risco de levar à infertilidade;
> c) que a população está postergando a gestação e que existe diminuição da probabilidade de engravidarem com o avanço da idade; que o avanço do conhecimento científico já permite solucionar vários casos de problemas de reprodução humana;
> d) que o pleno do Supremo Tribunal Federal, na sessão de julgamento de 5 de maio de 2011, reconheceu e qualificou como entidade familiar a união estável homoafetiva;
> e) a necessidade de harmonizar o uso dessas técnicas com os princípios da ética médica;

Importante ressaltar que a consideração da decisão do STF, que qualificou como entidade familiar a união estável homoafetiva, já havia sido introduzida na anterior Resolução nº 2013/2013.

A partir daí a Resolução estabelece o que denomina de princípios gerais, identifica os sujeitos que podem se submeter às técnicas enquanto pacientes, estabelece os requisitos de composição e reponsabilidade do centro, clínica ou serviço que aplica a técnica, regula a doação de gametas ou embriões e suas condições, regula sobre a criopreservação

---

222 VILANOVA, Lourival. *Causalidade e relação no direito*. São Paulo: Revista dos Tribunais, 2000, p. 55.

223 CONSELHO FEDERAL DE MEDICINA. *Resolução nº 2320 de 2022*. Adota normas éticas para a utilização de técnicas de reprodução assistida –sempre em defesa do aperfeiçoamento das práticas e da observância aos princípios éticos e bioéticos que ajudam a trazer maior segurança e eficácia a tratamentos e procedimentos médicos, tornando-se o dispositivo deontológico a ser seguido pelos médicos brasileiros e revogando a Resolução CFM nº 2.294, publicada no Diário Oficial da União de 15 de junho de 2021, Seção I, p. 60. Disponível em: https://sistemas.cfm.org.br/normas/visualizar/resolucoes/BR/2022/2320. Acesso em: 31 jul. 2023.

dos gametas e embriões, dispõe sobre o DGPI – Diagnóstico Genético de Pré-Implantação do embrião, regula sobre a gestação de substituição (cessão de útero) e, por fim, sobre a reprodução assistida *post-mortem*.

O universo tratado pela Resolução, portanto, constitui-se na realidade da atividade médica no Brasil e engloba todas as questões importantes relativas à bioética que são tratadas por instrumentos normativos da espécie, a exemplo dos já analisados anteriormente, sugerindo que a prática possa produzir efeitos jurídicos de qualificação de filiação, pela vontade procriacional, sem considerar quaisquer dos paradigmas de categorização da filiação enumerados pelo nosso ordenamento jurídico.

O impacto e a repercussão na sociedade são tais, que tanto a doutrina brasileira como a estrangeira tratam as Resoluções do Conselho Federal do Brasil como se normas jurídicas fossem, assim como algumas decisões judiciais, reconhecem a realidade como posta e inevitável, acolhendo a vontade das partes que renunciam, o que legalmente seria irrenunciável, e alteram o elemento de qualificação da filiação pelo contrato. Que norma jurídica estaria incidindo para justificar a produção de efeitos jurídicos de acordo com a vontade das partes quando se está transigindo sobre direitos considerados indisponíveis e renúncia de deveres ?

É curioso também o lapso temporal de vigência entre as Resoluções no Brasil, coincidentes com o marco dos avanços da engenharia genética e com o crescimento de redes e agentes corporativos que favorecem a atividade profissional. Da primeira (1.358/1992) à segunda Resolução (1.957/2010) foram 18 anos, da segunda para a terceira (2.013/2013) três anos, da terceira para a quarta (2.121/2015) dois anos e da quarta para a quinta (2.168/2017) também dois anos, e desta para a penúltima (2.294/2021), foram quatro anos. Posteriormente, além de uma alteração na redação promovida pela Resolução nº 2.283/2020 sobre a inclusão de pacientes não apenas heterossexuais, mas também homoafetivos e transgêneros, afastando a chamada "liberdade de consciência" do médico, editou-se a última e vigente Resolução de nº 2.320 de 2022, que substitui as anteriores.

A cada avanço biotecnológico, novos preceitos inclusive morais são adotados pelas Resoluções. Na comparação entre as Resoluções pode se constatar que as modificações marcam o avanço da ciência no desenvolvimento científico com relação à engenharia genética e, embora tragam termos que expressam preocupação de ordem ética, os conteúdos expressos não atendem muitos preceitos ético-jurídicos.

A finalidade terapêutica para a utilização das técnicas também se revela muito anunciada, tomando-se por base a cura da infertilidade. Para fins de atendimento às demandas das uniões homoafetivas, o Conselho Federal de Medicina equipara *infertilidade* a *incompatibilidade*, quiçá adotando um sentido ampliado do conceito de saúde dado pela Organização Mundial de Saúde. Não há qualquer ponderação sobre as condições do exercício da autonomia por todos os sujeitos envolvidos, senão uma maxivalorização dos sujeitos pretendentes.

É a bioética principialista que está embasando todas essas possibilidades, sem o compromisso de análise sociológica.

A cada passo, as técnicas passam a ser mais facilitadas em seu acesso. A dispensa da finalidade terapêutica, mesmo para garantir eventual isonomia e combater a discriminação em razão de orientação sexual, abre precedente preocupante para que outras razões futuras possam ser perseguidas.

A participação de outra pessoa no processo de criação de projeto parental alheio traz grande complexidade e as Resoluções tentam simplificar, mediante a assunção de anuência e concordância entre as partes quanto aos efeitos jurídicos, como se tivesse a competência para revogar a norma jurídica, mesmo com relação a direitos indisponíveis, irrenunciáveis e, portanto, de ordem pública.

O impacto que tais Resoluções trazem e a ausência de norma jurídica, termina impelindo os julgadores a assim considerá-las sob o argumento malversado de conteúdo principiológico, que, na qualidade de norma jurídica, também autorizaria.

Sobre a *doação de gametas* e *gestação sub-rogada*, a resolução vigente trata da seguinte forma:

(continua)

RESOLUÇÃO Nº 2.320/2022
DOAÇÃO DE GAMETAS OU EMBRIÕES
Além da proibição do caráter lucrativo e não comercial, os doadores não devem conhecer a identidade dos receptores e vice-versa, exceto na doação de gametas para parentesco de até 4º (quarto) grau, de um dos receptores (primeiro grau – pais/filhos; segundo grau – avós/irmãos; terceiro grau – tios/sobrinhos; quarto grau – primos), desde que não incorra em consanguinidade.
A idade limite para a doação de gametas é de 37 anos para a mulher e de 45 anos para o homem, mas há exceções com relação ao limite de idade feminino, no caso de doação de óocitos e embriões previamente congelados, sendo a doação familiar, esclarecida a receptora quanto aos riscos.

(conclusão)

RESOLUÇÃO Nº 2.320/2022
DOAÇÃO DE GAMETAS OU EMBRIÕES
Será mantido, obrigatoriamente, sigilo sobre a identidade dos doadores de gametas e embriões, bem como dos receptores. Em situações especiais, informações sobre os doadores, por motivação médica, podem ser fornecidas exclusivamente para médicos, resguardando-se a identidade civil do(a) doador(a), com a ressalva do contido no primeiro item (item 2 do capítulo IV da Resolução)
As clínicas, centros ou serviços onde são feitas as doações devem manter, de forma permanente, um registro com dados clínicos de caráter geral, características fenotípicas e uma amostra de material celular dos doadores, de acordo com legislação vigente.
Na região de localização da unidade, o registro dos nascimentos evitará que um(a) doador(a) tenha produzido mais de dois nascimentos de crianças de sexos diferentes em uma área de 1 milhão de habitantes. Um(a) mesmo(a) doador(a) poderá contribuir com quantas gestações forem desejadas, desde que em uma mesma família receptora.
A escolha das doadoras de oócitos, na doação compartilhada (compartilhamento de material biológico e custos), é de responsabilidade do médico assistente. Dentro do possível, deverá garantir que a doadora tenha a maior semelhança fenotípica com a receptora, com a anuência desta.
Não será permitido aos médicos, funcionários e demais integrantes da equipe multidisciplinar das clínicas, unidades ou serviços participar como doadores nos programas de RA.
É permitida a doação voluntária de gametas, bem como a situação identificada como doação compartilhada de oócitos em RA, em que doadora e receptora, participando como portadoras de problemas de reprodução, compartilham tanto do material biológico quanto dos custos financeiros que envolvem o procedimento de RA.
A responsabilidade pela seleção dos doadores é exclusiva dos usuários quando da utilização de banco de gametas ou embriões.
Na eventualidade de embriões formados de doadores distintos, a transferência embrionária deverá ser realizada com embriões de uma única origem para a segurança da prole e rastreabilidade.

É importância a autonomia, no anonimato dos doadores e receptores como regra geral, porém traz a Resolução algumas possibilidades intrafamiliares. O que pretendeu o Conselho Federal de Medicina ao estabelecer a exceção "desde que não incorra em consanguinidade"? Seria a possibilidade de conhecimento entre doadores e receptores, apenas no parentesco socioafetivo? Porque na esfera da afinidade há também a possibilidade de consanguinidade na demanda de um casal.

A previsão geral visaria prevenir conflito quanto à paternidade e maternidade, na medida em que a doação quer contribuir com projeto parental alheio e o anonimato ajudaria na não identificação dos sujeitos e consequentes responsabilidades parentais. A nova exceção deixa dúvidas quanto a esse objetivo, demonstrando apenas uma preocupação biológica de proximidade genética talvez.

Haveria total configuração da distinção entre origem genética e estado de filiação com a segurança do anonimato, sendo o material genético algo que pode ser doado, sem comprometimento de qualquer dignidade do(a) doador(a). No contrato, não há, em tese, contato entre os sujeitos doadores e receptores, salvo se parentes forem.

A análise sobre a autonomia na constituição da filiação, dispensa a discussão sobre as nuances da criopreservação, que envolve também uma reflexão quanto à natureza jurídica do embrião.

Já quanto à gestação de substituição, continuam os preceitos anteriores, com a exigência apenas de que a gestante cedente já ter ao menos um filho vivo. Essa alteração pode ser indicativa de que na realidade social podem ter sido detectados problemas psicológicos para a gestante cedente e primípera, e conflitos positivos decorrentes de arrependimento. A exigência de possuir o seu próprio filho, ao mesmo tempo presume a exigência anterior de uma gestação e de seus efeitos.

(continua)

RESOLUÇÃO Nº 2.320/2022.
GESTAÇÃO DE SUBSTITUIÇÃO (CESSÃO TEMPORÁRIA DO ÚTERO)
As clínicas, centros ou serviços de reprodução assistida podem usar técnicas de RA para criarem a situação identificada como gestação de substituição, desde que exista uma condição que impeça ou contraindique a gestação.
A cedente temporária do útero deve ter ao menos um filho vivo e pertencer à família de um dos parceiros em parentesco consanguíneo até o quarto grau (primeiro grau – mãe/filha; segundo grau – avó/irmã; terceiro grau – tia/sobrinha; quarto grau – prima). Demais casos estão sujeitos à autorização do Conselho Regional de Medicina.
A cessão temporária do útero não poderá ter caráter lucrativo ou comercial, e a clínica de reprodução não pode intermediar a escolha da cedente.

(conclusão)

Nas clínicas de reprodução assistida, os seguintes documentos e observações deverão constar no prontuário da paciente: Termo de consentimento livre e esclarecido assinado pelos pacientes e pela cedente temporária do útero, contemplando aspectos biopsicossociais e riscos envolvidos no ciclo gravídico-puerperal, bem como aspectos legais da filiação; Relatório médico com o perfil psicológico, atestando adequação clínica e emocional de todos os envolvidos; Termo de Compromisso entre o(s) paciente(s) e a cedente temporária do útero (que receberá o embrião em seu útero), estabelecendo claramente a questão da filiação da criança; Compromisso, por parte do(s) paciente(s) contratante(s) de serviços de RA, de tratamento e acompanhamento médico, inclusive por equipes multidisciplinares, se necessário, à mãe que cederá temporariamente o útero, até o puerpério; Compromisso do registro civil da criança pelos pacientes (pai, mãe ou pais genéticos), devendo esta documentação ser providenciada durante a gravidez; Aprovação do cônjuge ou companheiro, apresentada por escrito se a cedente temporária do útero for casada ou viver em união estável.

DISPOSIÇÃO FINAL
Casos de exceção, não previstos nesta resolução, dependerão da autorização do Conselho Regional de Medicina da jurisdição e, em grau recursal, ao Conselho Federal de Medicina.

Quanto à indicação dos sujeitos, a técnica auxiliar só poderia ser utilizada diante de um problema médico que impeça ou contraindique a gestação da contratante, que preferencialmente deve ser também a doadora genética. Parte-se do pressuposto nessa previsão de que o óvulo é da pretendente e de que a transferência uterina seria uma *doação* temporária para a gestação. Significa que o óvulo não poderia ser de terceira doadora ou mesmo da cessionária?

O projeto individual para os homens – identificado como sendo para pessoas solteiras – também está nessa previsão, na medida em que somente nessas circunstâncias haveria a necessidade de um útero, sem que houvesse problemas de fertilidade. Porém, não está claro se o material genético feminino seria de uma terceira doadora ou mesmo da própria cedente.

E, por fim, está clara na Resolução a idéia de que a incompatibilidade reprodutiva entre pessoas do mesmo sexo seja tratada analogamente à infertilidade, sendo certo que a previsão é útil muito mais ao casal homossexual masculino.

Sobre a cedente, apenas a exigência relativa para que esteja na esfera do parentesco, tenha já um filho e que não possa receber vantagem remuneratória. Contudo, isso não se opera na prática, seja pelo comércio notório nas redes sociais, seja pela autorização de alguns conselhos regionais.

No termo de livre consentimento, a Resolução autoriza que os contratantes transijam sob aspectos legais da filiação, inclusive com a obrigatoriedade de que a filiação será da contratante. Isso porque o propósito do instrumento é a proteção da atividade médica e não das partes envolvidas na relação.

Gera-se também, pelo termo de compromisso, a obrigatoriedade dos contratantes com relação ao registro da criança, no intuito de tentar prevenir um conflito negativo entre as partes, ainda que se compreenda que não há qualquer força imperativa nesse comando.

Não existe nada que possa garantir minimamente o direito de arrependimento, seja pelos contratantes, seja pela cedente. Para os contratantes talvez apenas a "obrigatoriedade" do registro, negando-lhes o arrependimento.

Ainda que se pudesse prever o arrependimento da cedente, se ocorresse após o início da gestação, estaria também prejudicado pela ordem constitucional de proibição do aborto nessas circunstâncias. Se o arrependimento for posterior ao nascimento, poderá haver um conflito positivo que poderá ser levado ao Judiciário, como tantos exemplos já ocorridos no mundo, onde se definirá o critério da maternidade a ser adotado no caso concreto. Grande parte da doutrina se firma na hipótese de que a maternidade deverá ser considerada a quem revelou intenção no projeto parental, mas em que fundamento deverá se firmar o magistrado para essa solução, no Brasil? Qualquer que seja deve partir da conjectura de que a filiação pode ser transigida entre particulares em circunstâncias especiais, o que contraria comando legal.

Além da Resolução do Conselho Federal de Medicina, o Provimento nº 63/2017 do CNJ – Conselho Nacional de Justiça, absorvido nos dispositivos do Provimento de nº 149/2023, autoriza ao oficial de registro proceder com o registro civil em nome dos contratantes, na forma que estabelece o seu artigo 512. Que assim se expressa:

> Art. 512. O assento de nascimento de filho havido por técnicas de reprodução assistida será inscrito no Livro A, independentemente de prévia autorização judicial e observada a legislação em vigor no que for

pertinente, mediante o comparecimento de ambos os pais, munidos de documentação exigida por este provimento.

§1º Se os pais forem casados ou conviverem em união estável, poderá somente um deles comparecer ao ato de registro, desde que apresente a documentação referida no art. 17, III, deste provimento.

§2º No caso de filhos de casais homoafetivos, o assento de nascimento deverá ser adequado para que constem os nomes dos ascendentes, sem referência a distinção quanto à ascendência paterna ou materna.

Art. 513. Será indispensável, para fins de registro e de emissão da certidão de nascimento, a apresentação dos seguintes documentos:

I – declaração de nascido vivo (DNV);

II – declaração, com firma reconhecida, do diretor técnico da clínica, centro ou serviço de reprodução humana em que foi realizada a reprodução assistida, indicando que a criança foi gerada por reprodução assistida heteróloga, assim como o nome dos beneficiários;

III – certidão de casamento, certidão de conversão de união estável em casamento, escritura pública de união estável ou sentença em que foi reconhecida a união estável do casal.

§1º Na hipótese de gestação por substituição, não constará do registro o nome da parturiente informado na declaração de nascido vivo, devendo ser apresentado termo de compromisso firmado pela doadora temporária do útero, esclarecendo a questão da filiação;

§2º Nas hipóteses de reprodução assistida post mortem, além dos documentos elencados nos incisos do caput deste artigo, conforme o caso, deverá ser apresentado termo de autorização prévia específica do falecido ou falecida para uso do material biológico preservado, lavrado por instrumento público ou particular com firma reconhecida.

§3º O conhecimento da ascendência biológica não importará no reconhecimento do vínculo de parentesco e dos respectivos efeitos jurídicos entre o doador ou a doadora e o filho gerado por meio da reprodução assistida.

Art. 514. Será vedada aos oficiais registradores a recusa ao registro de nascimento e à emissão da respectiva certidão de filhos havidos por técnica de reprodução assistida, nos termos deste provimento.

§1º A recusa prevista no caput deverá ser comunicada ao juiz competente nos termos da legislação local, para as providências disciplinares cabíveis.

§2º Todos os documentos referidos no art. 17 deste provimento deverão permanecer arquivados no ofício em que foi lavrado o registro civil.

Art. 515. Os registradores, para os fins do presente provimento, deverão observar as normas legais referentes à gratuidade de atos.[224]

---

224 BRASIL. CONSELHO NACIONAL DE JUSTIÇA. Provimento nº 63/2017, disponível em: tos.cnj.jus.br/atos/detalhar/2525. Acesso em: 10 abr. 2021.

O §1º do art. 513 trata do registro de filhos provenientes da gestação sub-rogada, determinando o provimento que o registrador não considere o nome da parturiente como lhe determina a lei, conferindo total deferência ao termo de compromisso firmado pela cedente para o procedimento.

Há, inclusive, penalidade disciplinar para o registrador que se recusar a fazer o registro de nascimento nessas circunstâncias, bem como se recusar a emitir a certidão de nascimento em prol dos contratantes. A filiação será considerada tão somente com base no termo de consentimento entre as partes.

Sob as críticas já efetivadas, não há como não se reconhecer a ilegalidade e insegurança jurídica, com a total invasão da reserva legal pelos dois instrumentos.

No entanto, a reprodução humana assistida vem ocupando o seu espaço na jurisprudência brasileira. O julgamento do REsp. 2016/0160766-4, de maio de 2019, foi desprovido e envolve a utilização da gestação sub-rogada através da irmã de um dos parceiros de uma relação homoafetiva masculina. A gestante seria também a doadora do óvulo, que *renunciou ao poder familiar* em favor do projeto parental alheio. O recurso foi manejado pelo Ministério Público, que alegou a incompetência do juízo por entender tratar-se de hipótese que deveria ter sido tratada pela adoção principalmente pelo fato do gameta não haver sido doado por doadora anônima. De identidade reconhecida, a dona do material genético e gestante, por lei, poderia renunciar ao poder familiar que lhe é atribuído?[225]

---

[225] SUPERIOR TRIBUNAL DE JUSTIÇA. REsp. 2016/0160766-4. T3, julgado em 14.05.2019, disponível em: https://scon.stj.jus.br/SCON/GetInteiroTeorDoAcordao?num_registro=201601607664&dt_publicacao=21/05/2019. Acesso em: 22 abr. 2021.
EMENTA. RECURSO ESPECIAL. DIREITO DE FAMÍLIA. UNIÃO HOMOAFETIVA. REPRODUÇÃOASSISTIDA. DUPLA PATERNIDADE E OU ADOÇÃO UNILATERAL. DESLIGAMENTO DOS VÍNCULOS COM DOADOR DO MATERIAL FECUNDANTE. CONCEITO LEGAL DE PARENTESCO E *FILIAÇÃO*. PRECEDENTE DA SUPREMA CORTE ADMITINDO A MULTIPARENTALIDADE. EXTRAJUDICICIALIZAÇÃO DA EFETIVIDADE DO DIREITO DECLARADO PELO PRECEDENTE VINCULANTE DO STF ATENDIDO PELO CNJ. MELHOR INTERESSE DA CRIANÇA. POSSIBILIDADE DE REGISTRO SIMULTÂNEO DO PAI BIOLÓGICO E DO PAI SOCIOAFETIVO NO ASSENTO DE NASCIMENTO. CONCREÇÃO DO PRINCÍPIO DO MELHOR INTERESSE DA CRIANÇA. 1. Pretensão de inclusão de dupla paternidade em assento de nascimento de criança concebida mediante as técnicas de reprodução assistida sem a destituição de poder familiar reconhecido em favor do pai biológico. 2. "A adoção e a reprodução assistida heteróloga atribuem a condição de filho ao adotado e à criança resultante de técnica conceptiva heteróloga; porém, enquanto na adoção haverá o desligamento dos vínculos entre o adotado e seus parentes consanguíneos, na reprodução assistida heteróloga sequer será estabelecido o vínculo de parentesco entre a criança e o doador do material fecundante." (Enunciado n. 111 da Primeira Jornada de Direito Civil). 3. A doadora do material genético, no caso, não

Ao se tratar de reprodução humana assistida em um contexto de desigualdade social e econômica, está a se falar de acessibilidade a poucos e não a todos, quanto mais forem elaboradas e complexas as técnicas. Há um mercado próprio cujo lucro é o maior fator de incentivo a tais pesquisas. A publicidade da oferta do serviço é grande e dirigida a um público que detém poder econômico.

Em uma pesquisa empírica nos sites de clínicas que ofertam os serviços de reprodução humana, Froener e Catalan constataram o seguinte:

> Do universo de 67 depoimentos publicados nos sites, é possível encontrar vários termos que se repetem, demonstrando percepções e temas recorrentes. A palavra "sonho" é repetida em 38 depoimentos; "Deus" em 28; "alegria" em 14; "sucesso" em 8; "felicidade" em 9; "milagre" em 3 depoimentos e a palavra "anjo" noutros 7 depoimentos. Parece difícil não notar que assim como as fotos dos bebês produzidos pelas clínicas, a exposição dos depoimentos dos pacientes tem por objetivo fins manifestamente mercadológicos. [226]

Dessa forma, tudo conflui para o atendimento daqueles que alimentam o "sonho" da paternidade ou maternidade, sonho este que antes dos avanços biotecnológicos parecia ser inatingível quando presente a infertilidade. Qualquer sacrifício vale e principalmente para quem pode pagar.

---

estabeleceu qualquer vínculo com a criança, tendo expressamente renunciado ao poder familiar. 4. Inocorrência de hipótese de adoção, pois não se pretende o desligamento do vínculo com o pai biológico, que reconheceu a paternidade no registro civil de nascimento da criança. 5. A reprodução assistida e a paternidade *socioafetiva* constituem nova base fática para incidência do preceito "ou outra origem" do art. 1.593 do Código Civil. 6. Os conceitos legais de parentesco e *filiação* exigem uma nova interpretação, atualizada à nova dinâmica social, para atendimento do princípio fundamental de preservação do melhor interesse da criança. 7. O Supremo Tribunal Federal, no julgamento RE 898.060/SC, enfrentou, em sede de repercussão geral, os efeitos da paternidade *socioafetiva*, declarada ou não em registro, permitindo implicitamente o reconhecimento do vínculo de *filiação* concomitante baseada na origem biológica. 8. O Conselho Nacional de Justiça, mediante o Provimento n. 63, de novembro de 2017, alinhado ao precedente vinculante da Suprema Corte, estabeleceu previsões normativas que tornariam desnecessário o presente litígio. 9. Reconhecimento expresso pelo acórdão recorrido de que o melhor interesse da criança foi assegurado. 10. RECURSO ESPECIAL DESPROVIDO. *Acórdão* RECURSO ESPECIAL 2016/0160766-4 *Relator* Ministro PAULO DE TARSO SANSEVERINO (1144) T3 – TERCEIRA TURMA. *Data do Julgamento:* 14.05.2019.

226 FROENER, Carla; CATALAN, Marcos. *A reprodução humana assistida na sociedade de consumo*. Indaiatuba: Foco, 2020, p. 105.

3.8 Reprodução humana como fato jurídico

Há que se inferir a necessidade de recategorização da filiação no direito brasileiro, na ideia de que tal costume será irreversível. É importante fixar as condições especiais do exercício dessa autonomia quando da utilização das técnicas de reprodução humana.

Já foi referido que, na hipótese de monoparentalidade voluntária a ser exercida pela mulher, o suporte fático permanece com o evento do nascimento, com atribuição da maternidade à gestante, ainda que esta tenha recebido também material genético de doadora anônima.

Tanto na monoparentalidade voluntária para o homem ou para o casal homoafetivo masculino como para o casal heterossexual que prova a impossibilidade médica da gestação pela pretendente, será necessário o enfrentamento com relação à técnica de gestação sub-rogada.

Assim, apenas para articular o entendimento desenhado quanto aos suportes fáticos da filiação, quando esta é decorrente de evento (nascimento) proveniente de reprodução humana natural, independerá de conduta volitiva, na seguinte forma:

(A) Na reprodução humana natural

a.1. A paternidade biológica (necessariamente genética) é atribuída pelo reconhecimento voluntário ou compulsório (judicial) com base na investigação pericial do DNA, tenha ou não havido intenção (conduta volitiva) no projeto parental;

a.2. A maternidade identificada pela prenhez e pelo parto (consanguínea e genética), atribuída à gestante, independentemente do elemento intencional (conduta volitiva) do projeto parental;

Quando é proveniente da busca de assistência médica à reprodução, a depender do estágio utilizado, a conduta volitiva para o projeto parental seria inafastável.

(B) Na reprodução humana assistida com projeto parental

b.1 A paternidade biológica/genética do marido ou companheiro: uso do material genético do casal e gestação da esposa, que teria maternidade genética e consanguínea:

b.2 A paternidade biológica/genética do marido ou companheiro: uso do material genético do marido com material genético de doadora anônima (óvulo) e gestação da esposa, que teria a maternidade biológica consanguínea;

b.3. A paternidade socioafetiva do marido/companheiro: uso consentido de material genético de doador anônimo (sêmen) com o material de sua esposa/companheira, e gestação da esposa, que teria a maternidade biológica genética e consanguínea;

b.4. A paternidade socioafetiva do marido/companheiro, pelo uso consentido de material genético de doador anônimo (sêmen) e utilização de material genético de doadora anônima (óvulo), e gestação da esposa, que teria maternidade consanguínea;

b.5. A maternidade biológica genética e consanguínea da mulher solteira, que recebe doação anônima de sêmen;

b.6. A maternidade biológica consanguínea da mulher que recebe doação de óvulo e de sêmen.

A gestação sub-rogada foge da incidência normativa positiva por haver norma determinante e cogente da maternidade configurada na gestação e envolve terceira pessoa não anônima na relação, que assume biologicamente uma função gestacional, sem que a lei lhe atribua a maternidade. É fato jurídico existente, porém desprovido de validade, uma vez que o contrato vai de encontro à norma jurídica cogente, podendo ser fulminado pela nulidade, e teria uma eficácia apenas social.[227]

Para que venha a ser legalizada, seja gratuita ou onerosamente, será necessário admitir que o poder familiar possa ser renunciado pela gestante e transferido a particular que apresente conduta volitiva de paternidade/maternidade.

Nessas condições, o precedente estaria aberto para tantas outras configurações entre particulares.

É importante ressaltar, mais uma vez, que o costume e a naturalização atribuídos à prática da técnica no Brasil, ainda que sem a reflexão de contexto proposta, tendem a ser uma realidade legal brasileira. E, se assim for concretizado, menos risco causará se forem estabelecidos parâmetros que garantam a não onerosidade, a parentalidade entre as partes e a autorização judicial do instrumento antes do início do procedimento, que assegure não esteja o contrato viciado em seu consentimento, além do cumprimento dos requisitos legais.

Essa maternidade "social", não obstante calcada nas mais nobres intenções solidárias invocadas, abre vasto campo de discussão na ciência do Direito, na medida em que a mulher gestante passa a ser um meio e não um fim em si mesma. Assim, o propósito dessa gestação residiria na solidariedade para viabilizar o projeto parental de terceiros, mas comprometendo bens jurídicos superiores, como a própria vida e/ou saúde da gestante.

---

227 LÔBO, Paulo. *Direito Civil*. Parte Geral. Vol. 1, 2019, p. 255.

CAPÍTULO IV

AUTONOMIA NA FILIAÇÃO SOCIOAFETIVA – VALORIZAÇÃO DA CONVIVÊNCIA FAMILIAR

Com o mesmo propósito de análise da autonomia parental, para além do critério biológico recortado por meio da *doação de gametas* e *gestação sub-rogada*, é importante ressaltar que a convivência familiar é fato jurídico revelador do parentesco da filiação, tenha ou não o elemento volitivo presente, o que se pretende agora analisar.

4.1 As dimensões do critério socioafetivo

A socioafetividade na esfera familiar vem sendo trabalhada de forma muito restrita. Normalmente é invocada para a configuração e efeitos de um estado de filiação. No entanto, ela poderá ser estendida a outras esferas parentais, máxime em razão de decorrer da própria solidariedade familiar. Haveria, portanto, várias dimensões a serem trabalhadas. Será importante a análise do exercício da autonomia para (des)constituir estado de filiação que independe de origem biológica.

As características de uma sociedade complexa não se limitam aos avanços biotecnológicos que interferem na qualificação das relações sociais. A mutabilidade dos relacionamentos também passou a justificar uma crescente importância conferida à afetividade, aqui entendida com um sentido próprio para o direito. Ela deverá estar sempre exteriorizada a partir de condutas que revelem uma convivência pautada no cuidado, trato e reponsabilidade entre os sujeitos.

Dessa forma, ao lado de tantas transformações que poderiam levar a alterar as concepções biológicas mencionadas, houve certo decréscimo da relevância que um dia já foi concedida aos elos biológicos ou registrais.[228]

Essa visão de pessoa e de subjetividade nem sempre esteve presente na história como se delineou no primeiro capítulo.

Para Eduardo Leite, o século XVIII inaugura, na história da humanidade, a possibilidade de um maior espaço para o amor, na busca da satisfação pessoal e realização íntima, ainda que de forma tímida, gerando uma nova concepção de casamento.[229]

Foi na metade do século XX que se viu triunfar o sentimento, com a libertação da pressão do meio social, da família e da comunidade, restringindo-se o nível de relacionamento entre pai, mãe e filhos e o consequente aumento dos laços afetivos.[230]

Calderón reconhece que a evolução da afetividade a levou ao centro das relações familiares enquanto vetor determinante de tais relações. A sociedade passou a dotar gradativamente o aspecto afetivo como suficiente e relevante nas escolhas pessoais.[231]

Não demorou muito para que a doutrina brasileira passasse a enxergar a importância e por vezes a predominância desse critério sobre o vínculo biológico, passando a não mais reconhecer apenas neste, a determinação da filiação.

Para Paulo Lôbo, a afetividade se firma como Princípio, com fundamento constitucional. Assim, não se trata apenas de questão subjetiva, ligada ao sentimento que une às pessoas, mas resolve-se imperativamente em nosso ordenamento jurídico, não podendo ser vista apenas como fato exclusivamente sociológico ou psicológico. O autor identifica na Constituição Federal de 1988 elementos essenciais do referido princípio nos artigos 226, §4º, e 227, §§5º e 6º, conforme disposto a seguir.[232]

> a) todos os filhos são iguais, independentemente de sua origem (art. 227, §6º);
> b) a adoção, como escolha afetiva, alçou-se integralmente ao plano da igualdade de direitos (art. 227, §§5º e 6º);

---

228 CALDERÓN, Ricardo Lucas. *Princípio da afetividade no direito de família*. Rio de Janeiro: Renovar, 2013, p. 31.

229 LEITE, Eduardo de Oliveira. *Tratado de Direito de Família:* Origem e Evolução do Casamento. Curitiba: Juruá, 1991, p. 277.

230 LEITE, Eduardo de Oliveira, *cit.*, p. 338.

231 CALDERÓN, Ricardo Lucas, *cit.*, p. 205.

232 LÔBO, Paulo. O princípio jurídico da afetividade na filiação. Disponível em: http://jus.com.br/artigos/527/principio-juridico-da-afetividade-na-filiacao. Acesso em: 29 jun. 2015.

c) a comunidade formada por qualquer dos pais e seus descendentes, incluindo-se os adotivos, tem a mesma dignidade de família constitucionalmente protegida (art. 226, §4º).

Nos conflitos positivos de filiação, há sempre a busca de maior valorização de um dos critérios, quais sejam, o biológico ou o socioafetivo. A maioria dos conflitos judiciais está voltada para a confirmação da paternidade, em que pese a maternidade poder vir a ser igualmente investigada.

João Baptista Villela nos anos 90 já ressaltava o fortalecimento dos vínculos socioafetivos como determinadores da parentalidade:

> Se o fundamento capital da paternidade é de natureza afetiva e não biológica, torna-se imperioso abrir maior espaço, entre nós, à posse do estado de filho, cujo papel no direito de família não pode ficar limitado ao âmbito da prova, senão que deve alcançar a própria constituição do *status familiae*.
>
> [...]
>
> Na medida, pois, que a paternidade se constitui pelo fato, é fácil perceber que a posse do estado de filho pode entrar em conflito com a presunção *pater is est*. Igualmente o podem outras situações que não resultam da norma, mas de comportamentos concretos.[233]

Fabíola Lôbo critica a timidez de nossa legislação civil quanto ao estabelecimento dos parâmetros da chamada posse de estado de filiação, trazendo à baila o modelo francês,[234] que detalha as condições de qualificação da filiação socioafetiva de forma mais ampla e detalhada,

---

233 VILLELA, João Baptista. O modelo constitucional da filiação: verdade & superstições. *Revista Brasileira de Direito de Família*, ano I, n. 2, p. 132, jul./set. 1999.

234 FRANÇA. Code Civil. Disponível em: http://www.legifrance.gouv.fr/affichCode.do;jsessionid=8ECC7750 579D9581D3BCE8CAB22DD96A.tpdila23v_3?idSectionTA=LEGISCTA000006150014&cidTexte=LEGITEXT000006070721&dateTexte=20150519. Acesso em: 22 jan. 2016.
Article 311-1 La possession d'état s'établit par une réunion suffisante de faits qui révèlent le lien de filiation et de parenté entre une personne et la famille à laquelle elle est dite appartenir. Les principaux de ces faits sont : 1º Que cette personne a été traitée par celui ou ceux dont on la dit issue comme leur enfant et qu'elle-même les a traités comme son ou ses parents ; 2º Que ceux-ci ont, en cette qualité, pourvu à son éducation, à son entretien ou à son installation ; 3º Que cette personne est reconnue comme leur enfant, dans la société et par la famille ; 4º Qu'elle est considérée comme telle par l'autorité publique; 5º Qu'elle porte le nom de celui ou ceux dont on la dit issue. Acesso em: 19 maio 2015.

por meio de uma reunião de fatos, como o nome, o tratamento, a continuidade, a notoriedade e o reconhecimento da autoridade pública.[235]

Para a autora, a denominada *adoção à brasileira* entre nós brasileiros, tida por nosso sistema como um tipo criminal, deve ser reconhecida sob o viés da filiação se presentes os elementos da posse de estado de filho, sendo necessário desconstruir a ideia da "ilegalidade" para lhe reconhecer verdade se essa for a hipótese que atender ao melhor interesse da criança.

Dentre as ações judiciais que mobilizam o estado de filiação, poder-se-ia destacar: a investigatória de paternidade/maternidade, a negatória de paternidade/maternidade, a declaratória de reconhecimento de filiação socioafetiva e a impugnação ao reconhecimento da filiação registral, sendo esta última de legitimidade exclusiva do filho.

Nessas legitimações às ações de estado de filiação, importante identificar algumas posturas controversas do Superior Tribunal de Justiça, que prevê diferença de tratamento se a desconstituição do estado de filiação registral for requerida pelo ascendente ou for requerida pelo descendente. Nesse sentido, Paulo Lôbo, registrando crítica, apontou:

> ... no STJ, algumas decisões mitigaram o alcance desse entendimento, ainda que fazendo ressaltar a igualdade jurídica das parentalidades biológicas e socioafetivas, em circunstâncias determinadas. Assim, entendeu-se que a parentalidade socioafetiva prevaleceria contra o pai ou a mãe que pretendesse desfaze-la. Mas não contra o filho, pois este poderia fazer prevalecer a parentalidade biológica, dado que não teria manifestado a sua vontade para aquela.[236]

Em uma pesquisa qualiquantitativa sobre a bipolarização entre o reconhecimento da paternidade socioafetiva e/ou biológica nos Tribunais, Tassinare identificou, entre os anos de 2003 e 2006 e de 2010 e 2013, diferenças regionais de tratamento na amostra entre os Tribunais do Rio de Janeiro e do Rio Grande do Sul e, na amostra do Superior Tribunal de Justiça, foi possível identificar *o privilégio da realidade socioafetiva sobre a realidade do vínculo biológico. Em 76% das decisões houve reconhecimento e/*

---

[235] LÔBO, Fabíola Albuquerque. *Adoção à Brasileira e a verdade real do registro* civil, disponível em: http://www.ibdfam.org.br/publicacoes/anais/detalhes/714/V%20Congresso%20Brasileiro%20de%20Direito%20de%20Fam%C3%ADlia. Acesso em: 19 maio 2015.

[236] LÔBO, Paulo. *Direito Civil*: Famílias, 2019, p. 233.

ou preservação do vínculo socioafetivo frente ao vínculo biológico. Em sentido oposto, apenas 23% reconheceram a preponderância do vínculo biológico.[237]

Aqui se defende não haver em tese qualquer preponderância de um critério sobre outro, podendo ambos se constituírem como verdade jurídica para a origem do registro. Note-se que os conflitos são em sua maioria pautados na binariedade da filiação e por isso as controvérsias doutrinárias e jurisprudenciais apontadas sobre a prevalência ou não de um sobre o outro. Ao admitir a multiparentalidade, que será analisada oportunamente, o Supremo Tribunal Federal pode ter colocado um fim a essa disputa positiva.[238]

Não havendo hierarquia entre os critérios, será o caso concreto que determinará a exclusão de um para a prevalência de outro ou mesmo a inclusão de mais um.

Paulo Lôbo elenca também requisitos para o estabelecimento da filiação socioafetiva em sentido estrito, quais sejam: a) o comportamento social típico de pais e filhos (nome, trato e fama); b) a convivência familiar duradoura; e c) a relação de afetividade familiar.[239]

A classificação da filiação socioafetiva na atualidade se dá segundo doutrina majoritária na análise da lei e provimentos da seguinte forma: adoção, pela posse de estado de filiação, pela adoção à brasileira, reconhecimento extrajudicial e quando decorrente da inseminação heteróloga.

De qualquer forma, exceto nas hipóteses da inseminação heteróloga e da adoção propriamente dita, que exigem prévia disposição e conhecimento dos interessados, para a qualificação da filiação socioafetiva, será necessária a prévia convivência e os requisitos elencados. Esses elementos também justificariam a manutenção do registro civil de uma paternidade/maternidade decorrente de uma adoção à brasileira, não obstante a falsidade do registro e o tipo criminal.

Há, portanto, duas dimensões para a qualificação da filiação socioafetiva: uma que decorre de conduta volitiva prévia e expressa (adoção, inseminação heteróloga e adoção à brasileira) e outra que decorre de conduta volitiva implícita na convivência familiar prévia (posse de estado de filiação).

---

[237] CARDOSO, Simone Tassinari. Notas sobre parentalidade biológica e socioafetiva: do direito civil moderno ao contemporâneo. *Civilistica.com*, Rio de Janeiro, ano 5, n. 1, 2016. Disponível em: http://civilistica.com/notas-sobre-parentalidade-biologica-e-socioafetiva/. Acesso em: 7 jan. 2021.

[238] LÔBO, Paulo. *Direito Civil*. Famílias, p. 239.

[239] LÔBO, Paulo. *Direito Civil*. Famílias, p. 231.

Não apenas judicialmente a filiação socioafetiva poderia vir a ser reconhecida com todos os efeitos, como também extrajudicialmente, exceto a *adoção à brasileira* pela sua expressa proibição legal. Esse foi o entendimento do Provimento nº 83/2019, que alterou o Provimento nº 63/2017 no tocante ao reconhecimento da filiação socioafetiva.

Importante registrar, mais uma vez, o vício de origem formal através do provimento para o tratamento sobre a filiação civil, cuja competência seria do legislador, mediante lei federal.

O Provimento nº 83/2019, sob o argumento de aperfeiçoamento das atividades de serviços notariais e de registro, tentou minimizar os riscos que poderiam advir para a criança e o adolescente ao recomendar a ouvida do Ministério Público quando se tratar de reconhecimento extrajudicial de menor entre 12 e 18 anos. Algo não previsto no provimento anterior alterado, o que foi mantido no Provimento nº 149/2023.

O estabelecimento da idade piso foi importante em analogia ao que estabelece o Estatuto da Criança e do Adolescente para a sua ouvida e consentimento. Ainda assim, o CNJ invoca o art. 1634, VII, do CCB para a realização do registro por intermédio dos pais. A primeira indagação seria: caso a criança não consinta, prevalecerá a vontade dos pais?

O provimento delega ao registrador a aferição dos elementos de socioafetividade através de uma série de documentos que são exemplificados, mas não os condiciona para que o oficial venha a registrar. Este deverá também informar como apurou o vínculo. Felizmente o registro apenas poderá ocorrer após parecer do Ministério Público.

Destina-se também ao reconhecimento de apenas um parente socioafetivo, seja do lado paterno ou do lado materno. A hipótese de inclusão de mais de um deverá se fazer por via judicial.

Importante distinguir a conduta volitiva declaratória prevista no Provimento 83/2019 do CNJ, da chamada *adoção à brasileira*. No primeiro haveria a verdade na declaração de convivência e dos elementos da afetividade para que se promova o registro, mas no segundo há falsidade porque a declaração do requerente é de que o filho é biologicamente seu, sem o ser.

A vigência do Provimento de certa forma esvaziará a chamada adoção unilateral, utilizada quando o padrasto ou madrasta deseja adotar o seu enteado. Essa hipótese prevista no ECA, inclusive dispensa-o de prévio cadastro em razão dos laços de conjugalidade entre o pai/mãe biológicos ou registrais e o pretendente padrasto ou madrasta.

Outra indagação que pode gerar controvérsia é se, ao restringir o registro voluntário para apenas um pretendente socioafetivo, se buscou preencher um espaço registral vazio ou poder-se-ia admitir aí a multiparentalidade. O §1º do art. 510 do provimento nº 149/2023 assim se expressa: *somente é permitida a inclusão de um ascendente socioafetivo, seja do lado paterno ou materno*. Além disso, e continuando, prevê o §2º do mesmo artigo: *a inclusão de mais de um ascendente socioafetivo deverá tramitar pela via judicial*.

A restrição de apenas um reconhecimento está atrelada à adjetivação de "socioafetivo". Então, se há prévio registro de ambos os pais, sendo um biológico e o outro socioafetivo (adoção ou reconhecimento), seria possível a inclusão de mais um ascendente socioafetivo? Porque a inclusão do pai biológico decorreu do caso que gerou a tese da multiparentalidade.

É importante mais uma vez ressaltar a distinção entre o estado de filiação e o reconhecimento da origem genética. Este *seria um direito de personalidade de que toda pessoa humana é titular, na espécie direito à vida para as necessárias intervenções de medidas preventivas de saúde, além de integrar o núcleo da identidade pessoal*.[240]

A construção foi adotada legalmente inclusive no Estatuto da Criança e do Adolescente, em seu art. 48, ao estabelecer que o adotado tem direito de conhecer sua origem biológica, bem como de obter acesso irrestrito ao processo no qual a medida foi aplicada e seus eventuais incidentes, após completar 18 (dezoito) anos.

Assim, o conhecimento da origem genética não possui o condão de desconstituir o vínculo socioafetivo caracterizado pela convivência familiar.

Para além da filiação, a chamada família recomposta vem cumprindo um importante papel na convivência familiar e cuidados com relação à criança. Aos padrastos e madrastas não se pode atribuir uma paternidade/maternidade socioafetiva apenas pela condição ou durabilidade do vínculo, e mesmo pelo cuidado e afeto que possam ter sobre o seu enteado. Seria necessário verdadeira posse de estado de filiação.

A Previsão legal que valoriza esse vínculo de convivência é a contida no art. 57, §8º, da Lei nº 6.015/73, que assim dispõe: o enteado ou a enteada, havendo motivo ponderável e na forma dos §§2º e 7º deste artigo, poderá requerer ao juiz competente que, no registro de nascimento, seja averbado o nome de família de seu padrasto ou de sua madrasta, desde que haja expressa concordância destes, sem prejuízo de seus apelidos de família.

---

240 LÔBO, Paulo. *Direito Civil*. Famílias, 2019, p. 234.

Os parentes afins em linha reta, assim delineados, cumprem também com uma função auxiliar ao poder familiar dos pais, não resultando tal relação na necessidade de configuração de filiação pela posse. [241]

Assim, em atendimento ao interesse da criança e do adolescente e com base na doutrina de proteção integral desta, a responsabilidade parental vai além do núcleo paterno ou materno-filial. Poder-se-ia inferir até que a *multiparentalidade* não estaria na alteração do *status* de filiação, mas no compartilhamento das funções convivenciais e consequentemente de responsabilidade parentais, mas não geraria direito sucessório. Nem mesmo o fato de haver acrescentado o nome registral configuraria estado de filiação.

4.2 Convivência como fato jurídico

O fato social da convivência familiar pode ou não exigir o elemento intencional *ab initio* do projeto parental. A conduta reiterada dos deveres decorrentes de um exercício da paternidade ou maternidade, poderá trazer a incidência do vínculo parental da filiação e a busca pela formalização registral do vínculo, através do qual se permitirá a produção dos efeitos decorrentes.

A convivência familiar é hipótese fática que possui previsão normativa em sua valoração e consequências, na medida em que poderá constituir estado de filiação e responsabilidade decorrentes.

A depender do tipo filial socioafetivo, a norma terá incidência positiva gerando a sua licitude ou negativa, gerando a sua ilicitude.[242]

Dentre as formas apresentadas, a posse de estado de filiação é ato-fato jurídico, pois decorre de um comportamento reiterado e pautado pelos elementos caracterizadores da relação filial, por meio da convivência familiar. Independe de conduta volitiva expressa.[243]

Já a adoção e a inseminação heteróloga são atos jurídicos em sentido estrito, pois ambos exigem condutas essenciais à sua constituição (o requerimento e o consentimento). A conduta praticada para a adoção à brasileira também ingressa no mundo dos fatos jurídicos, sendo um

---

[241] LÔBO, Paulo. Direito Civil. *Famílias*, p. 244.

[242] MELLO, Marcos Bernardes *apud* LÔBO, Paulo. *Direito Civil*. Parte Geral, 2019, p. 251.

[243] LÔBO, Paulo. *Direito Civil*. Parte Geral, 2019, p. 261.

ato jurídico em sentido estrito, porém ilícito porque em desacordo com lei proibitiva.[244]

4.2.1 Paternidade/maternidade na lei – adoção e presunções jurídicas

4.2.1.1 Adoção

A adoção é ato solene pelo qual se cria entre o adotante e o adotado relação fictícia de paternidade/maternidade e filiação. É proveniente de uma conduta volitiva expressa *ab initio* à convivência.

A partir do Código Civil de 1916, a adoção foi cercada de muitas condições a serem seguidas, com consequências rigorosas, tais como: *ter o adotante mais de cinquenta anos que não tivessem prole legítima ou legitimada; haver a diferença de idade de 18 anos entre os sujeitos da relação; apenas o casal poderia adotar.*

Os requisitos eram exigidos sob pena de nulidade e mesmo na hipótese de a adoção haver se concretizado; se houvesse prova de que no momento da adoção já havia a concepção de um filho legítimo, aquela seria nula.[245]

Observa-se então uma autonomia inteiramente relativizada dos pretendentes, já que teriam que atender aos requisitos. Além disso, parece bem claro o caráter supletivo que a ficção tinha, na medida em que se justificava apenas para pessoas que não haviam tido os seus próprios filhos naturais.

O seu efeito apenas se operava entre o adotante e o adotado, não se estendendo aos parentes um do outro. Em que pese gerar direitos de alimentos e sucessórios, não havia igualdade no tratamento, tanto assim que a herança caberia à razão da metade do que receberia o filho natural superveniente. Mantinha-se de alguma forma o parentesco com os pais de origem, na medida em que o artigo 1.609 do referido diploma legal previa que, na hipótese de falecimento do filho adotado, sem que houvesse descendente, o adotante só viria a herdar na ausência dos pais de origem.[246]

---

[244] MIRANDA DE MIRANDA, Francisco *apud* LÔBO, Paulo. *Direito Civil*. Parte Geral, 2019, p. 258.

[245] PONTES DE MIRANDA, Francisco. *Tratado de direito de família*. Volume III, Parentesco. São Paulo: Max Limonad, 1947, p. 181.

[246] BRASIL. Código Civil de 1916, disponível em http://www.planalto.gov.br/ccivil_03/leis/l3071.htm, acesso em: 14 ago. 2021.

Em um contexto liberal, a intervenção do Estado era mínima, de forma que as partes teriam autonomia na elaboração de uma escritura pública, assim como de sua eventual revogação.

No Brasil, a adoção plena, que estendia os laços do adotado aos familiares do adotante, apenas veio a se concretizar por meio da Lei nº 4.655/1965 – lei de legitimação adotiva, que foi posteriormente consolidada pelo princípio de igualdade total na filiação, pela Constituinte de 1988.[247]

A Constituição Federal de 1988, em seu artigo 227, §6º, inaugurou nova fase estabelecendo a igualdade na filiação e proibindo designações discriminatórias. Além disso, preceituou a adoção como plena para a criança e o adolescente, apagando o parentesco de origem no momento da adoção em caráter irrevogável.

Essa mudança de perspectiva no Brasil fortalece o vínculo de filiação socioafetiva, abolindo-se a ideia de busca da verdade real para a prova da filiação biológica em caráter exclusivo para o estabelecimento do estado de filiação.

Pressionado pela ordem mundial refletida nas diversas convenções em que o Brasil é signatário, como a Convenção sobre os Direitos da Criança (1990), a Convenção Interamericana sobre Conflito de Leis em Matéria de Adoção Internacional (1984) e a Convenção relativa à Proteção das Crianças e a Cooperação em Matéria de Adoção Internacional (1993), o Brasil internalizou a matéria dentro desses novos parâmetros.

O Estatuto da Criança e Adolescente – Lei nº 8.969/90 passou a regulamentar os critérios formais para a adoção plena, com a implementação de uma rede cadastral para o controle das crianças que, estando em situação de risco, poderiam estar sujeitas a serem adotadas. O cadastramento também se estabeleceu para os pretendentes à adoção, submetendo-os a serem avaliados por equipe do Estado enquanto aptos para a adoção.

Até o advento do Código Civil Brasileiro de 2002, havia no Brasil dois sistemas definidos para a adoção, com previsão de jurisdições competentes distintas: a adoção simples ainda prevista no Código Civil de 1916 e a adoção plena corroborada pelo Estatuto da Criança e Adolescente.

Dessa forma, o Estatuto da Criança e do Adolescente – ECA dispôs então sobre os requisitos da adoção de crianças e adolescentes, cujo processo judicial é de competência da Vara da Infância e Juventude,

---

247 LÔBO, Paulo. *Direito Civil*. Famílias. São Paulo: Saraiva, 2015, p. 251.

enquanto a legislação civil então vigente desde 1916 ainda admitia a adoção *simples*, por meio de escritura pública revogável apenas para as pessoas maiores de 18 anos.

Com isso, o Estado passa a intervir diretamente no atendimento do interesse da criança e do adolescente e não dos adotantes. Pode-se dizer que a substancial mudança de foco foi de "dar filhos a quem não pôde tê-los" para "dar família a quem não pôde tê-las".

Ao lado desse novo propósito, criou-se uma verdadeira política de incentivo à adoção em razão do grande percentual de crianças e adolescentes dependentes do Estado para a sua criação e sustento. Programas de apadrinhamento/amadrinhamento e o favorecimento ao reconhecimento voluntário pelo pai foram criados como mecanismos de busca para a proteção integral da criança junto à sociedade.

Por fim, foi o Código Civil de 2002 que unificou a adoção como plena, extinguindo a adoção simples, de forma a tornar toda e qualquer adoção irrevogável e com expresso efeito de rompimento com o parentesco de origem, salvo para fins de impedimentos matrimoniais.

A esse respeito Paulo Lôbo se posiciona no sentido de que essa condição de filho jamais poderá ser impugnada pelo pai ou mãe que o adotaram, e nem o filho poderá impugnar a nova paternidade ou maternidade, pela inaplicabilidade do disposto no artigo 1.614 do CCB/2002.[248]

Para o autor, após a Constituição Federal de 1988, não há mais filho adotivo, mas simplesmente filho, abolindo-se a adjetivação. O autor reconhece a natureza cultural da filiação e define a adoção como ato jurídico em sentido estrito de natureza complexa, pois depende de decisão judicial para produzir seus efeitos.[249]

Importante pontuar razões utilitárias para a adoção, que se desenvolveu no Brasil não com o propósito de valorização da socioafetividade, mas sim como política de atendimento a uma necessidade social, decorrente de fatores e vicissitudes em que o Estado se quedou incompetente para solucionar. Há que se reconhecer, portanto, duas faces: uma de interesse público e outra de interesse privado, embora ambos os interesses reclamem uma ordem pública por destinarem-se à proteção da criança.

---

[248] LÔBO, Paulo. *Direito Civil*. Famílias. São Paulo: Saraiva, 2015. p. 248

[249] LÔBO, Paulo. *Direito Civil*. Famílias. São Paulo: Saraiva, 2015. p. 249.

A estratégia do Estado brasileiro com a adoção visa minimizar os efeitos das desigualdades sociais decorrentes de um desenvolvimento socioeconômico precário.

A taxa de mortalidade infantil é um indicador clássico que reflete as condições de desenvolvimento socioeconômico e infraestrutura ambiental, assim como o acesso e a qualidade dos recursos disponíveis para atenção à saúde materna e da população infantil.

Apesar do IBGE haver identificado uma diminuição em 8,6% na taxa de mortalidade infantil em 2003, no período entre 2000 e 2003, e de 60,2% entre 1980 e 2003, o Brasil ainda detém um alto índice de crianças abandonadas ou consideradas em situação de risco em sua família de origem, portanto sujeitas à adoção.[250]

O caráter de interesse público foi ressaltado pela legislação brasileira, retirando do particular a possibilidade de revogação e exigindo para a sua legitimação a intervenção do Estado por meio do processo de judicialização do instituto.

De um sistema híbrido que previa a adoção simples e a adoção plena, o Brasil passou a ter um sistema único, apenas com a previsão da adoção plena, estabelecendo as condições formais e materiais necessárias.

A ideia de priorizar a manutenção da criança ou adolescente em família de origem, estabelecendo-se o caráter excepcional da adoção, surgiu apenas com a Lei nº 12.010/2009, como forma de inibir o costume da negociação entre particulares (adoção à brasileira) e garantir o desenvolvimento da personalidade do indivíduo em caráter permanente no seio de uma família *substituta*.

A referida legislação inovou, principalmente ao realocar o instituto a um papel subsidiário e excepcional para a criança e o adolescente, que prioritariamente deve permanecer na sua família de origem, ainda que a família seja extensa.

A lei foi vista com maus olhos na medida em que os novos rigores poderiam e podem não priorizar o melhor interesse da criança. Contudo, abstratamente é possível compreender a mudança da perspectiva legislativa. Essa nova perspectiva pareceu buscar a valorização da parentalidade responsável na família de origem e não um desvirtuamento da filiação socioafetiva pela adoção. O grande problema recai em sua efetividade, já que o modelo legal requer uma estrutura que o Estado não detém.

---

[250] IBGE. *Instituto Brasileiro de Geografia e Estatística*. Disponível em: https://agenciadenoticias.ibge.gov.br/agencia-sala-de-imprensa/2013-agencia-de-noticias/releases/12863-asi-em-2003-expectativa-de-vida-do-brasileiro-subiu-para-713-anos. Acesso em: 19 jul. 2023.

Há uma forte cultura no Brasil de negociação entre particulares de crianças recém-nascidas ou por vir. Isso porque a preferência do adotante brasileiro é sobre recém-nascidos e a demora na operacionalização do cadastro, além de poder retardar, impossibilita o exercício dessa preferência. A prática de *adoção à brasileira*, não obstante sua tipicidade penal, vem obtendo valoração na teoria da filiação socioafetiva.

O fator ou condição em que se encontra a criança que está sujeita à adoção é o que define o nosso sistema como irrevogável. Situações de total orfandade, ausência e destituição do poder familiar justificam a ficção da adoção.

A partir daí, poder-se-ia concluir que a adoção visa, primordialmente, a garantia de uma família para a criança e não a garantia do desenvolvimento de um projeto parental aos pretendentes. Seria um pacto entre o Estado e a sociedade (o particular), onde a criança e o são os principais beneficiários.

Por essa razão, o nosso sistema passou a ser mais rigoroso em não admitir a denominada adoção *intuito personae*, não ficando a cargo do adotante a escolha de quem pretende adotar e a forma de estabelecimento dessa filiação.

A adoção *intuito personae* se caracteriza por uma maior autonomia dos pais de origem na escolha dos adotantes e na entrega de seu filho em adoção. Seria uma adoção consensual e que de fato se enraizou em nosso comportamento.

A Lei nº 12.010/2009 e posteriormente também a Lei nº 13.509/2017 tonificaram a família natural e de origem, entendida esta de forma mais extensa e dessa conformou uma realidade de brasileiros que, embora não sejam pais, exercem essa função com relação a outros parentes. A funcionalização da paternidade foi mais valorada.

Há posturas judiciais, contudo, que mais valorizam a visão privatista e incorrem muitas vezes em violação de preceito legal, em nome do melhor interesse da criança.

Há dois exemplos que simbolizam bem isso: a decisão que primeiro admitiu uma multiparentalidade na adoção, denominando-a de *adoção poliafetiva*; e a decisão que reconheceu a possibilidade de adoção *anaparental*, admitindo que irmãos entre si pudessem adotar.

A adoção denominada "poliafetiva" não é classificada em nossa norma jurídica e basicamente conforma uma "multiparentalidade" cujos limites também serão visitados oportunamente. A decisão é definitivamente *contra legem* porque admitiu a adoção, mantendo no registro a maternidade de origem, pelo não rompimento dessa convivência.

Tal arbítrio o Judiciário também não tem, ainda que sob um argumento principiológico de atendimento ao melhor interesse da criança. O caso concreto mereceria ser protegido pela posse de estado de filiação e faltou aqui a exata distinção entre os tipos de filiação socioafetiva. A decisão inclusive data de ano anterior à tese 622 de multiparentalidade.

Dispôs a sentença proferida na 2ª Vara da Infância e Juventude da Cidade do Recife/PE, no ano de 2013, autorizando a manutenção do nome da mãe biológica no registro civil do adotando, admitindo uma multiparentalidade em sede de adoção, do que data vênia se discorda, conforme oportunamente se verá em item específico do próximo capítulo.[251]

---

[251] TJPE. Adoção Poliafetiva. *2ª Vara da Infância e Juventude da comarca de Recife/PE*. Disponível em: http://tj-pe.jusbrasil.com.br/noticias/100355681/vara-da-infancia-concede-guarda-de-crianca-em-caso-de-adocao-poliafetiva. Acesso em: 15 nov. 2015.
(...)
Atualmente, além do casamento civil, há inúmeras modalidades de entidades familiares constituídas, a exemplo da União Estável, da família anaparental e da família monoparental. Os Tribunais entendem que a Constituição faz referência à entidade familiar de maneira meramente exemplificativa, *não havendo limites legais para o que pode ser chamado de entidades familiares* Se não há vedação na Constituição Federal ou qualquer diploma legalmente instituído em nosso sistema, poeticamente falando, *o céu é o limite*, uma vez que o fator máxime para a existência de uma entidade familiar é a afetividade entre os membros que a compõe. O Direito de Família tem sido sabiamente conduzido através das relações de afetividade que nascem a partir das relações humanas. É a afetividade a principal responsável pela constituição da família, seja ela, de qual natureza for. Jones Figueiredo Alves, Desembargador Decano do Tribunal de Justiça de Pernambuco, em seu preciosíssimo artigo "A Família no Contexto da Globalização e a Socioafetividade como seu valor jurídico fundamental", afirma: "A afetividade tem conduzido o direito de família à sua maior dimensão existencial, axiologicamente hierarquizada como valor jurídico, e cuja concretude tem se prestado a demonstrá-la como função essencial da nova família, a família contemporânea".
(...)
Ante tais fundamentações, com arrimo nos art. 227, parágrafos 5º e 6º da Constituição Federal, c/c artigos 269, I, do Código de Processo Civil e nos artigos 19, 28, 39 e seguintes, em especial o artigo 45, *caput* e §1º, 50, §13, Inciso I, todos da Lei nº 8.069/90, e artigo 1.621, *caput*, do Código Civil Brasileiro, e, utilizando todos os Princípios Fundamentais que norteiam este Juízo, *JULGO PROCEDENTE* o pedido de Adoção da criança em favor da Requerente, deixando, contudo, de extinguir o poder familiar da genitora biológica. *Nesse sentido, ambas devem constar no Registro Civil de Nascimento do infante como genitoras do mesmo. DETERMINO a Guarda Compartilhada da criança, consequência de quem detém a guarda natural, devendo as partes manter o "modus operandi" de costume, atendendo sempre ao Princípio do Melhor Interesse da Criança, com objetivo de garantir à mesma, o direito a convivência familiar. DETERMINO a retificação do Registro de Nascimento da criança em tela no Cartório de Afogados, devendo-se expedir Mandado de Retificação de Registro de Nascimento, sendo observado que o adotando passará a usar o nome de YYYYYYYYYYYYYYYYY, além disso, deverá constar no mesmo registro, o nome da adotante e seus ascendentes, da genitora biológica e seus ascendentes, e do genitor biológico e seus ascendentes, não se opondo qualquer observação sobre a natureza do ato. Remeta-se ao NAEF, para fins de controle estatístico.* Sem custas. P.R.I., em segredo de Justiça.

De sorte, não é papel do Direito ingressar no âmago das pessoas para refletir sobre as razões que as levam a buscar a sua felicidade existencial nas mais variadas formas de relacionamento, salvo se a busca dessa felicidade importar em grave violação de um direito fundamental alheio.

Nesse mesmo entendimento crítico sobre a "multiparentalidade", Paulo Lôbo reafirma que a tese de repercussão geral decorrente do REsp 898.060 do STF não se aplica à adoção, pois o art. 41 do ECA estabelece o desligamento do adotado "de qualquer vínculo com pais e parentes" biológicos, exceto para fins de impedimentos matrimoniais.[252]

As dimensões que vêm sendo trabalhadas no critério socioafetivo são as mais variadas possíveis. A elaboração, pela jurisprudência, de conteúdos variados ao que se denomina de "melhor interesse da criança" e "núcleo familiar estável" também gera incertezas, máxime quando a própria norma cogente restringe literalmente o seu sentido, como na hipótese de adoção conjunta, permitida apenas entre pessoas que mantenham entre si vínculo de casados ou de união estável.

A decisão do Superior Tribunal de Justiça também emitida pela Terceira Turma (Relatora. Min. Nancy Andrighi), em 19 de junho de 2012, REsp. 1217415 / RS RECURSO ESPECIAL 2010/0184476, se afasta inteiramente de tais limites, conferindo conteúdo próprio aos institutos ao admitir a possibilidade de uma adoção conjunta entre irmãos (família anaparental) e, ainda, quando um deles já havia falecido, antes mesmo do início do procedimento judicial. Observe-se que a decisão decorre de ação de anulação da adoção *post mortem* promovida pela União, a fim de cessar a legitimidade do menor, enquanto dependente do falecido, para o recebimento de benefício previdenciário. A decisão demonstra ainda uma espécie de adesão a uma cláusula geral de família que deve ser raciocinada como *locus* de desenvolvimento da personalidade do indivíduo, abolindo a forma em que a categoria foi definida em lei. O exercício hermenêutico empreendido de primazia da realidade apresenta conteúdo incerto e abre precedente duvidoso que compromete o sistema jurídico e sua unidade.[253]

---

252 LÔBO, Paulo. *Direito Civil*. Famílias, 2019, p. 282.

253 SUPERIOR TRIBUNAL DE JUSTIÇA. EMENTA. CIVIL. PROCESSUAL CIVIL. RECURSO ESPECIAL. ADOÇÃO PÓSTUMA. VALIDADE. ADOÇÃO CONJUNTA. PRESSUPOSTOS. FAMILIA ANAPARENTAL. POSSIBILIDADE. Ação anulatória de adoção post mortem, ajuizada pela União, que tem por escopo principal sustar o pagamento de benefícios previdenciários ao adotado – maior interdito –, na qual aponta a inviabilidade da adoção post mortem sem a demonstração cabal de que o de cujus desejava adotar e, também, a impossibilidade de ser deferido pedido de adoção conjunta a dois irmãos. A redação do

Na verdade, ao contrário do que parece ter pretendido a decisão, qualquer caráter de finalidade patrimonial deve ser afastado para o reconhecimento de uma filiação registral/socioafetiva ou não baseada no critério biológico.

Nas entrelinhas da decisão parece claro que o propósito da adoção engendrada foi sim o de gerar a legitimidade do menor como beneficiário da pensão por morte.

A decisão também traz polêmica com relação ao critério *post mortem* adotado. A adoção *post mortem* por expressa disposição de lei só pode ir a termo se a inequívoca manifestação da vontade do adotante falecido tiver sido expressa no curso do procedimento. Assim, antes de iniciado o procedimento, não há que se falar de adoção *post mortem*.

---

art. 42, §5º, da Lei nº 8.069/90 – ECA –, renumerado como §6º pela Lei nº 12.010/2009, que é um dos dispositivos de lei tidos como violados no recurso especial, alberga a possibilidade de se ocorrer a adoção póstuma na hipótese de óbito do adotante, no curso do procedimento de adoção, e a constatação de que este manifestou, em vida, de forma inequívoca, seu desejo de adotar. *Para as adoções post mortem, vigem, como comprovação da inequívoca vontade do de cujus em adotar, as mesmas regras que comprovam a filiação socioafetiva: o tratamento do menor como se filho fosse e o conhecimento público dessa condição.* O art. 42, §2º, do ECA, que trata da adoção conjunta, buscou assegurar ao adotando a inserção em um núcleo familiar no qual pudesse desenvolver relações de afeto, aprender e apreender valores sociais, receber e dar amparo nas horas de dificuldades, entre outras necessidades materiais e imateriais supridas pela família que, nas suas diversas acepções, ainda constitui a base de nossa sociedade. A existência de núcleo familiar estável e a consequente rede de proteção social que podem gerar para o adotando, são os fins colimados pela norma e, sob esse prisma, o conceito de núcleo familiar estável não pode ficar restrito às fórmulas clássicas de família, mas pode, e deve, ser ampliado para abarcar uma noção plena de família, apreendida nas suas bases sociológicas. *Restringindo a lei, porém, a adoção conjunta aos que, casados civilmente ou que mantenham união estável, comprovem estabilidade na família, incorre em manifesto descompasso com o fim perseguido pela própria norma, ficando teleologicamente órfã. Fato que ofende o senso comum e reclama atuação do interprete para flexibilizá-la e adequá-la às transformações sociais que dão vulto ao anacronismo do texto de lei.* O primado da família socioafetiva tem que romper os ainda existentes liames que atrelam o grupo familiar a uma diversidade de gênero e fins reprodutivos, não em um processo de extrusão, mas sim de evolução, onde as novas situações se acomodam ao lado de tantas outras, já existentes, como possibilidades de grupos familiares. O fim expressamente assentado pelo texto legal – colocação do adotando em família estável – foi plenamente cumprido, pois os irmãos, que viveram sob o mesmo teto, até o óbito de um deles, agiam como família que eram, tanto entre si, como para o então infante, e naquele grupo familiar o adotado se deparou com relações de afeto, construiu – nos limites de suas possibilidades – seus valores sociais, teve amparo nas horas de necessidade físicas e emocionais, em suma, encontrou naqueles que o adotaram, a referência necessária para crescer, desenvolver-se e inserir-se no grupo social que hoje faz parte. Nessa senda, *a chamada família anaparental – sem a presença de um ascendente –, quando constatado os vínculos subjetivos que remetem à família, merece o reconhecimento e igual status daqueles grupos familiares descritos no art. 42, §2º, do ECA. Recurso não provido.* (STJ. Terceira Turma. Relatora. Min. Nancy Andrughi, julgado em 19 de junho de 2012) REsp. 1217415 / RS RECURSO ESPECIAL 2010/0184476-0. Disponível em: http://stj.jusbrasil.com.br/jurisprudencia/22271895/recurso-especial-resp-1217415-rs-2010-0184476-0-stj/inteiro-teor-22271896. Acesso em: 17 jan. 2016.

A morte sem o início do procedimento impede a adoção, mas não a possibilidade do reconhecimento de filiação socioafetiva pela posse do estado de filiação.

A distinção entre os dois critérios socioafetivos (adoção e posse de estado de filiação) é de natureza formal, devido à finalidade do instituto da adoção no Estado brasileiro.

Se o que se pretende é adotar alguém como filho, os requisitos estabelecidos a essa espécie de filiação socioafetiva devem ser seguidos. Contudo, não estando a socioafetividade restrita ao instituto da adoção, ela também poderá ser perquirida com base na posse de estado de filiação, nas varas de família.

Ainda assim, com relação ao caso específico de ação proposta por irmãos, haveria indagações sobre a chancela do direito a uma filiação "incestuosa" aos olhos da sociedade. Mas como não pode haver discriminação com base na origem da filiação, estaria a filiação "incestuosa" também protegida.

Dessa forma, em uma única decisão do Superior Tribunal de Justiça foram contrariados os dispositivos do artigo 41, §§2º e 6º, do Estatuto da Criança e do Adolescente.[254]

O argumento utilizado pela Ministra Relatora foi o de ampliação do conceito de família, a existência de vínculos subjetivos dessa natureza entre as partes e o melhor interesse da criança. Além disso, afirmou a douta magistrada que os argumentos a serem utilizados na adoção *post mortem* seriam os mesmos a serem utilizados na ação de posse de estado de filiação, no que se discorda com base nos elementos expostos.

Se pôde verificar que duas pessoas que não tenham conjugalidade entre si não possuem legitimidade para requerer uma adoção conjunta e da mesma forma, no âmbito da adoção, não há que se falar de autonomia na constituição da multiparentalidade.

Ainda no espectro da autonomia na adoção, a lei prevê a possibilidade de entrega do filho em adoção pela gestante. A literalidade da previsão normativa pode levar à interpretação de que a gestante e mãe

---

[254] BRASIL. Lei nº 8.069, de julho de 1990. Estatuto da Criança e do Adolescente. Disponível em: http://www.planalto.gov.br/ccivil_03/LEIS/L8069.htm. Acesso em: 24 jan. 2016.
Art. 41. A adoção atribui a condição de filho ao adotado, com os mesmos direitos e deveres, inclusive sucessórios, *desligando-o de qualquer vínculo com pais e parentes, salvo os impedimentos matrimoniais.*
§2º Para adoção conjunta, é indispensável que os adotantes sejam casados civilmente ou mantenham união estável, comprovada a estabilidade da família.
§6º A adoção poderá ser deferida ao adotante que, *após inequívoca manifestação de vontade, vier a falecer no curso do procedimento*, antes de prolatada a sentença.

pode exercer a sua autonomia negativa de sê-lo. Porém, e considerando todo o contexto de ordem pública trazido na esfera da adoção, não seria esse o propósito legal, mas sim uma estratégia estatal para minimizar consequências mais danosas, como o abandono, o aborto clandestino e o infanticídio.

Por essa razão, em que pese a expressão "interesse da gestante" no art. 13, §1º, do ECA, para entrega do filho, esta só será eficaz após a análise concreta de uma equipe multidisciplinar que conclua pela impossibilidade de criação pela gestante.[255]

Por ficção a entrega não corresponderia à renúncia do poder familiar, mas a sua própria extinção, como prevê o inciso IV do art. 1.635 do CCB.[256]

Dessa forma, a autonomia para a entrega do filho à adoção passa necessariamente pelo crivo do Poder Público, visando assegurar não apenas filhos aos pretendentes, mas principalmente família aos adotandos.

A extinção dos vínculos parentais com a família de origem não confere a possibilidade da multiparentalidade na adoção, uma vez que isso implicaria sua revogabilidade, ainda que parcial, contrariando o disposto no §1º do art. 39 do ECA.[257]

Não há autonomia para a entrega do filho em adoção, entre particulares, mas muito pelo contrário, essa conduta é tida como irregular e está prevista na lei como hipótese de destituição do poder familiar, como prevê o art. 1.638, V, do CCB.[258]

---

[255] BRASIL. *Lei nº 8.069, de julho de 1990*. Estatuto da Criança e do Adolescente. Disponível em: http://www.crianca.mppr.mp.br/arquivos/File/publi/camara/estatuto_crianca_adolescente_9ed.pdf. Acesso em: 07 fev. 2016.
Art. 13. Os casos de suspeita ou confirmação de castigo físico, de tratamento cruel ou degradante e de maus-tratos contra criança ou adolescente serão obrigatoriamente comunicados ao Conselho Tutelar da respectiva localidade, sem prejuízo de outras providências legais. (...) §1º As gestantes ou mães que manifestem interesse em entregar seus filhos para adoção serão obrigatoriamente encaminhadas, sem constrangimento, à Justiça da Infância e da Juventude.

[256] BRASIL. Código Civil Brasileiro de 2002. Disponível em: http://www.planalto.gov.br/ccivil_03/leis/2002/l10406compilada.htm. Acesso em: 26 jan. 2021. Art. 1.635. Extingue-se o poder familiar: (...) IV – pela adoção.

[257] BRASIL. Lei nº 8.069, de julho de 1990. Estatuto da Criança e do Adolescente, disponível em: http://www.planalto.gov.br/ccivil_03/leis/l8069.htm. Acesso em: 26 jan. 2021.
Art. 39. A adoção de criança e de adolescente reger-se-á segundo o disposto nesta Lei. §1 º A adoção é medida excepcional e irrevogável, à qual se deve recorrer apenas quando esgotados os recursos de manutenção da criança ou adolescente na família natural ou extensa, na forma do parágrafo único do art. 25 desta Lei.

[258] BRASIL. Código Civil Brasileiro de 2002, disponível em: http://www.planalto.gov.br/ccivil_03/leis/2002/l10406compilada.htm. Acesso em: 26 jan. 2021.

Importante também ressaltar outras vedações à autonomia, como para os ascendentes e parentes colaterais até o 2º grau do adotando, de acordo com o art. 42, §1º, do ECA.[259]

No entanto, mais uma vez essa vedação vem sendo relativizada pelo Superior Tribunal de Justiça, no REsp. 1587477 / SC RECURSO ESPECIAL 2016/0051218-8 sob o argumento da posse do estado de filiação entre netos e avós, e também na defesa casuística do que seria o melhor interesse da criança. De sorte, se a discussão estivesse na esfera da posse do estado de filiação em ação própria, não seriam enfrentadas as dificuldades proibitivas da adoção, que se sabe tem interesse do Estado.[260]

Art. 1.638. Perderá por ato judicial o poder familiar o pai ou a mãe que (...) V – entregar de forma irregular o filho a terceiros para fins de adoção.

[259] BRASIL. Lei nº 8.069, de julho de 1990. Estatuto da Criança e do Adolescente, disponível em: http://www.planalto.gov.br/ccivil_03/leis/l8069.htm. Acesso em: 26 jan. 2021.
Art. 42. Podem adotar os maiores de 18 (dezoito) anos, independentemente do estado civil.
§1º Não podem adotar os ascendentes e os irmãos do adotando.

[260] SUPEROR TRIBUNAL DE JUSTIÇA. REsp. 1587477 / SC RECURSO ESPECIAL 2016/0051218-8. Disponível em: https://stj.jusbrasil.com.br/jurisprudencia/919833238/recurso-especial-resp-1587477-sc-2016-0051218-8/inteiro-teor-919833248. Acesso em: 22 abr. 2021.
EMENTA. RECURSO ESPECIAL. ADOÇÃO DE MENOR PLEITEADA PELA AVÓ PATERNA E SEU COMPANHEIRO (AVÔ POR AFINIDADE). MITIGAÇÃO DA VEDAÇÃO PREVISTA NO §1º DO ARTIGO 42 DO ECA. POSSIBILIDADE. 1. A Constituição da República de 1988 consagrou a doutrina da proteção integral e prioritária das crianças e dos adolescentes, segundo a qual tais "pessoas em desenvolvimento" devem receber total amparo e proteção das normas jurídicas, da doutrina, jurisprudência, enfim de todo o sistema jurídico. 2. Em cumprimento ao comando constitucional, sobreveio a Lei nº 8.069/90 – reconhecida internacionalmente como um dos textos normativos mais avançados do mundo -, que adotou a doutrina da proteção integral e prioritária como vetor hermenêutico para aplicação de suas normas jurídicas, a qual, sabidamente, guarda relação com o princípio do melhor interesse da criança e do adolescente, que significa a opção por medidas que, concretamente, venham a preservar sua saúde mental, estrutura emocional e convívio social. 3. O princípio do melhor interesse da criança e do adolescente tem por escopo salvaguardar "uma decisão judicial do maniqueísmo ou do dogmatismo da regra, que traz sempre consigo a ideia do tudo ou nada" (PEREIRA, Rodrigo da Cunha. *Dicionário de direito de família e sucessões*. São Paulo: Saraiva, 2015, p. 588/589). 4. É certo que o §1º do artigo 42 do ECA estabeleceu, como regra, a impossibilidade da adoção dos netos pelos avós, a fim de evitar inversões e confusões (tumulto) nas relações familiares – em decorrência da alteração dos graus de parentesco -, bem como a utilização do instituto com finalidade meramente patrimonial. 5. Nada obstante, sem descurar do relevante escopo social da norma proibitiva da chamada adoção avoenga, revela-se cabida sua mitigação excepcional quando: (i) o pretenso adotando seja menor de idade; (ii) os avós (pretensos adotantes) exerçam, com exclusividade, as funções de mãe e pai do neto desde o seu nascimento; (iii) a parentalidade *socioafetiva* tenha sido devidamente atestada por estudo psicossocial; (iv) o adotando reconheça os – adotantes como seus genitores e seu pai (ou sua mãe) como irmão; (v) inexista conflito familiar a respeito da adoção; (vi) não se constate perigo de confusão mental e emocional a ser gerada no adotando; (vii) não se funde a pretensão de adoção em motivos ilegítimos, a exemplo da predominância de interesses econômicos; e (viii) a adoção apresente reais vantagens para o adotando. Precedentes da Terceira Turma. 6. Na hipótese dos autos, consoante devidamente delineado pelo Tribunal de origem: (i) cuida-se de pedido de

Para a adoção conjunta, é necessário que os adotantes estejam em estado de conjugalidade (casados ou em união estável/homoafetiva). Desta feita, não podem ser adotantes grupos de pessoas que estejam impedidas, como irmãos, ou mesmo grupo de pessoas que, embora desimpedidas, não estão ligadas pela conjugalidade. [261]

Porém, considerando a legalidade constitucional para o atendimento do melhor interesse da criança, essa restrição já parece inapropriada. Tendo em vista a superação do modelo conjugal para a parentalidade e considerando inclusive o interesse de ordem pública da adoção, parece-nos viável a pretensão conjunta entre duas pessoas que apenas pretendem a parentalidade, desde que atendam aos requisitos e sejam habilitados como aptos pelo estado, no modelo correspondente e chamado de coparentalidade.

A coparentalidade pode ser trabalhada em duas dimensões, segundo doutrina mais recente: uma relativa à corresponsabilidade dos ascendentes com os seus filhos, de maneira igualitária e harmoniosa; e também na proposta de projeto parental conjunto, entre pessoas que nunca tiveram e nem pretendem ter qualquer conjugalidade, mas que gostaria de exercer uma filiação em comum.

---

adoção de criança nascida em 17.3.2012, contando, atualmente, com sete anos de idade; (ii) a pretensão é deduzida por sua avó paterna e seu avô por afinidade (companheiro da avó há mais de trinta anos); (iii) os adotantes detém a guarda do adotando desde o seu décimo dia de vida, exercendo, com exclusividade, as funções de mãe e pai da criança; (iv) a mãe biológica padece com o vício de drogas, encontrando-se presa em razão da prática do crime de tráfico de entorpecentes, não tendo contato com o filho desde sua tenra idade; (v) há estudo psicossocial nos autos, atestando a parentalidade *socioafetiva* entre os adotantes e o adotando; (vi) o lar construído pelos adotantes reúne as condições necessárias ao pleno desenvolvimento do menor; (vii) o adotando reconhece os autores como seus genitores e seu pai (filho da avó/adotante) como irmão; (viii) inexiste conflito familiar a respeito da adoção, contra qual se insurge apenas o Ministério Público estadual (ora recorrente); (ix) o menor encontra-se perfeitamente adaptado à relação de *filiação* de fato com seus avós; (x) a pretensão de adoção funda-se em motivo mais que legítimo, qual seja, desvincular a criança da família materna, notoriamente envolvida em criminalidade na comarca apontada, o que já resultou nos homicídios de seu irmão biológico de apenas nove anos de idade e de primos adolescentes na guerra do tráfico de entorpecentes; e (xi) a adoção apresenta reais vantagens para o adotando, que poderá se ver livre de crimes de delinquentes rivais de seus parentes maternos. 7. Recurso especial a que se nega provimento. *Acórdão. Relator* Ministro LUIS FELIPE SALOMÃO (1140) T4 – QUARTA TURMA 10.03.2020.

[261] BRASIL. Lei nº 8.069, de julho de 1990. Estatuto da Criança e do Adolescente, disponível em: http://www.planalto.gov.br/ccivil_03/leis/l8069.htm. Acesso em: 26 jan. 2021.
Art. 41. A adoção atribui a condição de filho ao adotado, com os mesmos direitos e deveres, inclusive sucessórios, desligando-o de qualquer vínculo com pais e parentes, salvo os impedimentos matrimoniais. (...) §2 º Para adoção conjunta, é indispensável que os adotantes sejam casados civilmente ou mantenham união estável, comprovada a estabilidade da família.

Embora venha sendo discutida muito mais no seio dos chamados negócios biojurídicos, não se enxerga mais propósito em sua proibição através da adoção.[262]

Rodrigo da Cunha Pereira a considera uma das espécies da família parental, ao lado da anaparental, da extensa, da adotiva, da ectogenética, da multiparental e da homoparental.[263]

4.2.1.2 Presunções legais – prazos e consentimento expresso na valorização da socioafetividade

O Código Civil de 2002 manteve o sistema de presunções pelos prazos previstos no art. 1.597, incisos I e II.

A regra atrai para a conjugalidade filhos que possam ter sido concebidos antes da convivência conjugal ou que venham a nascer após a cessação da convivência, seja pelo casamento, seja pela união estável.

No passado, o propósito de tais presunções residia na impossibilidade de identificação paterna pelo DNA, mas também na conformação da paz familiar, uma vez que na verdade real e biológica, embora tal filho não fosse do marido, a ele lhe seria atribuída a paternidade.

Na atualidade, suprida a dúvida da paternidade pelo recurso técnico-científico, a manutenção do registro filial decorrente das presunções conjugais com os prazos deveria fortalecer o critério socioafetivo da filiação.

Contudo, a imprescritibilidade trazida pela norma civil de 2002 terminou por facilitar inclusive a desconstituição do estado de filiação a qualquer tempo, desde que baseados no erro ou falsidade do registro.

As presunções por meio dos prazos, não residem em qualquer exercício voluntário de parentabilidade, mas sim na atribuição por lei de uma paternidade a partir da conjugalidade. A presunção é *iuris tantum* e por essa razão, a desconstituição poderá se dar pela iniciativa do polo paterno, através da negatória de paternidade ou pela iniciativa do polo filial através da impugnação à paternidade, devendo em qualquer caso a demanda estar baseada no erro ou falsidade do registro. Para além dessa condição legal, há também a necessidade da prova de que não houve convivência familiar suficiente à formação da filiação socioafetiva.

---

262 HOLANDA, Maria Rita de. Coparentalidade na adoção: função social? SANTIAGO, Maria Cristina et all (Coord.). *20 anos do código civil brasileiro*. Rio de janeiro: Processo, 2023, p. 529.

263 CUNHA PEREIRA, Rodrigo da. *Dicionário de direito de família e sucessões* – Ilustrado. Ed. São Pauo: Saraiva, 2015. p. 310.

Havendo ausência do elemento volitivo para a paternidade, justifica-se a possibilidade de erro, que é a hipótese mais incidente de procedência na jurisprudência brasileira. Podendo ser invocado a qualquer tempo, é possível que já tenha se estabelecido um lapso temporal razoável de convivência paterno-filial, que seria por si só justificador da manutenção do estado de filiação, ainda que este tenha sido contestado. Infelizmente, contudo, a jurisprudência vem admitindo que o engano (erro), uma vez provado, seja capaz de desconstituir o estado de filiação registral, sobrelevando a convivência familiar.

Foi o caso da recente decisão do REsp 1.741.849 – SP (2018/0115747-6) do STJ de relatoria da Ministra Nancy Andrigui, no ano de 2020, que desconsiderou a posse de estado de filiação.[264]

---

[264] SUPERIOR TRIBUNAL DE JUSTIÇA. REsp. 1.741.849 – SP (2018/0115747-6), disponível em: https://stj.jusbrasil.com.br/jurisprudencia/1111264428/recurso-especial-resp-1741849-sp-2018-0115747-6/inteiro-teor-1111264493. Acesso em: 22 abr. 2021.
CIVIL. PROCESSUAL CIVIL. AÇÃO NEGATÓRIA DE PATERNIDADE CUMULADA COM EXONERAÇÃO DE ALIMENTOS. ERRO SUBSTANCIAL NO REGISTRO CIVIL CONFIGURADO. FILHOS CONCEBIDOS NA CONSTÂNCIA DE VÍNCULO CONJUGAL COM POSTERIOR DESCOBERTA, POR EXAME DE DNA, DA AUSÊNCIA DE VÍNCULO BIOLÓGICO EM RELAÇÃO AOS FILHOS. PRESUNÇÃO DE ERRO QUANDO AUSENTE DÚVIDA SÉRIA OU RAZOÁVEL ACERCA DO DESCONHECIMENTO DA INEXISTÊNCIA DE VÍNCULO GENÉTICO. ERRO SUBSTANCIAL NO REGISTRO CIVIL QUE NÃO EXCLUI A NECESSIDADE DE INVESTIGAÇÃO DOS VÍNCULOS SOCIOAFETIVOS. LONGA CONVIVÊNCIA ENTRE PAIS E FILHOS QUE DEVE SER SOPESADA COM A SUPERVENIENTE AUSÊNCIA DE SOCIOAFETIVA POR LONGO PERÍODO, EM DECORRÊNCIA DO ROMPIMENTO ABRUPTO E DEFINITIVO DA RELAÇÃO PATERNO-FILIAL. PATERNIDADE SOCIOAFETIVA FICCIONAL DE PARTE A PARTE. IMPOSSIBILIDADE. NECESSIDADE DE ADERÊNCIA DAS RELAÇÕES JURÍDICAS ÀS RELAÇÕES HUMANAS E SOCIAIS. 1- Ação proposta em 30/10/2013. Recurso especial interposto em 22/09/2016 e atribuído à Relatora em 21/05/2018. 2- O propósito recursal é definir se o genitor biológico foi induzido em erro ao tempo do registro civil de sua prole e se, a despeito da configuração da relação paterno-filial socioafetiva por longo período, é admissível o desfazimento do vínculo registral na hipótese de ruptura superveniente dos vínculos afetivos. 3- É admissível presumir que os filhos concebidos na constância de um vínculo conjugal estável foram registrados pelo genitor convicto de que realmente existiria vínculo de natureza genética com a prole e, portanto, em situação de erro substancial, especialmente na hipótese em que não se suscitam dúvidas sérias ou razoáveis acerca do desconhecimento da inexistência de relação biológica pelo genitor ao tempo da realização do registro civil. 4- Mesmo quando configurado o erro substancial no registro civil, é relevante investigar a eventual existência de vínculos socioafetivos entre o genitor e a prole, na medida em que a inexistência de vínculo paterno-filial de natureza biológica deve, por vezes, ceder à existência de vínculo paterno-filial de índole socioafetiva. Precedente. 5- Hipótese em que, conquanto tenha havido um longo período de convivência e de relação filial socioafetiva entre as partes, é incontroverso o fato de que, após a realização do exame de DNA, todos os laços mantidos entre pai registral e filhas foram abrupta e definitivamente rompidos, situação que igualmente se mantém pelo longo período de mais de 06 anos, situação em que a manutenção da paternidade registral com todos os seus consectários legais (alimentos, dever de cuidado, criação e educação, guarda, representação judicial ou extrajudicial, etc.) seria um ato unicamente ficcional diante da realidade. 6- Recurso especial conhecido e provido (STJ – REsp. 1741849 SP 2018/0115747-6, Relator: Ministra NANCY ANDRIGHI, Data de Julgamento: 20.10.2020, T3 – TERCEIRA TURMA, Data de Publicação: *DJe* 26.10.2020).

O inciso V do artigo 1.597 do CCB presume pai o marido ou companheiro que autorizou previamente a inseminação de material genético de terceiro doador anônimo na esposa ou companheira. Trata-se de conduta volitiva expressa, em franca valorização do critério socioafetivo. A regra deixa clara a diferença entre origem genética e estado de filiação, já pontuada.

De forma análoga à adoção essa paternidade não poderá ser contestada sob o argumento da ausência do critério biológico e nem mesmo se a convivência não chegou a se estabelecer, tornando-se irrevogável, seja pela falta dos erros e falsidade, seja pela vedação ao *venire contra factum proprium*. A ciência e o consentimento do marido, para uma origem não-biológica da paternidade, afasta a possibilidade de invocação do erro.

O erro é a falsa impressão de uma realidade. Uma pessoa é levada a erro no registro civil quando é levada a acreditar que a filiação biológica é sua, sem o ser. Já na falsidade, há uma declaração intencional, em desconformidade com a verdade do nascimento.

Já se observou que não há falsidade na declaração voluntária da filiação socioafetiva.

A redação do inciso V foi imperfeita por não estabelecer a forma desse consentimento, se tácita ou expressa, de forma que, embora esta última seja a mais segura e provável, dada a interveniência de um centro de reprodução humana, nada impede que a autorização verbal venha a ser comprovada em juízo.[265]

Para que ocorra o registro nestes termos, a autonomia do marido é a determinante. A esposa aqui não detém autonomia para se utilizar da inseminação, sem que o marido autorize, em razão da atribuição da presunção da paternidade conjugal.

Ocorrendo o procedimento sem que o marido tenha tomado conhecimento ou tenha autorizado, poderá contestar a paternidade com base na ausência do vínculo biológico e também de seu consentimento. É factível que a esposa, de posse da certidão de casamento, possa registrar a criança, e a conjugalidade direcionará o oficial de registro a registrar a paternidade como sendo do marido.

Há uma série de possibilidades fáticas que poderão ocorrer em havendo má-fé, que poderá resultar em danos morais e materiais sujeitos à reparação.

---

[265] LÔBO, Paulo. *Direito Civil*. Famílias, 2019, p. 228.

O que é importante aqui evidenciar é que a autorização prévia do marido tem um efeito de reconhecimento expresso da paternidade. Além disso, mesmo sem a prova da autorização, o oficial registraria a filiação em nome do marido, pela prova da conjugalidade. Mas essa ausência de autorização, uma vez comprovada posteriormente, poderá anular o registro civil.

4.2.2 Paternidade e maternidade na construção interpretativa da doutrina e jurisprudência

4.2.2.1 Posse de estado de filiação – conduta volitiva implícita pela convivência

A posse do estado de filiação advém de um comportamento recíproco entre os sujeitos da relação em uma contínua, estável, durável e notória convivência, pautada por elementos exteriores de trato e uso do nome.

Requeria anteriormente a necessidade de judicialização em todas as hipóteses, onde se provariam os elementos de convivência, trato e notoriedade, obtendo-se a autorização judicial para a alteração registral.

O Provimento nº 83/2019 do CNJ, absorvido pelo Provimento de nº 149/2023, admite que declaração da posse de estado de filiação poderá seja feita diretamente perante o oficial de registro, quando o menor contar com pelo menos 12 (doze) anos de idade, ouvido o representante do Ministério Público.

A grande diferença com relação à adoção seria a necessária convivência anterior para que haja o seu reconhecimento. Já o reconhecimento, em si, pode advir da declaração de vontade perante o oficial do registro, ou ainda de determinação judicial compulsória resultante de conflitos de pretensões antagônicas da filiação entre pai/mãe e o filho. Assim, o filho poderá promover a ação buscando reconhecimento do estado de filiação socioafetiva pela presença dos elementos da posse, em face do pai ou mãe e vice-versa. Esse caminho *de mão dupla,* no entanto, nem sempre vem sendo reverenciado da mesma forma pela jurisprudência, que confere à pretensão dos "descendentes" uma maior valoração.

A filiação pela posse é implícita à convivência, constituindo-se em ato-fato tal qual a união estável e independe de elemento intencional de ambas as partes.

A situação fática pode se estabelecer independentemente de prévio registro ou não. Na hipótese de erro ou falsidade no registro, deveria haver dificuldade na desconstituição do estado de filiação, havendo convivência razoável e capaz de gerar laços de afetividade e responsabilidades. Contudo, diante da possibilidade de falsidade da declaração pela *adoção à brasileira*, há divergências doutrinárias quanto a sua valoração ou não, apesar da ilicitude no ato de reconhecimento.

Por outro lado, havendo erro cujo registro pode decorrer de uma presunção jurídica ou ato de reconhecimento, a socioafetividade pode perder força, independentemente do tempo de convivência, conforme dispôs o REsp 2018/0115747-6, já mencionado, que admitiu a desconstituição de uma paternidade socioafetiva baseada no erro, mesmo após um tempo razoável de duração convivencial.

A ação negatória de paternidade foi proposta no ano de 2013 pelo pai registral ao descobrir que suas duas filhas não teriam a sua origem biológica. O recurso especial foi interposto no ano de 2016 e o processo foi julgado em 2020. A conclusão da decisão, que foi unânime, foi a de que, embora tenha havido prazo razoável de convivência socioafetiva, a partir do exame de DNA, houve rompimento dos laços afetivos. A Corte entendeu que manter a paternidade nesse caso seria um ato ficcional diante da realidade do distanciamento.

Ao que parece do fundamento, a demora processual teria contribuído para esse desfecho, já que o rompimento da convivência teria ocorrido em setembro de 2014 quando do exame do DNA.

No sistema anterior de prescritibilidade, o lapso temporal e a convivência teriam prevalecido, o que importaria já em comando normativo pedagógico a evitar demandas dessa natureza.

Observa-se no julgado o prejuízo da tese da socioafetividade, que parece adquirir uma plasticidade na medida em que existiu, mas se desfez abruptamente pelo exame do DNA.

4.2.2.2 Adoção à brasileira – convivência volitiva na conduta ilícita (convivência x tipo penal)

Proibida por lei a denominada "adoção à brasileira" seria a convivência estabelecida nos mesmos moldes da posse do estado de filiação, porém, iniciada ou deflagrada através da iniciativa de registro pelo(s) "pai(s)", em conduta tipificada como crime em nossa legislação penal, que consiste na declaração falsa perante oficial do registro civil de que o seu filho é de origem biológica, sem o ser. Há total ausência do erro.

As consequências não seriam apenas de natureza penal, mas também cível, uma vez que o registro seria maculado pela nulidade.

Contudo, na realidade jurisprudencial brasileira há valorização desse registro nas ações negatórias de paternidade onde houve ausência de erro. O sentido seria o mesmo para a inseminação heteróloga, uma vez que quem assim procedeu tinha conhecimento da ausência do vínculo biológico e o fez absolutamente ciente disso. Agiu com falsidade, diferentemente do reconhecimento voluntário extrajudicial de paternidade/maternidade socioafetiva.

As decisões invocam o melhor interesse da criança após considerável lapso temporal de convivência familiar, para negar provimento a negatória, além da presença da nobre intenção, que gera, muitas vezes, a absolvição na esfera penal.

É importante considerar que nem sempre há a chamada "nobre intenção" para essa conduta e principalmente quando essa convivência se estabelece após subtração do incapaz de sua família de origem. Assim, a denominada adoção à brasileira, para obter a incidência positiva do estado de filiação através da norma principiológica, deve conjugar a inexistência de erro (ignorância) e a ausência de sequestro e captação de menor, sob pena de se estar sobrelevando a conduta afetiva e justificando uma prática criminosa.

Nesse âmbito da filiação socioafetiva pela adoção à brasileira, a desconstituição ou não do estado de filiação dependerá do tipo e da legitimidade de quem propõe, segundo o Superior Tribunal de Justiça. Isso porque, se manejada pelo pai/mãe registral através da negatória de paternidade/maternidade, há que se reconhecer o direito do filho, com a tendência de não provimento da demanda, se houve convivência familiar pela posse, se mantendo o vínculo filial registral. Contudo, se o filho manejar a busca da paternidade biológica esse interesse deve prevalecer com forte tendência à desconstituição da paternidade registral, se não houve convivência pela posse. Se houve a convivência, o caminho poderá ensejar a multiparentalidade aventada pelo Supremo Tribunal Federal.[266]

---

266 SUPERIOR TRIBUNAL DE JUSTIÇA. Resp. 2016/0312406-8. Disponível em: https://scon.stj.jus.br/SCON/pesquisar.jsp. Acesso em: 22 abr. 2021.
EMENTA. AGRAVO INTERNO. CIVIL. DIREITO DE FAMÍLIA. AÇÃO INVESTIGATÓRIA DE PATERNIDADE AJUIZADA PELA FILHA. 1. A tese segundo a qual a paternidade socioafetiva sempre prevalece sobre a biológica deve ser analisada com bastante ponderação, a depender sempre do exame do caso concreto. É que, em diversos precedentes desta Corte, a prevalência da paternidade socioafetiva sobre a biológica foi proclamada em contexto de ação negatória de paternidade ajuizada pelo pai registral (ou por terceiros), situação

A título de exemplo, há duas decisões do Superior Tribunal de Justiça, sendo uma da 4ª Turma e outra da 3ª Turma, que tratam diversamente sobre os parâmetros da filiação socioafetiva, em ações análogas que impugnaram o estado de filiação registral.

Ao que parece, em que pese a doutrina e a jurisprudência venham trabalhando a denominada "verdade real do registro civil" nas hipóteses de "adoção à brasileira", valorizando a convivência familiar e a filiação socioafetiva, nem sempre essa verdade é acolhida, não obstante presentes os mesmos requisitos materiais.[267]

Sendo a filiação um conceito relacional, o pai registral não vem obtendo a procedência de seu pedido que visa negar a paternidade, com base na ausência do vínculo biológico, se procedeu com o registro sem erro, e por vezes, mesmo não restada provada a convivência familiar. Data vênia, não obstante a falsidade, haveria que se considerar se a posse de estado de filiação foi consolidada.

A decisão da Quarta Turma em 2012 no STJ, no que diz respeito à socioafetividade, corrobora a ideia contrária de que a adoção à brasileira não pode em todas as circunstâncias obter a valoração enquanto vínculo de filiação.

O caso julgado pelo Superior Tribunal de Justiça correspondente ao REsp 1167993 / RS Recurso Especial 2009/0220972-2, no entanto, tratou não de uma ação negatória de paternidade, mas de situação análoga e de legitimidade inversa, em que o filho registral buscou a investigação

---

bem diversa da que ocorre quando o filho registral é quem busca a paternidade biológica, sobretudo no cenário da chamada "adoção à brasileira". 2. De fato, é de prevalecer a paternidade socioafetiva sobre a biológica para garantir direitos aos filhos, na esteira do princípio do melhor interesse da prole, sem que, necessariamente, a assertiva seja verdadeira quando é o filho que busca a paternidade biológica em detrimento da socioafetiva. No caso de ser o filho – o maior interessado na manutenção do vínculo civil resultante do liame socioafetivo – quem vindica estado contrário ao que consta no registro civil, socorre-lhe a existência de "erro ou falsidade" (art. 1.604 do CC/02) para os quais não contribuiu. Afastar a possibilidade de o filho pleitear o reconhecimento da paternidade biológica, no caso de "adoção à brasileira", significa impor-lhe que se conforme com essa situação criada à sua revelia e à margem da lei. 3. A paternidade biológica gera, necessariamente, responsabilidade não evanescente e que não se desfaz com a prática ilícita da chamada "adoção à brasileira", independentemente da nobreza dos desígnios que a motivaram. E, do mesmo modo, a filiação socioafetiva desenvolvida com os pais registrais não afasta os direitos da filha resultantes da filiação biológica. 4. Agravo interno não provido. Acórdão AGRAVO INTERNO NOS EMBARGOS DE DECLARAÇÃO NO RECURSO ESPECIAL 2016/0312406-8 *Relator(a)* Ministro LUIS FELIPE SALOMÃO (1140) T4 – QUARTA TURMA *Data do Julgamento* 07.05.2019.

267 LÔBO, Fabíola. *Adoção à Brasileira e a verdade do registro civil*. Disponível em: file:///C:/Documents%20and%20Settings/Eduardo/Meus%20documentos/Downloads/-Ado%C3%A7%C3%A3o%20%C3%A0%20Brasileira-%20e%20a%20Verdade%20do%20Registro%20Civil%20(1).pdf. Acesso em: 15 nov. 2015.

de sua paternidade, quando havia sido adotado à brasileira, pelo seu pai registral. Não tendo esse filho demandante contribuído para o erro ou falsidade do registro, lhe socorre o direito de busca de sua paternidade real. Na fundamentação, a Turma julgadora chega a afirmar que *a paternidade biológica gera, necessariamente, uma responsabilidade não evanescente e que não se desfaz com a prática ilícita da chamada "adoção à brasileira", independentemente da nobreza dos desígnios que a motivaram.* Ao final os julgadores concluem que não é possível haver a equiparação entre a adoção regular e a adoção à brasileira, determinando a anulação do registro civil.[268]

A decisão parece contrariar outras soluções correlatas, gerando dúvidas na uniformidade jurisprudencial de nossos Tribunais, e no liame que deve prevalecer para o estabelecimento do estado de filiação, conforme se depreende na decisão proferida pela 3ª Turma, no REsp1244957/SC Recurso Especial 2011/0068281-0[269] que teve a

---

268 SUPERIOR TRIBUNAL DE JUSTIÇA. EMENTA. Direito de família. Recurso Especial. Ação investigatória de paternidade e maternidade ajuizada pela filha. Ocorrência da chamada "Adoção à Brasileira". Rompimento dos vínculos civis decorrentes da filiação biológica. Não ocorrência. Paternidade e maternidade reconhecidas. 1. *A tese segundo a qual a paternidade socioafetiva sempre prevalece sobre a biológica deve ser analisada com bastante ponderação, e depende sempre do exame do caso concreto* É que, em diversos precedentes desta Corte, a prevalência da paternidade socioafetiva sobre a biológica foi proclamada em um contexto de ação negatória de paternidade ajuizada pelo pai registral (ou por terceiros), situação bem diversa da que ocorre quando o filho registral é quem busca sua paternidade biológica, sobretudo no cenário da chamada "adoção à brasileira". 2. *De fato, é de prevalecer a paternidade socioafetiva sobre a biológica para garantir direitos aos filhos, na esteira do princípio do melhor interesse da prole, sem que, necessariamente, a assertiva seja verdadeira quando é o filho que busca a paternidade biológica em detrimento da socioafetiva* No caso de ser o filho – o maior interessado na manutenção do vínculo civil resultante do liame socioafetivo – quem vindica estado contrário ao que consta no registro civil, socorre-lhe a existência de "erro ou falsidade" (art. 1.604 do CC/02) para os quais não contribuiu. Afastar a possibilidade de o filho pleitear o reconhecimento da paternidade biológica, no caso de "adoção à brasileira", significa impor-lhe que se conforme com essa situação criada à sua revelia e à margem da lei. 3. *A paternidade biológica gera, necessariamente, uma responsabilidade não evanescente e que não se desfaz com a prática ilícita da chamada "adoção à brasileira", independentemente da nobreza dos desígnios que a motivaram* E, do mesmo modo, a *filiação* socioafetiva desenvolvida com os pais registrais não afasta os direitos da filha resultantes da *filiação* biológica, não podendo, no caso, haver equiparação entre a adoção regular e a chamada "adoção à brasileira". 4. Recurso especial provido para julgar procedente o pedido deduzido pela autora relativamente ao reconhecimento da paternidade e maternidade, com todos os consectários legais, determinando-se também a anulação do registro de nascimento para que figurem os réus como pais da requerente. (STJ. Quarta Turma. Relator Luis Felipe Salomão, Julgado em 18.12.2012). REsp 1167993/RS RECURSO ESPECIAL2009/0220972-2. Disponível em: http://www.lexml.gov.br/urn/urn:lex:br:superior.tribunal.justica;turma.4:acordao;resp:2012-12-18;1167993-1254676. Acesso em: 24 jan. 2016.

269 SUPERIOR TRIBUNAL DE JUSTIÇA. PROCESSUAL CIVIL. CIVIL. RECURSO ESPECIAL. *REGISTRO* CIVIL INVERÍDICO. ANULAÇÃO. POSSIBILIDADE. PATERNIDADE SOCIOAFETIVA. PREPONDERÂNCIA. 1. Ação negatória de paternidade decorrente

Ministra Nancy Andrighi (1118) T3 como relatora, onde se reconheceu a preponderância da paternidade socioafetiva, conferindo efeitos ao registro civil praticado com vício, pela ausência do erro, e de certa forma, contrariamente à anterior, equiparando a adoção à brasileira à adoção regular, na medida em que não admite a revogação da vontade.

Então, ora a "adoção à brasileira" pode ser valorada enquanto estado de filiação e ora não? Não haveria, portanto, parâmetros para uma uniformização, já que a ótica empreendida em cada uma das decisões em tese estava voltada ao interesse da criança e do adolescente. Mas a hipótese pode ocorrer também na seara dos adultos e capazes e, em assim sendo, qual a base principiológica a ser firmada para a manutenção ou desconstituição do registro? O melhor interesse do descendente?

Ora, uma vez presente a posse de estado de filiação, ainda que advinda de uma convivência iniciada pelo registro falso, porém voluntário, está presente a condição para a manutenção da filiação socioafetiva, tenha sido o conflito suscitado pelo pai em ação negatória, tenha sido suscitado pelo filho na ação de impugnação.

Os parâmetros a serem seguidos apontam para a necessidade da prova da posse do estado de filiação, quando não houver a adoção formal. Tendo havido o registro, ainda que falso, ele presume uma convivência com o pai registral que deve ser comprovada no conflito suscitado, não importando quem esteja no polo ativo do processo. Se tais parâmetros mínimos forem abandonados, haverá uma tendência de resolução por caso concreto, onde serão valoradas circunstâncias subjetivas e que tendem a contribuir para a violação da unidade de nosso sistema.

---

de dúvida manifestada pelo pai registral, quanto a existência de vínculo biológico com a menor que reconheceu voluntariamente como filha. 2. Hipótese em que as dúvidas do pai registral, quanto a existência de vínculo biológico, já existiam à época do reconhecimento da paternidade, porém não serviram como elemento dissuasório do intuito de registrar a infante como se filha fosse. 3. Em processos que lidam com o direito de *filiação*, as diretrizes determinantes da validade de uma declaração de reconhecimento de paternidade devem ser fixadas com extremo zelo e cuidado, para que não haja possibilidade de uma criança ser prejudicada por um capricho de pessoa adulta que, conscientemente, reconhece paternidade da qual duvidava, e que posteriormente se rebela contra a declaração autoproduzida, colocando a menor em limbo jurídico e psicológico. 4. Mesmo na ausência de ascendência genética, o *registro* da recorrida como filha, realizado de forma consciente, consolidou a *filiação* socioafetiva – relação de fato que deve ser reconhecida e amparada juridicamente. Isso porque a parentalidade que nasce de uma decisão espontânea, deve ter guarida no Direito de Família. 5. Recurso especial provido. REsp. 1244957/SC RECURSO ESPECIAL 2011/0068281-0 Ministra NANCY ANDRIGHI (1118) T3 – TERCEIRA TURMA 07.08.2012, http://www.stj.jus.br/SCON/jurisprudencia/toc.jsp?processo=2011%2F0068281-0+ou+201100682810&&tipo_visualizacao=RESUMO&b=ACOR&p=false. Acesso em: 24 jan. 2016.

O exemplo trazido é a prova de que a jurisprudência brasileira está perdida na busca de uniformidade, mesmo considerando-se o papel do Superior Tribunal de Justiça.

Não há uma cláusula geral de liberdade familiar em nosso sistema que possa conferir ao julgador tamanho arbítrio e falta à observância rigorosa da doutrina para os julgamentos. Se liberdade houvesse, haveria o livre-arbítrio e o domínio do poder econômico nas relações, sem a observância das discriminantes necessárias.

É bem verdade que já não se está mais inserido em um contexto de exclusão como no passado, que resumia a família ao casamento, assim como a categoria da filiação. Mas existem categorias a serem observadas e a valoração da socioafetividade não pode ser afetada por decisões díspares.

CAPÍTULO V

LIMITES DA AUTONOMIA PARENTAL NO SISTEMA JURÍDICO BRASILEIRO E A REALIDADE SOCIAL

5.1 Autonomia da vontade, autonomia privada e autonomia existencial

O termo *autonomia* na esfera do Direito privado sofreu uma série de variações conceituais que terminou por adjetivá-lo ora como autonomia da própria vontade máxime em um contexto de Estado Liberal, ora com os limites impostos pela norma jurídica em um contexto de Estado Social. Não obstante a igualdade formal entre as partes, o Estado Social estabeleceu preocupações de proteção de equilíbrio nas relações onde há desigualdade material.

É possível estabelecer um sentido híbrido para a chamada autonomia existencial, aqui tratada como sendo aquela voltada às tomadas de decisões nas relações privadas e caracterizadas como essencialmente existenciais. As relações familiares como um todo possuem finalidade existencial na atualidade, tendo superado finalidades patrimoniais do passado.

Dentro de uma ideia central ao humanismo e ao Direito moderno, Daniel Sarmento entende a autonomia privada em sentido amplo, enquanto dimensão fundamental da noção mais ampla de liberdade. Para o autor, não cabe ao Estado, a qualquer instituição, pessoa humana ou coletividade, e nem mesmo à Constituição, estabelecer os fins que cada pessoa humana deve perseguir, os valores e crenças que deve professar.[270]

---

270 SARMENTO, Daniel. *Direitos Fundamentais e Relações Privadas*. Rio de Janeiro: Lumen Juris, 2004, p. 173.

Sarmento trabalha a expressão autonomia privada na esfera da liberdade contratual e negocial para fins patrimoniais e também na esfera existencial. Mas é inegável que essa expressão, autonomia privada, foi adotada e vem sendo utilizada pela doutrina majoritária, em franca distinção do que se denominava autonomia da vontade.[271]

Diferentemente, para Perlingieri, a negociação que tem por objeto situações subjetivas não patrimoniais – de natureza pessoal e existencial – deve ser colocada em relação à cláusula geral de tutela da pessoa humana. Assim, os atos de autonomia teriam fundamentos diversificados; porém, encontram um denominador comum na necessidade de serem dirigidos à realização de interesses e de funções que merecem tutela e que são socialmente úteis. E na utilidade social existe sempre a exigência de que atos e atividades não contrastem com a segurança, a liberdade e a dignidade humana.[272]

A autonomia se apresenta para o autor, como atuação não somente de direitos subjetivos, mas também de deveres de solidariedade material, econômica, social e familiar.

Galiza toma a autonomia privada em sentido amplo, seguindo a doutrina de Sarmento, como capacidade de autodeterminação de comportamentos, o que inclui a liberdade tanto para fazer escolhas existenciais (*como com quem casar; onde viver; para onde ir; a quem amar etc.*) como também patrimoniais, para entender que as liberdades existenciais não precisam de *comprovação de utilidade social para a sua tutela.*[273]

Dessa forma, a autora também destoa da doutrina de Perlingieri, que sendo mais utilitarista reconhece na família uma função serviente aos seus membros e por essa razão deve ser realizada de forma aberta e integrada na sociedade civil, uma vez que é parte de um sistema de instituições civis predispostas para um escopo comum.[274]

A visão antropológica inicialmente visitada revelou que a construção das concepções parentais na filiação no tempo levou a humanidade em seu processo civilizatório a um ideal binário, como formação lógica à estabilidade existencial. A presunção é de que a pessoa está melhor e mais completamente inserida quando sob os cuidados de pelo menos duas pessoas, sendo estas primordialmente as que lhes

---

271 SARMENTO, Daniel, *cit.*, p. 173.

272 PERLINGIERI, Pietro. *Perfis de Direito Civil*. 2. ed. Rio de Janeiro: Renovar, 2002, p. 18-19.

273 GALIZA, Andréa Karla Amaral de. *Direitos fundamentais nas relações entre particulares:* teoria e jurisprudência do Supremo Tribunal Federal. Belo Horizonte: Fórum, 2011, p. 114.

274 PERLINGIERI, Pietro. *Perfis de direito civil*. Trad. Maria Cristina de Cicco. 2. ed. Rio de Janeiro: Renovar, 2002, p. 245.

deram origem pelo nascimento ou que optaram pelo exercício das funções parentais paterna e materna, independentemente do gênero ou orientação sexual e sempre visando a formação global da personalidade humana. Em torno dessa evolução de comportamento e tendo em vista a necessidade de identificação paterna para vários fins no passado, inclusive sucessórios e patrimoniais, as presunções pela conjugalidade se mostraram extremamente úteis a esse propósito.

Diante desse contexto, a definição do conteúdo da autonomia nas relações familiares é de suma importância, principalmente para a identificação de possíveis limites na esfera do planejamento familiar a ter por base que a responsabilidade é o eixo principal para a função familiar.

O conceito de biparentalidade hoje vai além do critério biológico em razão do reconhecimento social e jurídico de que o estado de filiação não se confunde com a origem biológica do ser humano, embora estes não sejam excludentes.[275]

De outro lado, fatores históricos, como a própria emancipação da mulher na família e na sociedade, autoriza o exercício do planejamento familiar de filiação por uma única pessoa, seja o pai ou a mãe, advenha do critério biológico ou socioafetivo, ingressa em uma permissividade moral e jurídica da monoparentalidade.

Muitas indagações podem ser feitas para a identificação da autonomia e os seus limites na conformação parental, dentre elas: qual a medida da liberdade no planejamento familiar? Deve atender a critérios quantitativos (número de filhos)? Deve atender a critérios procedimentais (forma a ser buscada)? Uma vez alcançado o objetivo do planejamento com o advento de filhos, é possível a desqualificação do estado parental? Se possível a desqualificação/desconstituição, esta poderia ser realizada no exercício da autonomia da vontade ou não?

O elemento norteador para o alcance da liberdade e dignidade, já pontuado para ser plenamente alcançado, exige a busca de valores que não podem ser apenas individuais, mas também da própria coletividade.

A autonomia existencial entre a antiga autonomia da vontade e a atual autonomia privada guarda preceito de ambas e aí reside a sua complexidade. Há que se respeitar escolhas, sentimentos e subjetividades, mas as condutas voltadas às relações existenciais não se prestam apenas à realização individual dos desejos, mas na combinação destes

---

275 LÔBO, Paulo. *Estado de Filiação e Origem Genética: uma distinção necessária*. Disponível em: http://www2.cjf.jus.br/ojs2/index.php/revcej/article/viewFile/633/813. Acesso em: 7 abr. 2014.

às condutas que resguardem a dignidade, o respeito, a solidariedade e deveres de cuidado na assistência material e imaterial.

Na esfera familiar tal autonomia existencial apresenta tendência paradoxal quando se trata da relação conjugal e quando se trata da relação parental. A partir desse elemento híbrido e latente, na relação conjugal a liberdade tem sido mais pautada na livre escolha e no atendimento de desejos e subjetividades. Contudo, na relação parental, o outro lado surge apontando muito mais deveres do que direitos e com franca intervenção do Estado para garantir a proteção de sujeitos vulnerabilizados.

A dimensão de liberdade na esfera conjugal é, portanto, distinta da dimensão da liberdade na esfera parental.

Não obstante isso, em 2020 o Supremo Tribunal Federal, julgando o tema 529 a respeito do reconhecimento uniões simultâneas, deixou claro um limite conjugal na formação familiar direcionado pela monogamia, negando todos os efeitos jurídicos às uniões paralelas. Um outro debate a ser empreendido na esfera existencial, máxime a construção da concepção de funcionalidade familiar.

A opção pela expressão "autonomia existencial" guarda as duas dimensões, mas no propósito da autonomia parental estará mais ligada à autonomia privada e não da vontade.

Ao tratar sobre liberdade familiar, Paulo Lôbo a condiciona à livre formação dos filhos, ao respeito à sua dignidade e na liberdade de agir, e ao respeito à integridade física, mental e moral.[276]

O autor enfatiza que no Direito de Família a autonomia da vontade não é determinante, porque estão em jogo valores superiores de proteção dos integrantes da entidade familiar, especialmente os que se qualifiquem como vulneráveis. Assim, as normas legais são predominantemente cogentes, com determinação dos deveres jurídicos.[277]

O estado de filiação não está sujeito à vontade deliberada dos indivíduos, sem que haja qualquer intervenção protetiva e de garantia de interesses, que, embora privadas, são de ordem pública.

Aqui é importante ressaltar a reflexão de Lorenzetti quanto à complexidade do tecido social atual. Segundo o autor, *cada indivíduo é diferente e reclama uma solução particularizada*. Continua:

> Cada setor almeja o seu próprio sistema jurídico; cada grupo pretende criar Direito dentro de suas perspectivas. Se o Direito privado estatal

[276] LÔBO, Paulo. Direito Civil. *Famílias*, p. 68.
[277] LÔBO, Paulo. Direito Civil. *Famílias*, p. 69.

> pretende conter essa força centrípeta produzem-se os fenômenos de fuga. As pessoas evitam o contrato clássico, para elaborarem um atípico, mais adequado aos seus interesses particularizados; as empresas se evadem de seus sistemas jurídicos nacionais, buscando o mais econômico; os réus criam a sua justiça, mais adequada a suas premências. A instituição tradicional se vê transbordada.[278]

Para o autor ainda, o progresso carece de direção, e não há critérios valorativos, nem éticos, nem jurídicos, suficientemente claros para distinguir aquilo que é admissível do que constitui uma desonra à rede axiológica. Dessa forma, os limites atuam como um modo de pôr em câmara lenta o progresso, em áreas onde as inseguranças são muitas e os riscos grandes.

> A noção de Direito Privado, como limite ao poder, se apresenta como uma necessidade de recuperar a juridicidade de fenômenos que pretendem ignorá-la. Presenciamos, pois, a novas proposições no sentido indicado, a exemplo do limite ao desenvolvimento informático, enquanto supõe um aviltamento da liberdade do indivíduo; o limite à engenharia genética, regulamentando os nascimentos *in vitro*, ou a utilização do mapa genético e o limite ao funcionamento do mercado a fim de corrigir os seus excessos e insuficiências.[279]

Por todos os fundamentos jurídicos apresentados, não restam dúvidas de que a regulação da autonomia na esfera parental possui limites bem definidos em nosso ordenamento jurídico e que não vêm sendo observados na realidade jurisprudencial e social.

O estado de filiação qualifica-se na esfera biológica, na esfera socioafetiva e na esfera legal, segundo os fundamentos já apresentados. Além disso, seja qual for a origem (biológica, socioafetiva ou legal) reveste-se em seu exercício muito mais deveres do que direitos, com foco primordial na criança e adolescente enquanto sujeito de direito em formação de personalidade. Assim sendo, não cabe aos pais enquanto sujeitos maiores e capazes dessa relação transigir sobre a natureza jurídica desse estado de filiação, senão quando a lei expressamente autorizar.

A relação conjugal, entendida em sentido amplo, continua sendo importante para definir o estado de filiação em razão da vigência das

---

278 LORENZETTI, Ricardo Luis. *Fundamentos do direito privado*. São Paulo: Revista dos Tribunais, 1998, p. 118.

279 LORENZETTI, Ricardo Luis, *cit.*, p. 118.

presunções jurídicas, mas não é mais suficiente para a qualificação de todas as espécies. De qualquer forma, não residem as outras espécies apenas no elemento intencional, mas em situações fáticas que sofrem a incidência normativa.

Os avanços obtidos em outras ciências devem ser balizados na esfera da ciência jurídica que será responsável por um ritmo menos acentuado de sua legitimação e mais condizente com o consenso social e com a garantia de segurança jurídica.

A correta decisão deve se socorrer às fontes formais (autoridade) e materiais (argumento razoável), além de ser submetida a uma prova sistemática e de eficiência.[280]

Da análise jurisprudencial já coletada se pôde verificar algumas fugas aos critérios de objetividade que devem se operar na solução de um conflito parental.

É papel do direito promover esse direcionamento que ordena as condutas, em caráter pedagógico e promocional de valores que já foram albergados pelos fundamentos do próprio Estado democrático de direito.

Se há nos fundamentos da República a base da dignidade da pessoa humana e da solidariedade e se é possível definir densidade a tais parâmetros, no contexto político e cultural do Estado, então é preciso reconhecer os limites para as qualificações jurídicas. E, para a qualificação do estado de filiação, é preciso garantir o respeito a esses fundamentos.

Dessa forma, a autonomia contratual na constituição do estado de filiação pode não ser válida. A filiação "contratada" principalmente na esfera da gestação sub-rogada (contrato entre duas pessoas com interveniência do centro de reprodução humana) requer vigilância e garantias, tais como: capacidade e discernimento das partes, plena, livre e consciente vontade declarada, presença do elemento da solidariedade familiar e ratificação estatal jurisdicional.

No dizer de Antonio Junqueira de Azevedo, o ordenamento, uma vez que autoriza as partes a emitir declaração de vontade, à qual serão atribuídos efeitos jurídicos de acordo com o que foi manifestado como desejado, procura cercar o fato de certas garantias, tanto no interesse das próprias partes quanto no de terceiros e no de toda a ordem jurídica.[281]

---

[280] LORENZETTI, Ricardo Luis. *Fundamentos do direito privado*. São Paulo: Revista dos Tribunais, 1998, p. 252.

[281] AZEVEDO, Antônio Junqueira de. *Negócio jurídico. Existência, validade e eficácia*. São Paulo: Saraiva, 2002, p. 41.

A isso se propõe o plano de validade jurídica de um negócio a que se pretenda a produção de efeitos jurídicos, e sua justificação teórica está na verificação do papel maior ou menor da vontade, a causa, os limites da autonomia privada quanto à forma e quanto ao objeto.

Isso envolve a discussão sobre a tipicidade fechada ou aberta no negócio jurídico e sobre isso é válida a observação de Paulo Lôbo ao concluir que a atipicidade no direito, inclusive contratual, pode ser conveniente da exposição didática, mas é insubsistente no plano da exposição jurídica.[282]

Assim, supõe-se que não pode o particular, ao contrário do que se pretende reconhecer em algumas decisões e doutrinas, criar o instrumento para a regulamentação jurídica de seus próprios negócios ou interesses, devendo utilizar antes os reconhecidos pelo ordenamento jurídico.[283]

Para Pedro de Albuquerque, a autonomia da vontade historicamente sempre foi negada em matéria familiar e em razão disso sempre se impugnou a existência ou importância do negócio jurídico familiar. Para o autor ainda, o sentido da autonomia para o Direito não pode ser outro senão de natureza circunscrita: não há autonomia sem limites e a existência de autonomia de vontade faz pressupor a existência de restrições.[284]

Para situar as relações familiares, a sua característica individualizada residiria na tipificação dos atos jurídicos familiares. Assim, a escolha dos atos jurídicos não seria de plena liberdade, razão pela qual um negócio jurídico não poderia estabelecer uma relação de parentesco ou de afinidade.

É óbvio que não se está a falar de uma tipicidade tais quais os direitos reais que são sujeitos ao *numerus clausus*, mas sim de uma tipicidade relativa.

Ou, ainda, segundo Pedro Albuquerque, sequer seria uma tipicidade relativa, mas uma impossibilidade de seu objeto ou falta de seus requisitos.[285]

A reflexão sobre a autonomia envolve a análise da configuração do estado de filiação no sistema legal brasileiro pelo elemento intencional

---

282 LÔBO, Paulo. *O contrato:* exigências e concepções atuais. São Paulo: Saraiva, 1986, p. 77.

283 ALBUQUERQUE, Pedro de. Autonomia da vontade e negócio jurídico em direito de família (ensaio). *Cadernos de Ciência e Técnica Fiscal*, Lisboa, Centro de Estudos Fiscais (146), 1986. p. 19.

284 ALBUQUERQUE, Pedro de, *cit.*, p. 18.

285 ALBUQUERQUE, Pedro de, *cit.*, p. 38.

ou não, tanto na esfera socioafetiva como na biológica, enquanto pressupostos fáticos para a configuração do estado de filiação pelo nosso ordenamento jurídico. Paternidade e maternidade aqui tendem a se distinguir.

Desta feita e considerando essa incidência, o critério biológico masculino (homoafetivo ou não) ao exigir a participação da mulher requereria que esta fosse incluída no projeto parental, mesmo sem o elemento intencional da maternidade, o que contrariaria a sua autonomia. Se o pretendente for o casal homoafetivo masculino, estar-se-ia diante de uma possível multiparentalidade ao incluir a cessionária do útero no projeto.

Isso não significa dizer que haja proibição ao projeto parental para o casal homoafetivo masculino, na medida em que prevê a possibilidade de adoção e mesmo da multiparentalidade, e tão pouco significa interpretação discriminatória, ao passo que o que determina o tratamento diferenciado não é o gênero, raça ou mesmo orientação sexual, mas discriminantes naturais decorrentes do gênero e a impossibilidade de instrumentalização de um gênero em favor de outro.

5.2 Autonomia quantitativa: monoparentalidade e multiparentalidade

No Brasil, o planejamento familiar na esfera quantitativa apresenta variações tópicas na ascendência. Com relação ao número de descendentes, não há qualquer limitação e sim vedação de qualquer intervenção nessa escolha.

O modelo binário parental se estruturou em decorrência de uma legitimação natural da concepção na reprodução e de uma presunção de conformação psicossocial na formação da personalidade do indivíduo.

A biparentalidade dispensa maiores dilações, porque pode advir de um projeto conjugal ou não. Aliás, nem sequer exige elemento intencional, a depender da origem da filiação quando decorre de relação sexual, por exemplo. Esta pode vir a gerar um filho não pretendido, que exigirá responsabilidade parental de seus genitores. Isso só poderá vir a ser relativizado nas circunstâncias previstas na lei de adoção. Nem mesmo a ausência convivencial do genitor poderia afastar os seus deveres parentais, ainda que o vazio de sua ausência tenha sido preenchido por outra pessoa.

Encontra-se totalmente conformada no Brasil, a possibilidade das funções paterna e materna podem ser exercidas pelo casal heterossexual ou pelo casal homoafetivo.

A opção legal é clara pelo modelo binário, seja na relação conjugal, seja na relação paterno ou materno-filial. Expressões como: *homem e mulher; casal; ambos os pais; ambos os cônjuges; o cônjuge pode pedir... quando o outro; o pai e a mãe; o pai ou a mãe*, são indicativos da construção de uma ordem que tem por base a existência de até dois "ascendentes" e até dois companheiros ou cônjuges.

Atualmente, a binariedade ainda é dominante e não pode ser imposta com diversidade de gênero (pai e mãe), podendo se dar entre dois pais ou entre duas mães. A biparentalidade pode nem estar na origem biológica e os seus efeitos seriam os mesmos.

Já a proteção da monoparentalidade surgiu expressamente apenas com a Constituição Federal de 1988 e traz uma série de interpretações.

A possibilidade de multiparentalidade surge mais recentemente no ano de 2016, com o julgamento do tema 622 pelo Supremo Tribunal Federal, após um comportamento jurisprudencial constante e permissivo. Diferentemente do modelo argentino, que expressa a proibição de multiparentalidade, o Brasil terminou por admiti-la.

Há polêmicas interpretativas sobre a monoparentalidade, multiparentalidade e sobre a autonomia na gestação sub-rogada, que merecem reflexão, inclusive no que diz respeito aos elementos quantitativos.

5.2.1 Autonomia monoparental

A monoparentalidade se impôs como fenômeno social desde a década de setenta, com a constatação do maior número de divórcios, que seria uma de suas causas.

A Inglaterra foi o primeiro país a enfrentar a questão, principalmente em razão da pobreza decorrente do desfazimento dos vínculos conjugais (*one-parent ou lone parente families*).[286]

A monoparentalidade mais antiga se esgotava nas categorias das viúvas e *mães solteiras*, mas hoje se incluem as ex-famílias biparentais. A sua dinamicidade na sociedade é um fator que gera sempre muita complexidade para a sua identificação.

---

[286] LEITE, Eduardo Oliveira. *Famílias monoparentais*. A situação jurídica de pais e mães separados e dos filhos na ruptura da vida conjugal. São Paulo: Revista dos Tribunais, 2003, p. 21.

A expressão *mãe solteira*, construída na moral de uma sociedade cujo casamento era a única forma familiar, é carregada de preconceitos porque indicava uma forma considerada *irregular* e mesmo *imoral* para aquela sociedade. À época, não seria uma situação ideal e tampouco que poderia vir a ser legitimada.

Atualmente essa denominação só encontra utilidade didática. Segundo Eduardo Oliveira Leite a forma de ingresso na situação monoparental se daria em duas categorias: a monoparentalidade voluntária, (escolha consciente da monoparentalidade) e a monoparentalidade involuntária (ausência de escolha, mas imposição em razão de determinado fator).[287]

A monoparentalidade representou na acolhida pela Constituição Federal de 1988 uma relativização da binariedade, sendo definida pela nossa Constituição Federal, em seu artigo 226, §4º, como *a comunidade formada por qualquer dos pais e seus descendentes*.

Isso significa que, tendo o filho sido registrado por apenas um dos pais, seja qual for a origem da filiação, merece proteção familiar e legitimação das consequências, pois embora não fosse uma família *idealizada* à época da Constituinte, era constatada na realidade social.

O texto constitucional permite uma interpretação literal flexível, de forma que, voluntária ou involuntariamente, a maternidade ou paternidade produziria os seus efeitos. A grande polêmica reside não na proteção ou não da entidade, *mas na proteção ou não de sua forma de constituição*.

Com a devida vênia, não se colhe a concepção de que a monoparengalidade surge em decorrência de um divórcio, uma vez que com este não estão findos os laços parentais. Há a monoparentalidade fática, que é proveniente de circunstâncias alheias à vontade de quem exerce a paternidade/maternidade, que é aquela que decorre de uma viuvez ou de um abandono pelo outro dos pais; a monoparentalidade intencional, que decorre da adoção singular (individual); e a intencional biológica, idealizada por uma pessoa mesmo na concepção, que pode advir por meio natural ou das técnicas de reprodução humana. Nesta última, busca-se o material genético contrário ao seu gênero para a reprodução e, em alguns casos, também uma terceira pessoa, como é o caso da mulher que cede o útero. É um projeto individual decorrente da chamada *produção independente*.

---

287 LEITE, Eduardo Oliveira, *cit.*, p. 72.

Denomina-se de monoparentalidade voluntária aquela que visa a ser constituída pelo homem ou pela mulher no interesse de um projeto individual. É elaborado por uma única pessoa, com o interesse de exercício da paternidade ou maternidade, sem que haja o outro *dos pais*. A decisão emana consciente daquele que pretende a filiação. A pretensão não é apenas quanto ao filho, mas do exercício da parentalidade individual.

A interpretação literal sobre o §7º do art. 226 da Constituição Federal leva a ideia de que essa liberdade estaria sendo concedida tão somente *ao casal*. Nesse sentido, pessoas sozinhas não poderiam idealizar um projeto monoparental.

Acompanha esse pensamento Paulo Lôbo, que ressalta que o planejamento familiar não é ilimitado, devendo garantir primeiro a primazia do filho. Assim, o autor entende que não poderia prevalecer o desejo egoístico do projeto parental com despreocupação das condições existenciais dignas dos que virão.[288]

A controvérsia se instala em razão da lei ordinária do planejamento familiar nº 9263/96, que em seu art. 2º autoriza que o planejamento seja realizado individualmente.

Destarte, em primeira análise e considerando a hierarquia da lei constitucional, poder-se-ia dizer que a lei infraconstitucional falou mais do que a própria Constituição ao incluir, além do casal, pessoas sozinhas.

Há importantes doutrinas, como as de Eduardo Oliveira Leite e Luciana Brasileiro, que ponderam sobre a impossibilidade dessa violação, ainda que sob perspectivas distintas.

Para Eduardo não é sustentável a defesa da possibilidade de inseminação de uma mulher solteira (já que a criança seria órfã de pai, desde o início do projeto), ou o que seria mais grave para o autor, a mulher lésbica, onde a criança estaria condenada à falta de identificação paterna. Segundo o autor ainda, *em toda criança existe um direito fundamental ao biparentesco, como vocação natural e legítima de ter um pai e uma mãe, e de ser educada por ambos*.[289]

Por certo na opinião do autor a consideração do exercício da paternidade estaria apenas na figura do homem e não na função. Há subliminarmente uma rejeição à família homoparental.

De qualquer forma, a proteção constitucional aferida às crianças abarcaria o seu direito de se desenvolverem num ambiente propício às

---

288 LÔBO, Paulo. *Direito Civil*. Famílias, p. 221.

289 LEITE, Eduardo Oliveira. *Procriações artificiais e o direito*. São Paulo: Revista dos Tribunais, 1995, p. 335.

potencialidades, enquanto seres humanos, o que, a princípio, somente seria garantido numa família, no mínimo, *biparental*.[290]

No argumento de Luciana, em sua dissertação de mestrado, a autora enfatiza:

> Representa uma grande inversão de valores admitir que uma mulher, para realizar o seu sonho, individual, possa submeter o filho a não ter pai. O uso das técnicas de reprodução assistida, deixa de ter a finalidade primordial de auxiliar quem não pode ter filhos e passa a ser vista como uma viabilizadora do aparentemente impossível: planejar uma família monoparental. Os filhos então passam a ser objetos de desejo.[291]

Ambos, por perspectivas diferentes, estariam se opondo à monoparentalidade voluntária pela mulher, por considerarem nessa escolha uma violação de direito fundamental da criança à paternidade.

Trata-se de uma visão utilitarista da família, cumprindo o seu papel educacional através da biparentalidade, reconhecendo-se um limite ao exercício da autonomia parental.

Por outro lado, não se pode presumir que a decisão monoparental venha a causar danos existenciais na criança que está por vir. Além disso, o referido §7º da Constituição se refere à dignidade da pessoa humana e à paternidade responsável como fundamentos para essa liberdade e tais valores não podem estar restritos ao casal. Sem falar que a ideia de se conferir ampla liberdade apenas aos casais pode remeter a uma preocupação institucional do passado com relação ao caráter institucional do casamento.

Além disso, na Constituição Federal, a monoparentalidade recebeu proteção sem qualquer ressalva. É possível que o propósito do Constituinte tenha sido o de proteção exclusiva das monoparentalidades involuntárias, estatisticamente muito presentes na realidade social, decorrentes do abandono paterno, em sua maioria. Além desses, aqueles projetos individuais em que a criança já existe e precisa de uma família substituta a sua família original, como a denominada adoção singular. Mas a letra da norma sofre alteração também em sua interpretação com modificação dos valores da sociedade. Assim, sem ressalvas expressas

---

290 LEITE, Eduardo de Oliveira. O Direito, a ciência e as leis de Bioética. *In*: SANTOS, M. Celeste Cordeiro L. (Org.). *Biodireito:* ciência da vida, os novos desafios. São Paulo: Revista dos Tribunais, 2001.p. 114.

291 AUTO, Luciana da Fonseca Lima Brasileiro. Projeto individual de maternidade: entre o desejo e o direito. Disponível em: https://repositorio.ufpe.br/handle/123456789/10686, 2013, p. 88. Acesso em: 13 jan. 2020.

ou proibições, não há como restringir o entendimento de que há limitações ao projeto individual, de forma que ele deve ser protegido se involuntário ou voluntário.

Se a bigenitoriedade fosse um princípio, estar-se-ia a admitir um direito a indenização pelo futuro filho pela violação ao seu direito a ter um pai. Proibir esse acesso seria reconhecer um direito fundamental a bigenitoriedade.[292]

Isso não importa dizer que o projeto parental pode se dar em caráter ilimitado.

Na defesa de que o projeto individual seja proibido, há, porém, alguns trabalhos interdisciplinares que identificaram problemas de formação de personalidade da criança advinda de um projeto individual de parentalidade. Há registros de exemplos ocorridos no ano de 2003.

Para Welstead, a criança se depara com sérios questionamentos com relação à sua origem e parentalidade biológicas. As identidades pessoal e social muitas vezes dependem dessa informação e contribuem para a estabilidade psicológica em sua vida.[293]

No caso *Rose vs Secretary of State for Health and Human Fertilisation and Embryology Autorhrity*, há o relato da angústia de uma criança de 7 anos de idade que judicializou o pedido para conhecimento de seu parentesco biológico. Ela teria descoberto a verdade de sua concepção em circunstâncias não normais. Ela foi forçada ao anonimato do doador e com isso desenvolveu um sentimento de luto, confusão e culpa. As razões invocadas por ela para o conhecimento de sua origem seriam de ordem social, emocional, médicas e espirituais.

A autora explica ainda que o conhecimento da origem ajuda a formação de um senso mais completo de si mesmo e de sua identidade, a não ser que se acredite que por haver sido criado artificialmente não tenha essa necessidade. Afirmava a requerente: "While I was conceived to heal the pain of others (ie my parents' inability to conceive children naturally), I do not feel that there are sufficient attempts to heal my pain".[294]

---

292 CICCO, Maria Cristina de. I valori contraddittori sottesi alla leggge sullla procreazione medicalmente assistita, *Revista Trimestral de Direito Civil – RTDC*, vol. 21, ano 6, p. 143-172, jan./mar. 2005, disponível em: https://www.lexml.gov.br/busca/search?doutrinaAutor=Cicco%2C%20Maria%20Cristina. Acesso em: 14 mar. 2021.

293 WELSTEAD, Mary. Shaping lives of children. *In: The international survey of Family law*: 2005 edition. Bristol: Jordan Publishing, 2005, p. 217.

294 Tradução livre: "Eu fui concebida para curar a dor dos outros (a impossibilidade de meus pais conceberem naturalmente – infertilidade) e estes não são bons argumentos para tentar curar a minha dor".

Em outro caso relatado pela autora, *Re R (A child)*, um casal procurou um centro para inseminação heteróloga da mulher com sêmen de terceiro, em razão da infertilidade dele, que assumiria a responsabilidade paterna do filho que viesse a nascer dela, já que, não sendo casados, não incidiria a presunção de paternidade.[295]

Ocorre que ela não engravidou e posteriormente veio a se separar do parceiro, mas continuou o tratamento sem o consentimento do novo parceiro e sem o conhecimento do anterior, pois nada informou à clínica.

O caso se assemelha à busca de uma produção independente.

Ela engravidou posteriormente e o parceiro antigo, tendo tomado conhecimento da situação, pediu para ser o pai legal da criança, já que havia assumido essa responsabilidade.

A princípio foi reconhecida a paternidade, mas posteriormente a Corte Suprema recusou, sob a alegação de que a concessão foi feita sem que tenha havido uma exploração devida dos fatos. Em um segundo recurso ele conseguiu reverter a decisão na Corte Suprema, mas a mãe dessa vez apelou. A decisão final foi no sentido de que o parceiro anterior não seria o pai legal, porque quando ocorreu o fato já estavam separados.

Sendo assim a Corte então reconheceu a decisão da mãe com relação à produção independente, mas deixou em aberto a possibilidade de composição entre as partes, para que decidissem de conformidade com o melhor interesse da criança. No entanto, prevaleceu o interesse individual da mãe.

Por outro lado, e não considerando a monoparentalidade, há estudos de que, sendo o projeto decorrente de uma tríade, ou seja, buscado por um casal, seja do mesmo sexo ou não e com auxílio de terceira, não haveria qualquer impacto psicológico para o descendente. Com efeito isso foi analisado particularmente no uso da gestação sub-rogada para casais pretendentes. Não se afasta um nível de estresse inicial e mesmo durante e ao final do processo, mas quanto aos aspectos psicológicos das crianças nada negativo haveria sido detectado. Importante ressaltar que a pesquisa se destinou apenas às chamadas *barriga de aluguel* gestacionais, onde o material genético não é da cedente.[296]

---

295 WELSTEAD, Mary. Shaping lives of children. *In*: *The international survey of Family law*: 2005 edition. Bristol: Jordan Publishing, 2005, p. 221.

296 RUIZ-ROBLEDILLO, Nicolás; MOYA-ALBIOL, Luis. Gestational surrogacy: psychosocial aspects. *Psychosocial intervention*, Madrid, v. 25, p. 187-193, 2016, p. 189. Disponível em: https://www.sciencedirect.com/science/article/pii/S1132055916300230. Acesso em: 6 mar. 2021.

Como seria se o método estivesse sendo buscado por apenas um homem na busca de sua produção independente? O interessado buscaria a doação do material genético e também a cessão de útero. Por recomendação, de pessoas distintas. Mas, qual a garantia?

A biotecnologia fascina quando se propõe a atender os anseios dos pretendentes, mas não está em seu papel a preocupação com as consequências que poderão advir, como conflitos de ordem psicológica que podem afetar diretamente o ser que vem a ser projetado e criado.

Há que se indagar diante de toda a expressão de responsabilidade e de proteção da criança e do adolescente enquanto sujeitos de direito, se tal exercício individual seria condizente com os parâmetros da responsabilidade familiar para a futura criança.

A busca da produção independente natural não seria lícita se decorrer de uma conduta sonegadora da identidade do pai ao filho e da identidade deste ao pai, ou ainda da identidade da mãe, ainda que meramente biológica. Essa é uma condição em que, num dado momento, a criança ou o pai ou ainda, a criança ou a mãe, poderão perquirir essa filiação, sendo essa busca imprescritível. Dessa forma, a busca por uma produção independente, através dos centros de reprodução humana e mediante o anonimato do dono do material genético, parece ser mais ética.

Questão mais complexa ainda é a utilização da chamada inseminação caseira, onde não há contrato formal ou anonimato, como se a negociação pudesse se dar entre os interessados, afastando-se a paternidade/maternidade pelo DN, que é de sujeição.

Considerando a binariedade biológica do feminino e do masculino, vista da discriminante natural de gênero, estar-se-ia diante de uma possibilidade diferente, caso a busca monoparental seja feita por um homem ou seja feita por uma mulher?

Para a mulher, o procedimento será sempre mais simples na medida em que a problemática se restringe a sua pessoa e ao futuro filho. O material genético doado não estabelece relação legal nessa parentalidade e o doador estará acobertado pelo manto do anonimato.

Contudo para o homem essa busca é mais complexa, porque ele necessitaria mais do que o material genético de uma doadora anônima, de uma mulher que estaria cedendo o seu útero para a gestação.

O projeto individual do homem entrelaça-se com as problemáticas em torno da gestação sub-rogada, já tratadas.

A busca da produção independente pela mulher através das técnicas, como já mencionado, seria até mais ética, uma vez que não se conhece a identidade do doador de sêmen, ao mesmo tempo em que este sabe estar colaborando com um projeto parental que não é seu. Já com relação ao homem, há participação direta de uma pessoa cuja identidade se conhece e que contratualmente renunciaria a direitos parentais, como se assim estivesse autorizada pela norma.

Em ambas as situações, haveria um projeto individual que não se estaria observando o interesse da futura criança em questão.

Ainda que se admita que a criança posteriormente busque a sua origem genética, esta pode ser auferida sem a revelação da identidade, ao se tratar apenas do material genético e, ainda que esta venha a ser revelada, não gerará parentalidade.

João Baptista Villela ressalta que as técnicas possibilitam outros arranjos familiares dentro de um modelo aberto, na medida em que o dador anônimo do material genético atua em solidariedade e sem intenção de elaboração de seu próprio projeto parental.[297]

No Brasil, há decisões de acolhimento ao projeto individual para a mulher. Na decisão proferida pelo Tribunal de Justiça do Rio Grande do Sul, no ano de 2012, por meio do *Agravo de Instrumento nº 70047323217 (Primeira Câmara Cível, Tribunal de Justiça do RS, Relator: Carlos Roberto Lofego Canibal, Julgado em 23.05.2012)*,[298] foi reconhecido o

---

[297] VILLELA, João Baptista. *Liberdade e Família*. Belo Horizonte: Faculdade de Direito da UFMG, 1980, p. 11.

[298] TRIBUNAL DE JUSTIÇA DO RIO GRANDE DO SUL. *Ementa: AGRAVO* DE INSTRUMENTO. DIREITO PÚBLICO. DIREITO DE GERAR UMA VIDA. TRATAMENTO PARA INFERTILIDADE. PERIGO DE DANO IRREPARÁVEL FACE À IDADE AVANÇADA DA RECORRENTE. A Constituição Federal de 1988 enumera, dentre os direitos fundamentais de todo o cidadão, o direito à vida. E o legislador constituinte, ao garantir o direito à vida, garante não apenas o direito a manter-se vivo, mas o direito de dar a vida, de gerar um ser humano. E é exatamente isto o que almeja a recorrente. A própria Carta Republicana tem na família a base da sociedade (art. 226). Ao que se sabe, há intenção por parte do Ministério da Saúde em garantir tratamento às mulheres inférteis, o que não há, no entanto, é agilidade, efetividade. E agilidade é tudo o que deve prevalecer em se tratando de infertilidade feminina, pois é cientificamente comprovado que quanto maior a idade da mulher, menores são as chances de uma gravidez, até mesmo em razão da diminuição, a cada ano, do número e também da qualidade dos óvulos. O tempo, nestes casos, passa a ser o maior inimigo. Não há como entender que não há perigo de dano. E mais, há irreversibilidade negativa, na medida em que, quanto maior a idade da mulher infértil, menores as chances de sucesso da reprodução assistida. A agravante, ao que se depreende, conta com trinta e sete (37) anos de idade e é portadora de CID 10 N97.9 – Infertilidade não especificada, e há dois anos vem investigando a causa de sua infertilidade, sem sucesso. Foi escrita em programa através do Sistema Única de Saúde, mas retirou a ficha de nº 885, sem qualquer previsão de atendimento, desde 22 fev. 2011. E como já referido, tempo é tudo o que a recorrente não tem. É fator relevante o fato de que, muito embora o arcabouço jurídico em torno de questão de tamanha relevância, não se tem notícia de que os programas implementados pelo Governo estejam efetivamente em andamento. A temática é das mais atuais, silenciada de longa data, *possivelmente por não ser interessante para o Governo, pelo alto custo dos tratamentos de reprodução assistida*. Ocorre que para estas mulheres, cuja única alternativa são justamente as técnicas de reprodução assistida, a sociedade tem o dever de dar uma resposta. E esta

direito de gerar um filho a uma mulher diagnosticada com o CID 10N97.9 (infertilidade não especificada) e o acesso às técnicas de reprodução humana assistida, através do programa do governo federal do Sistema Único de Saúde. A decisão baseou-se no direito fundamental à vida, previsto na Constituição Federal de 1988, sob o argumento de que o legislador constituinte, ao assim prever, quis se referir não apenas ao direito de manter-se vivo, mas ao direito de dar a vida e gerar um ser humano e não trouxe qualquer balizamento das condições econômicas para suportar os altos custos. Isto é, a ponderação da colisão que poderá haver entre o que se denomina de mínimo existencial e a reserva do possível, não obstante este não seja o principal debate na decisão.

Ingo Wolfgang[299] enfatiza que o mínimo existencial, compreendido como um todo, é:

> o conjunto de prestações materiais indispensáveis para assegurar a cada pessoa uma vida condigna, no sentido de uma vida saudável tem sido identificado, por alguns, como constituindo o núcleo essencial dos direitos fundamentais sociais, núcleo este blindado contra toda e qualquer intervenção por parte do Estado e da sociedade.

Este mínimo existencial reclama, portanto, uma análise à luz das necessidades de cada pessoa e de seu núcleo familiar, quando for o caso.

E ainda, segundo o autor, ao magistrado cumpre também atuar no sentido da fiscalização das provas trazidas pelas partes envolvidas,

---

resposta não pode ser outra senão garantir-lhes o direito de gerar uma vida, de constituir uma família, sem o argumento simplista de que para estes casos, de infertilidade, há a opção da adoção. Adotar, sem dúvida alguma, é um ato de amor, e deve receber todo o incentivo, mas não se pode entender seja esta a única resposta que se pode dar a quem tem todo o direito de gerar uma vida, sobretudo quando a medicina avança a cada dia no sentido de tornar realidade o que antes era apenas um sonho. *Ao se negar o direito à autora de se utilizar de todas as técnicas éticas e legais disponíveis para que venha a gerar um filho, se estará compactuando com um sistema que elege quem tem o direito e quem não tem o direito, de quem tem condições econômicas para suportar os altos custo, e quem não tem* Medida antecipatória dos efeitos da tutela deferida. Inteligência do disposto nos artigos 5º, *caput*, 196 e 226, *caput* e §7º, da Constituição Federal, Lei Federal nº 9.263/96 e Portarias nºs 426/05 e 388/05, do Ministério da Saúde. RECURSO PROVIDO. (Agravo de Instrumento nº 70047323217, Primeira Câmara Cível, Tribunal de Justiça do RS, Relator: Carlos Roberto Lofego Canibal, Julgado em 23.05.2012). Disponível em: http://www.tjrs.jus.br/busca/search?q=Agravo+de+Instrumento+N%C2%BA+70047323217+&proxystylesheet=tjrs_index&client=tjrs_index&filter=0&getfields=*&aba=juris&entsp=a__politica-site&wc=200&wc_mc=1&oe=UTF-8&ie=UTF-8&ud=1&lr=lang_pt&sort=date%3AD%3AS%3Ad1&as_qj=&site=ementario&as_epq=&as_oq=&as_eq=&as_q=+#main_res_juris. Acesso em: 22 jan. 2016.

299 SARLET, Ingo Wolfgang *et al. Reserva do possível, mínimo existencial e direito à saúde:* algumas aproximações. Disponível em: http://www.revistadoutrina.trf4.jus.br/index.htm?http://www.revistadoutrina.trf4.jus.br/artigos/edicao024/ingo_mariana.html. Acesso em: 28 jan. 2016.

assim como no cumprimento da decisão exarada, notadamente quando deferida uma prestação no âmbito do sistema público de saúde. Deve o magistrado verificar com rigor tanto a prescrição médica quanto as alegações trazidas pelas entidades públicas a respeito da negativa da prestação, inclusive no que concerne ao comprometimento das contas públicas.

Na decisão referenciada o que seria *falta de interesse do Estado em razão dos altos custos*, reconhecendo a onerosidade do procedimento, não é ponderado com relação aos graus de saúde a serem atendidos, desconsiderando totalmente a situação econômica do Poder Público.

Nenhuma discussão quanto ao possível interesse do *ser por vir* é retratada na decisão, que tem por foco apenas aquela que pleiteia. Da mesma forma, nenhuma justificativa há quanto ao possível interesse público e coletivo envolvido diante do quadro geral da Administração Pública brasileira, na falência de oferta dos serviços à saúde, que só poderão ser ponderados no caso concreto.

O que se pode extrair do fundamento da decisão é o atendimento ao interesse individual de gerar, sem qualquer consideração a respeito da criança a vir a ser gerada sem a paternidade. Uma reverência à autonomia da vontade.

A decisão autoriza a *produção independente*, sem debater possíveis colisões de direitos fundamentais e ainda que se chegasse ao mesmo resultado, o debate não poderia ser dispensado.

Seria demasiadamente fácil concluir que o interesse do *ser por vir* deve prevalecer nas duas circunstâncias, proibindo-se o acesso à busca das técnicas para esse fim, seja para a mulher, seja para o homem, principalmente diante de todos os argumentos já visitados sobre a solidariedade e responsabilidade.

Mas tolher a busca desse ideal para a mulher é robustecer mais uma vez a negativa de sua autonomia, uma vez que já não a tem quando deseja não exercer a maternidade. Não haveria autonomia da mulher nem para desejar, nem para desistir após a gestação, pela proibição do aborto incondicionado. Agregado a isso, a infertilidade da mulher se dá inexoravelmente com a idade e o envelhecimento de seu material genético, o que não ocorre com o homem.

A discussão é acalorada e aqui não se pretende esgotá-la. Entre a norma e a real

Segundo o IBGE, no censo demográfico de 2010, mudanças na estrutura da família, maior participação da mulher no mercado de trabalho, baixas taxas de fecundidade e o envelhecimento da população influenciaram no aumento do percentual de casais sem filhos (com ou sem parentes) no período de 2000 a 2010, que passou de 14,9% para 20,2% do total de famílias. Aumentou em um ponto percentual a ocorrência de famílias monoparentais femininas (com ou sem parentes), de 15,3% para 16,2%, enquanto as masculinas (com ou sem parentes) se mantiveram nos mesmos patamares, 1,9% para 2,4%.[300]

O dado não se refere apenas à monoparentalidade voluntária, mas demonstra um crescimento e uma naturalidade quanto ao parentesco de famílias monoparentais femininas. A existência dessa realidade tão presente leva a considerações de que o seu desenvolvimento voluntário é uma consequência aceitável.

A monoparentalidade protegida na Constituição pode ser voluntária ou involuntária, dada a ausência de ressalvas e do reforço contido na lei ordinária do planejamento familiar.

A busca pelos meios de reprodução humana é admissível e constitui-se liberdade dos pretendentes. Restringir a proteção constitucional à monoparentalidade involuntária seria restringir os direitos reprodutivos. Mas será que o acesso a todos os meios médicos possíveis constitui-se direito?

Há ou não autonomia para que os sujeitos busquem a construção de uma família monoparental?

O parâmetro mais difícil a ser enfrentado não se encontra na esfera da liberdade, mas talvez, na esfera da igualdade, para se refletir se esse acesso seria a todos, indistintamente. Para tanto, aqui se propõem uma reflexão, cujo marco teórico parte da defesa de um *discrímen* positivo para a mulher.

Um *discrímen* é o que é levado em consideração – um fator diferencial – para dar um tratamento diferenciado, em certas situações e é um instrumento operativo para tratar certos princípios.

Celso Antônio Bandeira de Melo reconhece essa possibilidade e indica para que um fator de discriminação legal seja compatível com o princípio da isonomia, com a necessária correlação entre o sistema constitucional e o fundamento de desequiparação:

a) que a desequiparação não atinja, de modo atual e absoluto, um só indivíduo;
b) que as situações ou pessoas desequiparadas pela regra de direito sejam efetivamente distintas entre si, vale dizer, possuam características, traços, nelas residentes, diferençados;

300 IBGE – Instituto Brasileiro de Geografia e Estatística. *Censo Demográfico 2010*. Famílias e Domicílios – resultados da amostra. Rio de Janeiro, 2012.

c) que exista, em abstrato, uma correlação lógica entre os fatores diferenciais existentes e a distinção de regime jurídico em função deles, estabelecida pela norma jurídica; e
d) que, in concreto, o vínculo de correlação suprarreferido seja pertinente em função dos interesses constitucionalmente protegidos, isto é, resulte em diferenciação de tratamento jurídico fundada em razão valiosa – ao lume do texto constitucional – para o bem público.

Dessa forma, o alcance à monoparentalidade voluntária por meio das técnicas de reprodução humana assistida se faz diferente entre o homem e a mulher, em razões de fatores naturais que naturalmente os diferencia, que é a condição reprodutiva.

Esse foi o fator escolhido para propor um *discrímen* positivo à pessoa que possui o útero, na maioria das vezes as mulheres, podendo também ser o homem *trans*.

Não há que se fazer diferenciação de gênero a todo e qualquer tipo de projeto monoparental. Assim, é legítima a busca do projeto monoparental tanto pelo homem como pela mulher, na esfera da adoção e na busca do reconhecimento de filiação socioafetiva pela posse, por exemplo.

A proposta do *discrímen* estaria apenas na busca da monoparentalidade através do uso das técnicas de reprodução humana se, e somente se, forem afastadas as preocupações com a criança por vir.

O que não se pode é buscar na diferença de gênero a *ratio* fundamentadora para o *discrímen*. Assim, apenas as mulheres teriam direito não por serem mulheres, mas por possuírem condições naturais reprodutivas mais legítimas ao objetivo pretendido.

Diante de elementos corporais distintos, como é o caso do aparelho reprodutor, e diante das disposições normativas já mencionadas, da proteção à monoparentalidade, da liberdade de planejamento familiar, da irrenunciabilidade do poder familiar, se verifica que a igualdade abstrata, impõe *discrímen* positivo concreto para a mulher. É a mulher naturalmente mais independente à reprodução sozinha do que o homem. Some-se a isso o fato de possuir tempo certo para a sua fertilidade, o que implica uma corrida contra o tempo para o projeto parental, e mesmo a busca de uma saúde reprodutiva.

Ao tratar de isonomia e fator de discriminação, o autor Celso Bandeira de Mello coloca em pauta dois requisitos:

> a) a lei não pode erigir em critério diferencial um traço tão específico que singularize no presente e definitivamente, de modo absoluto, um sujeito a ser colhido pelo regime peculiar;
> b) o traço diferencial adotado, necessariamente há de residir na pessoa, coisa ou situação a ser discriminada; ou seja: elemento algum que não exista nelas mesmas poderá servir de base para sujeitá-las a regimes diferentes.[301]

A reprodução da mulher também torna-se diferenciada por ser um elemento transformador de seu próprio organismo, *quiçá* permitindo o melhor desenvolvimento de sua saúde global. Em que pese o cuidado com as futuras gerações e sua integridade pessoal, parece não se poder presumir danos nessa situação, senão em situações casuísticas como já mencionado. Há que se entender nesse aspecto que a presunção de que a convivência familiar com ambos os ascendentes é benéfica pode ser relativizada.

Ao homem, independentemente de sua orientação sexual, não haveria autonomia para a busca de um projeto individual de monoparentalidade através das técnicas reprodutivas, por envolver outras complexidades relacionais cuja constitucionalidade é duvidosa. Duas situações e não apenas uma pesaria sobre este: a situação da mulher cedente e a condição da futura criança.

Importante esclarecer que não há nessa referência qualquer valor moral destinado a enxergar a mulher sempre dentro de um papel reprodutivo. A esse respeito é importante a desconstrução cultural do que se irradia no corpo feminino. Jacqueline e Cláudia ressaltam:

> Ainda há supervalorização do corpo reprodutivo, pelo privilégio concedido ao corpo biológico. Pelo fato de ser detentora do útero, a mulher acaba sendo identificada pela sua capacidade de reprodução. As imagens da maternidade e do corpo grávido ganham espaço na mídia, reafirmando a identidade feminina relacionada à autorrealização. A maternidade é mostrada como essência dessa identidade e a reprodução como algo inerente à natureza feminina.[302]

Aqui se coloca a maternidade como escolha e não como condição do sexo.

---

301 MELLO, Celso Antônio Bandeira de. O *conteúdo jurídico do princípio da igualdade*. São Paulo: Malheiros Editores, 2004, p. 23.

302 MACHADO, Jacqueline Simone de Almeida *et al.* Reprodução feminina e saúde sob os olhares de mulheres sem filhos. *REME. Rev. Min. Enferm.*; 20: (1-7), 2016, disponível em: https://pesquisa.bvsalud.org/portal/resource/pt/biblio-835279. Acesso em: 30 jan. 2021.

A partir daí, ainda se pode questionar se haveria violação do princípio da igualdade e se o tratamento diferenciado poderia ser considerado uma discriminação de gênero. Esse mesmo problema se daria com a busca do projeto parental por casais homossexuais femininos e casais homossexuais masculinos. Portanto, o *discrímen* não seria quanto à orientação sexual, mas com relação à diversidade de gênero.

O assunto é muito delicado e pode ferir valores ideológicos e libertários, além de ser equivocadamente interpretado como um posicionamento conservador, no pior dos sentidos.

Para a mulher, o alcance da liberdade e igualdade formais foi fundamental para o início de sua emancipação. A busca de seu projeto individual seria possível não apenas culturalmente como também seria aplaudido. A discriminante natural de gênero, de fato, lhe permitiria isso.

Como bem traçado por Froener e Catalan, a leitura dos dados do Ministério da saúde, segundo os quais o percentual de mães aos 30 (trinta) anos (ou mais) saltou de 22,5%, no início do século XXI, para mais de 35,1% em 2018. E nesse ponto a emancipação da mulher parece estar influenciando a procura pela reprodução humana assistida, uma vez que a gravidez planejada segue sendo adiada.[303]

A admissão do projeto voluntário à monoparentalidade, contudo, abriria espaço para que a utilização das técnicas independente de finalidade terapêutica? Não há aqui defesa para o afastamento dessa finalidade. Apenas admitir-se-ia com a finalidade para a busca da cura de uma infertilidade.

Nessa perspectiva, a discussão de acessibilidade pelo homem e pela mulher para todas as formas de auxílio à reprodução medicamente assistida parece trazer uma questão de discriminantes naturais de gênero e não discriminação de gênero.

Não se pode ignorar que o casal homossexual foi protegido na formação de uma família conjugalizada, por meio do Judiciário, quando o Supremo Tribunal Federal, em maio de 2011 julgou a Ação Direta de Inconstitucionalidade (ADI) nº 4.277 e a Arguição de Descumprimento de Preceito Fundamental (ADPF) nº 132, equiparando as uniões *homoafetivas* às uniões estáveis e posteriormente foi admitida a sua conversão em casamento, finalizando com a possibilidade de habilitação direta ao casamento.

---

303 FROENER, Carla; CATALAN, Marcos. *A reprodução humana assistida na sociedade de consumo*. Indaiatuba: Editora Foco, 2020, p. 11.

Com base nisso, a Resolução do Conselho Federal de Medicina já ressalvou o acesso, independente de finalidade terapêutica, pela natural incompatibilidade de genes para a reprodução. E aqui reside a polêmica, porque pode se estar antevendo também um *discrímen* positivo em razão da incompatibilidade, mas este seria relacional e não pessoal.

Além disso, o casal heterossexual deve fazer prova médica da finalidade terapêutica e da impossibilidade da gestação pela pretendente para a obtenção da autorização da técnica auxiliar de gestação sub-rogada, o que não é exigido ao casal homoafetivo, naturalmente.

Importante ressaltar que, embora já haja estudo em torno do útero artificial, que seria uma adequada solução à princípio, está a se tratar com um dado da realidade social atual e este dado restringe à mulher uma gestação.

A busca da fertilização assistida como opção ao exercício da parentalidade, apenas seria considerada um direito fundamental se justificada a *finalidade terapêutica*. Sobre a caracterização da finalidade terapêutica, existem várias interpretações a partir da concepção de saúde estabelecida pela Ordem Mundial de Saúde. Para a OMS, *saúde é um estado de completo bem-estar físico, mental e social e não apenas a mera ausência de doença ou enfermidade*.

Em torno também desse conceito de saúde, extrai-se uma série de concepções que envolvem a garantia do bem-estar psicológico diante do anseio ao exercício da parentalidade.

Esse fundamento é utilizado para garantir o acesso à reprodução humana ao casal homossexual masculino, que não poderia e não deve ser *discriminado* e tratado diferentemente do casal heterossexual.

Em qualquer situação, limites éticos e legais devem ser observados como a não onerosidade na disposição do material genético e cessões possíveis.

Para finalizar essa reflexão, é importante ressaltar que a reflexão parte da binariedade de gênero, historicamente implantada em nosso consciente. A considerar a quebra dessa binariedade na hipótese dos transgêneros, estar-se-ia, invertidamente, admitindo-se que para o *trans-homem* não haveria impedimento ao projeto individual, se mantido o aparelho reprodutor anterior e balanceamento hormonal, mas para o *transmulher* voltar-se-ia a falar desse impedimento. Nessa situação, o gênero social masculino seria mais beneficiado pela desnecessidade da utilização da cessão de útero.

Sobre os direitos reprodutivos dos transexuais, Heloisa Helena tem importante entendimento no sentido de que o Estado deveria assegurar a criopreservação de gametas antes do processo transexualizador, permitindo a utilização posterior.[304]

A defesa da monoparentalidade voluntária para a mulher e não para o homem na utilização das técnicas de reprodução humana gera desconforto e inquietação em uma sociedade democrática e pode ser taxada como um pensamento conservador ou mesmo discriminatório. Porém, na dura expressão do Direito, trata-se de uma desconstrução a partir de justificativas igualmente nobres de defesa *da igualdade nos limites das desigualdades*.

5.2.2 Multiparentalidade

O Brasil já foi palco de uma multiparentalidade legal na denominada *adoção simples*. A multiparentalidade seria a possibilidade de relativização do sistema binário na *ascendência,* admitindo-se mais de um pai ou de uma mãe ao filho.

A antiga adoção simples, que não inseria a criança totalmente no seio da família dos pais adotantes, mantinha essa criança ligada ao parentesco de origem assim como aos pais adotantes, deixando inúmeras dúvidas quanto aos efeitos patrimoniais decorrentes, como o de direito aos alimentos e hereditários. Além disso, trazia enorme insegurança jurídica à criança, uma vez que era plenamente revogável em sua forma de constituição pela escritura pública. Existia tão somente para atender ao interesse dos adotantes.

A figura foi totalmente revogada pelo Código Civil de 2002, uma vez que, embora socialmente já ineficaz, até então se encontrava vigente, ainda que não mais para crianças e adolescentes, mas para filhos maiores e capazes. Havia então, a partir do Estatuto da Criança e do Adolescente e até o Código Civil de 2002, um sistema binário de adoção, uma vez que para a criança a adoção seria plena e irrevogável, desligando o parentesco de origem, além de exigir a intervenção do estado no processo judicial, o que em tese poderia não ocorrer com a adoção de pessoa maior e capaz.

Abolida pelo Código Civil de 2002 a adoção simples, atualmente, toda e qualquer adoção é plena. Pode-se dizer então que o sistema

[304] BARBOZA, Heloísa Helena. Proteção da autonomia reprodutiva dos transexuais. *Rev. Estud. Fem.*, Florianópolis, vol. 20, n. 2, maio/ago. 2012. Disponível em: https://doi.org/10.1590/S0104-026X2012000200015. Acesso em: 23 abr. 2021.

multiparental legal do passado foi abolido pelo ordenamento jurídico brasileiro.

A multiparentalidade voltou a ser trabalhada pela doutrina e jurisprudência, principalmente em razão da valorização da socioafetividade, e sob o argumento de que seria uma realidade fática a ser considerada.

Fabiola Lôbo cita exemplos de vínculos múltiplos, como a família homoafetiva, a filiação decorrente das técnicas de reprodução assistida heteróloga e a alteração na lei de registro público pela Lei Clodovil, em 2009.[305]

De acordo com Catalan, também antes da implementação da Tese, a multiparentalidade estaria tangenciada dentro das seguintes possibilidades:

> (a) o movimento incessante de construção e de destruição dos laços afetivos nas famílias recompostas; (b) a utilização de material genético de alguém como matéria-prima na fecundação de um novo ser; (c) a adoção não destruidora do passado; (d) a gestação de substituição ou, ainda, (e) a história dos núcleos de poliamor.[306]

Pode-se dizer que a Tese de Repercussão Geral 622 do Supremo Tribunal Federal no ano de 2016 veio a coroar um trabalho jurisprudencial onde já se reconhecia, em determinados casos, essa possibilidade. O Supremo Tribunal Federal, contudo, não vincula a multiparentalidade senão apenas a admite, o que reforça o seu caráter extraordinário.

Diferentemente da Argentina, país vizinho, a multiparentalidade nunca teve proibição expressa no Brasil, mas muito pelo contrário, já teve uma possibilidade expressa e legal como antes mencionado, que foi expurgada do ordenamento em razão de uma valoração negativa do instituto para o bem-estar e segurança da criança e do adolescente que passou a ocupar um *status* mais importante.

A possibilidade então já havia sido visualizada por muitos doutrinadores e também registrada na jurisprudência, em vários formatos, baseando-se, em sua maioria, no que se denomina de primazia da realidade, exercício da afetividade ou ainda atendimento ao melhor interesse da criança.

---

305 LÔBO, Fabíola Albuquerque. *Multiparentalidade:* efeitos no direito de família. Indaiatuba: Foco, 2021, p. 69.

306 CATALAN, Marcos. *Um ensaio sobre a multiparentalidade:* explorando no ontem pegadas que levarão ao amanhã Disponível em: https://www.academia.edu/4341570/Um_ensaio_sobre_a_multiparentalidade. Acesso em: 7 fev. 2016.

Nesse sentido, seria o *locus* propício para a multiparentalidade: a convivência familiar no parentesco por afinidade – na família recomposta – entre padrastos e enteados; a manutenção da convivência familiar com os pais de origem, não obstante a adoção; e as declarações de vontade *ab initio*, de projeto triparental, para os que se utilizam das técnicas de reprodução humana.

Essas três situações já foram reconhecidas por entendimentos jurisprudenciais e doutrinários, como possibilidades fáticas, capazes de promover a relativização do sistema binário da filiação.

No entanto, há na esfera normativa parâmetros a serem perseguidos, entre os quais: a estabilidade da criança (material e imaterial), a afetividade (afeto e responsabilidade), a sustentabilidade *e as referências parentais legitimadas pela moral consensual coletiva.*

Destaque-se também que o formato biparental em nosso sistema já não está restrito apenas a pessoas de sexos distintos, mas também inclui e por óbvio as pessoas do mesmo sexo, máxime com a promoção da união homoafetiva como entidade familiar.

Por muito tempo e ainda em nosso sistema normativo civil, um indivíduo só poderia ter um pai e uma mãe, ou duas mães ou ainda dois pais ao mesmo tempo em seu registro civil.

Catalan critica o sistema binário afirmando que é excludente de situações palpáveis na realidade social e baseado em um simplismo lógico não mais condizente com os mosaicos familiares da atualidade.[307]

O autor justifica a sua crítica fundado também em sociedades primitivas que dentro de sua cultura sempre relativizaram essa binariedade, na acomodação de seus valores e interesses. Identifica ainda os fatores que teriam levado ao sistema binário, de forma negativa, a partir da busca de uma certeza patrimonialista em Roma, que se preocupou com a transmissão do patrimônio familiar, e mesmo da influência do cristianismo, que incutiu a ideia de sacralidade indissolúvel do casamento.

Registra por fim o autor que no Brasil:

> (...) a virilidade patriarcal e a racionalidade patrimonialista foram os vetores que informaram a codificação que veio a lume em 1916, e que, portanto, tudo isso causou marcas indeléveis na história da família contemporânea, estrutura que não tem como ser aprisionada no interior

[307] CATALAN, Marcos. *Um ensaio sobre a multiparentalidade*: explorando no ontem pegadas que levarão ao amanhã. Disponível em: https://www.academia.edu/4341570/Um_ensaio_sobre_a_multiparentalidade. Acesso em: 7 fev. 2016.

de um código e que varia consoante o espaço e o tempo nos quais tenha que ser pensada.[308]

Nessa evolução tão bem historiada pelo autor, o caminho para um modelo binário decorreu do aumento de uma complexidade social, que passou a exigir mecanismos ordenatórios e não difusos, máxime no que diz respeito às responsabilidades a serem assumidas.

Sobre a multiplicidade de responsabilidades, o próprio direito de família legislado já previa e prevê o compartilhamento não necessariamente na constituição da filiação binária, mas no instituto da guarda. O convívio e sustentabilidade trinária nunca foram proibidos na lei do compartilhamento da guarda e mesmo no concurso de devedores dos alimentos.

Mas o elemento intencional, por si só, não pode ser suficiente para a construção multiparental, pois então estar-se-ia retornando à esfera da autonomia da vontade.

Torna-se relativamente fácil raciocinar a multiparentalidade apenas na esfera do consenso na família, porém, quando o consenso não estiver presente, como resolver os efeitos decorrentes?

Por exemplo, a regra insculpida no Direito Sucessório com relação à ordem de vocação hereditária no artigo 1.836, prevê que na ausência de descendentes são chamados a suceder os ascendentes, em concorrência com o cônjuge sobrevivente. Em seguida todo o raciocínio é voltado a duas linhas, sendo uma materna e outra paterna (podendo duas maternas ou duas paternas). A previsão de concorrência do cônjuge é à base de um terço ou da metade, na hipótese de haver dois ascendentes ou apenas um, respectivamente. Na hipótese de triparentalidade na ascendência, esta regra transmuda-se automaticamente para o recebimento de um quarto para o cônjuge?[309]

Se não mais houver os ascendentes de primeiro grau, serão chamados a suceder os de segundo grau e nessa hipótese ao cônjuge será reservada a metade, e a outra metade poderia ser dividida em até seis vezes ao invés de quatro? A multiparentalidade teria limite quantitativo?

---

308 CATALAN, Marcos. *Um ensaio sobre a multiparentalidade*: explorando no ontem pegadas que levarão ao amanhã Disponível em: https://www.academia.edu/4341570/Um_ensaio_sobre_a_multiparentalidade.

309 BRASIL. Lei nº 10.406, de janeiro de 2002. Código Civil Brasileiro de 2002. Disponível em: http://www.planalto.gov.br/ccivil_03/leis/2002/L10406.htm. Acesso em: 29 jan. 2016. Art. 1.836. Na falta de descendentes, são chamados à sucessão os ascendentes, em concorrência com o cônjuge sobrevivente.

Ao invés da possibilidade de dois direitos sucessórios com relação aos pais, essa expectativa aumentaria para três, assim como aumentaria a expectativa da divisão da herança com os irmãos unilaterais ou bilaterais que viessem a surgir de qualquer dos três pais ou mães. Mas estar-se-ia falando de consequências inarredáveis.

Não há problema em se rever essa redistribuição patrimonial e acredita-se que agora isso será inevitável nos casos em que a multiparentalidade for reconhecida.

Não apenas na esfera patrimonial, mas também pessoal, como se daria o exercício do poder familiar pelos três? O consentimento para a prática de atos também seria exercido por três, e a convivência familiar teria que ser ainda mais fracionada. Os conflitos de alienação parental estariam instigados, posto que com o aumento do número dos agentes de certo há aumento na possibilidade de conflito, pelo dissenso, pela discordância. Como aferir se em qualquer dessas possibilidades estar-se-ia atendendo ao melhor interesse da criança? Com o aumento da possibilidade de conflitos familiares, estar-se-ia afastando o melhor interesse? Esse argumento não seria jurídico e suficiente para repudiar a multiparentalidade.

Dessa forma, a relativização do sistema binário para todos os efeitos jurídicos trará alguns problemas factíveis, dentre as quais:

a) A potencialização dos conflitos familiares na configuração tripartida do poder familiar;
b) A exigência de novos critérios para o Direito Sucessório, com as respectivas linhas de ascendência (paterna e materna, ou paternas e maternas);
c) A manipulação do *status filiae* pela vontade, com o objetivo exclusivamente patrimonial, na medida em que a inclusão de terceira figura paterna ou materna pode trazer maior vantagem financeira – demandas mercenárias.

Na pesquisa de investigação jurisprudencial antes do implemento da Tese 622, foi encontrada inclusive decisão de reconhecimento multiparental, em que o aplicador denominou de *adoção poliafetiva*.

Porém, havia também decisões que não comportavam a multiparentalidade. Nesse aspecto, decidiu o Tribunal de Justiça do Rio Grande do Sul, *Apelação Cível nº 70045753456, Sétima Câmara Cível, Tribunal de Justiça do RS, Relator: Munira Hanna, Julgado em 22.05.2013.*[310] A decisão

[310] TRIBUNAL DE JUSTIÇA DO RIO GANDE DO SUL. EMENTA: AÇÃO DE INVESTIGAÇÃO DE PATERNIDADE E DE MATERNIDADE SOCIOAFETIVA C/C PETIÇÃO DE HERANÇA. INEXISTÊNCIA DO VÍNCULO PARENTAL. CARÁTER PATRIMONIAL. PROVA. 1. Se

negou a paternidade e maternidade socioafetiva cumulada com petição de herança, uma vez que a autora não apenas possuía pais registrais como com eles havia convivido como tal, cuidando de afastar a busca da filiação socioafetiva como meio de auferir vantagem patrimonial.

A decisão ressaltou o caráter binário da filiação e a necessidade de que em um processo desconstitutivo ou constitutivo de estado de filiação importe sempre no cancelamento do registro anterior, rejeitando a facilidade da multiparentalidade.

Dentre as doutrinas tomou relevo aquela que vislumbra a multiparentalidade como um fator inevitável e decorrente de novas composições familiares, que geram não apenas o exercício de novas responsabilidades parentais dos padrastos com relação aos enteados, como também como um fator de alteração do *status filiae*, com consequências sucessórias, inclusive.[311]

A possibilidade foi visualizada por muitos doutrinadores na equivocada interpretação de que o aumento das responsabilidades parentais está necessariamente ligado à mudança do estado de filiação. Não conseguindo encontrar elementos para excluir o anterior, acomoda-se ao argumento de que poderá incluir, sem excluir, dando ensejo à multiparentalidade.

Cassetari reconhece a possibilidade de multiparentalidade (constituição de parentalidade socioafetiva), nas famílias reconstituídas, quando os enteados são *adotados afetivamente* pelo padrasto ou madrasta e ao mesmo tempo são abandonados pelo seu pai ou mãe biológico. Ou ainda, em não havendo abandono, quando o padrasto ou madrasta não podem ter filhos.[312]

---

a autora possui pai e mãe biológicos que a registraram como filha, *o pedido de declaração de filiação socioafetiva é juridicamente impossível, pois quem já possui pai e mãe não pode buscar o reconhecimento simultâneo de outra paternidade e maternidade, salvo de buscar concomitantemente a desconstituição da paternidade registral.* 2. Como nada foi alegado contra a paternidade registral e como o investigado não é pai biológico da autora, sua pretensão é juridicamente impossível. 3. Se o de cujus pretendesse reconhecer a recorrente como filha, certamente teria promovido a sua adoção ou lavrado algum instrumento público neste sentido, mas nada foi feito. 4. Inexistente a relação jurídica de filiação, inexiste título jurídico capaz de albergar qualquer direito sucessório, pois não existe nem mesmo testamento. RECURSO DE APELAÇÃO DESPROVIDO. (Apelação Cível nº 70045753456, Sétima Câmara Cível, Tribunal de Justiça do RS, Relator: Munira Hanna, Julgado em 22/05/2013). Disponível em: http://tj-rs.jusbrasil.com.br/jurisprudencia/112840309/apelacao-civel-ac-70045753456-rs/inteiro-teor-112840319. Acesso em: 17 jan. 2016.

311 TEIXEIRA, Ana Carolina Brochado; RODRIGUES, Renata de Lima. *O Direito das Famílias entre a Norma e a Realidade.* São Paulo: Atlas, 2010, p. 194.

312 CASSETARI, Christiano. *Multiparentalidade e parentalidade socioafetiva.* São Paulo: Atlas, 2014, p. 55.

Se houve abandono afetivo do anterior, há elementos para a sua destituição do poder familiar enquanto houver menoridade, mas não para a exclusão da paternidade, e as justificativas de o novo parceiro não poder ter filhos e formar laços afetivos com o enteado, por si só, seriam insuficiente. O autor reconhece que nessa condição a paternidade ou maternidade no assento de nascimento deveria ser feita sem a retirada do pai ou mãe biológico, consignando-se a multiparentalidade.

Para corroborar o seu entendimento o autor menciona decisão do STJ (Resp. 1.106.637-SP, relatado pela Ministra Nancy Andrigui em 2010),[313] em que o padrasto teve legitimidade reconhecida para requerer a destituição do poder familiar do pai biológico. A decisão empreende uma leitura de que houve reconhecimento de que o pai socioafetivo teria interesse de propor a ação. Contudo, a decisão advém de uma ação de adoção unilateral, hipótese prevista em lei, promovida pelo padrasto, onde este procedeu com o pedido preparatório da destituição do poder familiar. Já há, na própria ação proposta, a intenção do exercício

---

[313] SUPERIOR TRIBUNAL DE JUSTIÇA. *ADOÇÃO. PADRASTO* Cuida-se de ação de adoção com pedido preparatório de destituição do poder familiar ajuizada por padrasto de filha menor de sua esposa, com quem tem outra filha. A questão posta no REsp consiste em definir se o padrasto detém legitimidade ativa e interesse de agir para propor a destituição do poder familiar do pai biológico em caráter preparatório à adoção de menor. É cediço que o art. 155 do ECA dispõe que o procedimento para a perda do poder familiar terá início por provocação do MP ou de pessoa dotada de legítimo interesse. *Por outro lado, o pedido de adoção formulado nos autos funda-se no art. 41, §1º, do ECA, o qual corresponde ao art. 1.626, parágrafo único, do CC/2002: um dos cônjuges pretende adotar o filho do outro, o que permite ao padrasto invocar o legítimo interesse para a destituição do poder familiar do pai biológico devido à convivência familiar, ligada essencialmente à paternidade social ou socioafetividade, que, segundo a doutrina, seria o convívio de carinho e participação no desenvolvimento e formação da criança sem a concorrência do vínculo biológico* Para a Min. Relatora, o padrasto tem legítimo interesse amparado na socioafetividade, o que confere a ele legitimidade ativa e interesse de agir para postular destituição do poder familiar do pai biológico da criança. Entretanto ressalta que todas as circunstâncias deverão ser analisadas detidamente no curso do processo, com a necessária instrução probatória e amplo contraditório, determinando-se, também, a realização de estudo social ou, se possível, de perícia por equipe interprofissional, segundo estabelece o art. 162, §1º, do ECA. Observa ser importante dar ao padrasto a oportunidade de discutir a questão em juízo, em procedimento contraditório (arts. 24 e 169 do ECA), sem se descuidar, também, de que sempre deverá prevalecer o melhor interesse da criança e as hipóteses autorizadoras da destituição do poder familiar, comprovadas conforme dispõe o art. 1.638 do CC/2002 c/c art. 24 do ECA, em que seja demonstrado o risco social e pessoal ou de ameaça de lesão aos direitos a que esteja sujeita a criança. Entre outros argumentos e doutrinas colacionados, somadas às peculiaridades do processo, a Min. Relatora, acompanhada pela Turma, reconheceu a legitimidade ativa do padrasto para o pleito de destituição em procedimento contraditório, confirmando a decisão exarada no acórdão recorrido. REsp 1.106.637-SP. Rel. Min. Nancy Andrighi, julgado em 1º.6.2010. Disponível em: http://www.recivil.com.br/noticias/noticias/view/jurisprudencia-do-stj-adocao-padrasto.html. Acesso em: 29 jan. 2016.

da parentalidade, autorizado por lei. A decisão não confere relevo à condição de padrasto.

O poderia gerar a multiparentalidade pelos parentes afins seriam duas condições: adoção unilateral ou a posse de estado de filiação judicialmente reconhecida ou extrajudicialmente de acordo com o Provimento nº 83/2019 do CNJ, considerando a convivência familiar, presentes os elementos (*nomen, tratactus e fama*) e desde que não esteja havendo o exercício da parentalidade responsável pelo pai/mãe registral.

O padrasto ou madrasta que desejar poderá, independentemente do registro, estabelecer direito hereditário em favor de seu enteado através de testamento, respeitados os limites da lei, na hipótese de existência de herdeiros necessários.

Há ainda, a possibilidade prevista na Lei de Registro Público, alterada pela Lei nº 11.924/2009, no §8º do artigo 57, que admite ao enteado, *havendo motivo ponderável e desde que haja autorização judicial, averbar o nome de família de seu padrasto ou madrasta em seu registro, sem prejuízo do nome da própria família e desde que haja também autorização destes.*[314]

O dispositivo destina-se a uma homenagem em razão da pessoa do padrasto ou madrasta ou reconhecimento pela sua dedicação, apoio e solidariedade, mas não se destina a conferir estado de filiação. A lei brasileira ampliou o espectro da identidade social com relação ao padrasto ou madrasta, com base na presunção de uma convivência familiar, estável e duradoura, mas nada tem a ver com a mudança do *status filiae*.

Ana Carolina Brochado reflete sobre o tema, reconhecendo, nestes casos, a possibilidade do exercício fático do poder familiar pelo padrasto e madrasta, com responsabilidade de criação e educação. Esse exercício fático poderia também ser formalizado por meio do instituto da guarda compartilhada.[315]

Esse exercício fático, contudo, não seria suficiente para a prevalência da decisão do padrasto/madrasta sobre a dos pais registrais.

---

314 Art. 57. A alteração posterior de nome, somente por exceção e motivadamente, após audiência do Ministério Público, será permitida por sentença do juiz a que estiver sujeito o registro, arquivando-se o mandado e publicando-se a alteração pela imprensa, ressalvada a hipótese do art. 110 desta Lei (Redação dada pela Lei nº 12.100, de 2009). §8º O enteado ou a enteada, havendo motivo ponderável e na forma dos §§2º e 7º deste artigo, poderá requerer ao juiz competente que, no registro de nascimento, seja averbado o nome de família de seu padrasto ou de sua madrasta, desde que haja expressa concordância destes, sem prejuízo de seus apelidos de família. (Incluído pela Lei nº 11.924, de 2009)

315 TEIXEIRA, Ana Carolina Brochado; RODRIGUES, Renata de Lima. *O Direito das Famílias entre a Norma e a Realidade*. São Paulo: Atlas, 2010. p. 202 e ss.

Não bastaria apenas a vontade declarada dos sujeitos interessados para a construção do projeto parental, mas que esta vontade esteja amparada pela posse do estado de filiação. Ser padrasto ou madrasta, manter uma relação de agradabilidade e afeto ou mesmo de assunção de responsabilidades não seriam razões suficientes à legitimação de um estado de filiação.

Não fosse a disputa de prevalência dos critérios biológico e socioafetivo na filiação, em conflitos positivos no passado, não teria vindo à tona a possibilidade da multiparentalidade. Se mantida a ideia de escolha e preponderância de um critério sobre o outro, rechaça-se a multiparentalidade.

Para alguns a tese do STF valorizou a socioafetividade na medida em que o caso concreto importou no reconhecimento da inclusão do pai biológico no registro, sem excluir o vínculo registral o pai registral também convivia com a demandante, sua filha registral. Por outro lado, o DNA não pôde ser afastado de seu critério de sujeição para exonerar o genitor das suas responsabilidades parentais.

O fator determinante para a constituição da multiparentalidade, deve estar no elemento da posse do estado de filiação. Estando presente, justifica-se e, estando ausente, não.

O *case* que levou à tese de repercussão geral 622 decorreu de uma ação de investigação de paternidade cumulada com a retificação de registro civil e fixação de alimentos, promovida pela filha em face do pai biológico. A autora possuía um pai registral com o qual convivia e onde também se estabeleceu a posse de estado de filiação. Ela teria sido abandonada pelo pai biológico ainda antes de nascer, quando foi registrada pelo seu pai socioafetivo.

Com o recurso interposto pelo pai biológico e réu, este invocou a tese da socioafetividade invertida para não ser incluído no polo da parentalidade, uma vez que nunca havia convivido com a autora.

A tese resultante do julgamento do REsp. 898060 *e da* análise dos vários argumentos na ação, e que incluiu o pai biológico, foi a seguinte:

> A paternidade socioafetiva, declarada ou não em registro público, não impede o reconhecimento do vínculo de filiação concomitante baseado na origem biológica, com os efeitos jurídicos próprios.

Também não poderia o STF afastar a paternidade responsável de quem detém o vinculo biológico, porque isso implicaria em abrir um grave precedente de afastamento da responsabilidade pela não convivência. Os pais investigados biologicamente teriam o condão de se esquivar de seus deveres, ao provar que não conviveram.

Nesse sentido, reconhecer a posse de estado de filiação para o pai registral foi fundamental para que esta filiação não viesse a ser afastada em detrimento do vínculo biológico, mas também o foi incluir o pai biológico.

A Tese não vincula os casos em que estas estão sendo discutidas nas demais instâncias e não cumpre com um papel uniformizador da jurisprudência. A expressão *não impede* abre a possibilidade para o seu reconhecimento, mas não a obriga. A julgar pelo *case* que gerou a tese, o elemento determinante a ser analisado pelo aplicador em qualquer instância continua sendo a existência ou não da posse do estado de filiação, seja para manter um vínculo socioafetivo, seja para incluí-lo.

O simples consenso para o seu reconhecimento seria suficiente?

Após o implemento da tese, o Conselho Nacional de Justiça editou o Provimento nº 63/2017, que posteriormente foi alterado pelo Provimento nº 83/2019, onde se destaca o art. 14 para a reflexão do item da multiparentalidade.

> Art. 14. O reconhecimento da paternidade ou maternidade socioafetiva somente poderá ser realizado de forma unilateral e não implicará o registro de mais de dois pais e de duas mães no campo FILIAÇÃO no assento de nascimento.
> §1ª Somente é permitida a inclusão de um ascendente socioafetivo, seja do lado paterno ou do materno. (Incluído pelo Provimento n. 83, de 14.8.19)
> §2º A inclusão de mais de um ascendente socioafetivo deverá tramitar pela via judicial. (Incluído pelo Provimento n. 83, de 14.8.19)

Residem sobre o referido provimento as mesmas críticas já mencionadas anteriormente sobre a competência e invasão da reserva legal.

Além disso, o Provimento transfere ao registrador uma competência que não lhe é atribuída por lei, que é a de aferição da existência ou não da posse de estado de filiação, através da elaboração de um juízo de valor, o que é extremamente temeroso.

Portanto, não basta a vontade e o consenso.

A ideia de que o critério binário continua sendo a regra no sistema brasileiro também vem se firmando na doutrina.

Rolf Madaleno ressalta isso em sua obra ao afirmar que a multiparentalidade não é a solução para todas as hipóteses e para todas as mais livres reivindicações.[316]

Sobre o termo unilateral constante do *caput* do art. 14, Flávio Tartuce ressalta que o sentido teria sido mais esclarecido com a alteração do Provimento nº 83/2019 para admitir que só se admite a inclusão de apenas um ascendente socioafetivo na forma extrajudicial.[317]

O Provimento reconhece autonomia e também ao menor, posto que se exige que já tenha 12 (doze) anos e consinta, mas não sem a prova da posse do estado de filiação.

Fabíola Lôbo reconhece que será necessário interesse jurídico relevante, desde que do descendente, para a configuração da multiparentalidade ou, havendo consenso, a sua excepcionalidade, uma vez que não se aplicaria a tese na hipótese de adoção e da inseminação heteróloga.[318]

O posicionamento da autora é que a multiparentalidade caracteriza-se necessariamente pela combinação de dois critérios: o socioafetivo e o biológico.

A postura tentaria assegurar que a demanda não tivesse por finalidade razões de ordem patrimonial, não obstant–e tais efeitos pudessem se atribuir.

A possibilidade no Brasil de autonomia para uma multiparentalidade deveria ser um caminho de mão dupla, já que descendentes e ascendentes possuem direitos e deveres recíprocos em determinados planos da vida. São herdeiros entre si, detêm legitimidade aos alimentos e, havendo incapacidade ou vulnerabilidade, possuem deveres materiais e imateriais entre si.

Não há um melhor interesse do descendente sobre o ascendente senão quando aqueles estiverem sob o manto da incapacidade e da necessidade. Além disso, a necessidade, pode estar no ascendente quando em estado de vulnerabilidade.

---

316 MADALENO, Rolf. *Direito de Família*. 10. ed. Rio de Janeiro: Forense, 2020, p. 520-521.

317 TARTUCE, Flávio. O Provimento 83/2019 do Conselho Nacional de Justiça e o novo tratamento do reconhecimento extrajudicial da paternidade socioafetiva, disponível em: https://flaviotartuce.jusbrasil.com.br/artigos/750046252/analise-do-provimento-83-2019-do-cnj-que-trata-do-reconhecimento-extrajudicial-da-parentalidade-socioafetiva. Acesso em: 14 mar. 2021.

318 LÔBO, Fabíola Albuquerque. *Multiparentalidade:* efeitos no direito de família. Indaiatuba: Foco, 2021, p. 95-96.

5.2.3 Autonomia na prática da gestação sub-rogada

A gestação sub-rogada advém de um contrato firmado entre os pretendentes ao projeto parental e a mulher que *serve de meio* a este projeto.

Nesse contrato haverá a interveniência da clínica e médico responsáveis pelo procedimento. Haveria várias nomenclaturas a serem adotadas a depender do contexto espacial "autorizador". Entre as terminologias adotadas temos: maternidade de substituição, cessão de útero, barriga de aluguel e gestação sub-rogada, como aqui será tratada. O procedimento recebeu inúmeras expressões em razão da complexidade da situação entre os sujeitos e principalmente para a cessionária.

Poderia se dar com a doação do óvulo pela gestante ou não, mas a autêntica sub-rogação estaria apenas na ideia da gestação e não na disposição do material genético. A julgar por possíveis conflitos positivos que podem gerar, é importante que o material genético a ser utilizado não seja da gestante, considerando-se que seria mais um critério biológico a ser somado, em seu favor. O material genético a ser gestado deve ser dos pretendentes e/ou doadores anônimos.

No Brasil, dado o vazio legislativo, a sua regulamentação tem se operado na esfera da ética médica através da vigente Resolução nº 2320/2022, já mencionada.

Além disso, sendo autorizada na prática médica, o Conselho Nacional de Justiça também autorizou a *legitimidade* desse contrato por meio do Provimento nº 63/2017, desde que sob algumas condições. Dessa forma, o registro da criança em nome dos pretendentes vem sendo autorizado, extrajudicialmente.

Antes desse provimento, os interessados deveriam levar ao Judiciário a pretensão, onde seria ou não autorizado o registro, de forma que o oficial de registro civil dependeria dessa autorização judicial, caso a caso. Isso porque, pela lei do registro civil, o oficial deve registrar a criança em nome da gestante, após prova da gestação e do parto, mediante a apresentação do DNV – declaração de nascido vivo, emitida pela maternidade. E aqui reside flagrante ilegalidade do provimento.

As incertezas na filiação para o Direito brasileiro sempre estiveram em torno da definição da paternidade, que, quando não presumida pelo casamento, dependeria de um reconhecimento voluntário ou involuntário.

Antes das descobertas biotecnológicas, a paternidade não decorrente de uma conjugalidade só poderia ser reconhecida com a prova de que o relacionamento do suposto pai com a gestante ocorreu na provável época da concepção. Ao suposto pai caberia a contestação na ação investigatória, invocando a presunção *exceptio plurium concubentium*, suscitando dúvidas quanto à possibilidade de ter havido outras relações pela mulher, com outros, no referido período da concepção.

Já com relação à maternidade nunca houve incerteza em nosso ordenamento jurídico, incidindo a presunção *mater semper certa est*, definindo-se a maternidade pelo critério biológico decorrente da gestação e do parto. Em que pese a superação do critério biológico como única forma de estabelecimento da maternidade, o afastamento dessa incidência não poderá ser feito mediante simples conduta volitiva entre a gestante e outra pessoa que pretende exercer a função materna.

A realidade social nos centros de reprodução através de suas regulações éticas e do Provimento do Conselho Nacional de Justiça propõem a relativização dessa presunção.

Apesar das inúmeras combinações possíveis na realidade médica, a gestação sub-rogada se justificaria em três hipóteses: a) impossibilidade uterina da pretendente (finalidade terapêutica); b) projeto individual parental do homem; e c) projeto do casal homossexual masculino.

Os médicos encontram-se autorizados pelas regras do Conselho Federal de Medicina a realizar o procedimento diante da "prova da finalidade terapêutica", salvo se se trata da busca do projeto parental por casal homossexual, onde a finalidade não é propriamente terapêutica.

Muñoz apresenta uma classificação das formas de uma gestação dessa ordem, segundo quem concede o material genético e se houver ou não retribuição financeira à gestante, a saber, respectivamente:

> 1) Subrogación tradicional o parcial: la gestante es inseminada natural (en la actualidad, raro) o artificialmente con el semen de uno de los comitentes o un donante, y aporta su material genético (por tanto, es también madre biológica del niño).
> 2. Subrogación gestacional o plena: la gestante se limita a gestar un embrión concebido mediante FIV (gametos de los comitentes, o gametos o embrión de donante/s). No aporta material genético, y el niño no tiene parentesco biológico alguno con ella.
> 2. También podemos distinguir, según la existencia o no de retribución a la gestante, entre: 1. Subrogación altruista: la gestante actúa por diversos motivos (frecuentemente, solidaridad) y no recibe retribución alguna o sólo el resarcimiento de los gastos médicos y otros costes razonables.

2. Subrogación comercial: media una contraprestación económica a favor de la gestante.[319]

No Brasil, há forte recomendação do próprio Conselho Federal de Medicina para que a cessionária não seja também a doadora do material, para não se confundir na mesma pessoa os dois critérios biológicos (consanguinidade e genética).

Em outra classificação doutrinária, Guilherme Calmon especifica:

a) a maternidade de substituição que envolve o embrião resultante de óvulo e espermatozoide do casal, com sua implantação no corpo de outra mulher que não aquela que deseja a maternidade; b) a maternidade de substituição que se relaciona ao óvulo e gravidez da mulher que não quer ser mãe da criança, mas empresta seu corpo, gratuitamente, para gestar o embrião e se compromete a entregar a criança ao casal solicitante, sendo o sêmen utilizado na procriação o do marido, que juntamente com sua esposa, resolveu efetivar o projeto parental; c) a maternidade de substituição, que consiste no embrião formado a partir da união de óvulo da própria mulher que engravida e de espermatozoide de doador com o compromisso da mulher de entregar a criança ao casal que, por sua vez, não contribuiu com o material fecundante.[320]

Conclui ainda o autor:

Ainda que se considere que a prática da maternidade de substituição deve ser proibida por força de pretender transformar a mulher em *res*, o que fere a dignidade da pessoa humana, não se pode perder de vista a possibilidade de, a despeito de vedada, a prática efetivamente ocorrer, o que ensejará o questionamento acerca da paternidade-filiação e maternidade-filiação. Nesse caso, a vontade inserida no projeto parental do casal, aliada à contribuição de outras pessoas – especialmente a mulher que vai gestar o embrião em quarenta semanas –, deverá servir como pressuposto que substitui a relação sexual.[321]

A repercussão mundial da técnica de gestação sub-rogada ocorreu nos EUA, com o caso *Baby M*, decorrente de um conflito positivo entre

---

319 JAVIER JIMÉNEZ MUÑOZ, Francisco. Una aproximación a la posición del tribunal europeo de derechos humanos sobre la gestación subrogada. *Revista de Derecho, Empresa y Sociedad (REDS)*, n. 12, p. 42-54, 2018, disponível em: https://dialnet.unirioja.es/servlet/articulo?codigo=6596390. Acesso em: 24 jan. 2021.

320 GAMA, Guilherme Calmon Nogueira da. *A nova filiação*: o biodireito e as relações parentais. Rio de Janeiro: Renovar, 2003, p. 746.

321 GAMA, Guilherme Calmon Nogueira da, *cit.*, p. 746.

a contratante e a contratada, que, embora tenha se comprometido a entregar a criança logo após o parto e mediante paga, arrependeu-se e negou-se a tal, após realização de contrato. A contratada teria tido uma depressão pós-parto, que foi agravada com a entrega da criança aos contratantes.[322]

O caso foi conhecido mundialmente e ocorreu em New Jersey, e o casal William e Elizabeth Stern procurou um centro que anunciava a possibilidade de mães de aluguel para mulheres que por alguma razão não poderiam suportar a gestação. Mary Beth respondeu ao anúncio do casal, e esta já era mãe de duas crianças. Assinaram o contrato em 1985, no valor de U$ 10.000 (dez mil dólares), além do valor para o tratamento com a infertilidade pela intermediação.

Contudo, ao nascer a criança, no ano de 1986, após o sucesso do procedimento e não obstante as cláusulas de renúncia por parte da contratada, Mary Beth decidiu não abrir mão da criança e fugiu com ela, até que os contratantes conseguiram uma ordem judicial para que ela lhes entregasse a criança.

Na época, New Jersey não possuía leis que permitissem ou proibissem contratos dessa natureza.

A polêmica girava em torno da validade do ato contratual, já que *o consentimento inicial da contratada teria sido prejudicado pela sua necessidade de dinheiro*, sem conhecimento adequado sobre o que representaria a entrega da criança.

O juiz da causa determinou o cumprimento do contrato. Ele argumentou não haver compra do bebê, senão porque o pai da criança havia pago pelo serviço da gestação de seu filho e não pela compra de uma criança. Contudo, em sede de apelação à Suprema Corte de New Jersey, esta anulou a sentença do juiz, *declarando inválido o contrato*. Mesmo assim, considerou que os contratantes teriam melhores condições para criar Melissa, constituindo a condição de mãe à contratada com direito de visitação.

Michael Sandel, em uma visão *jus*filosófica, chama a atenção para os perigos que estão por trás do discurso da ética e da solidariedade.[323]

Na reflexão sobre a força moral do contrato, Sandel lembra as teorias do libertarismo e utilitarismo, sendo que a primeira reflete a liberdade de escolha e a segunda o fato de que os contratos promovem

---

322 BARBOZA, Heloísa Helena. A filiação em face da inseminação artificial e da fertilização "in vitro". Rio de Janeiro: Renovar, 1992, p. 88.

323 SANDEL, Michael J. *Justiça* – O que é fazer a coisa certa. Rio de Janeiro: Civilização Brasileira, 2014, p. 116.

bem-estar geral de forma que o acordo deve gerar benefício ou felicidade por meio dele.[324]

Haveria, segundo o autor, duas objeções reinantes sobre o referido contrato: a primeira no consentimento comprometido, uma vez que *as escolhas feitas sob pressão não são verdadeiramente livres*, a segunda objeção diz respeito ao tratamento do objeto do contrato como mercadoria, e degrada a mulher como se fosse uma fábrica. Assim, não poderia haver finalidade lucrativa. Haveria a substituição de uma norma de parentesco por uma norma de produção comercial.

Nesse caso específico, a contratada colocou à disposição tanto o seu óvulo quanto o seu ventre. Contudo, com a possibilidade de desdobramento da teia de fornecimento *óvulo* e *útero*, a gravidez de aluguel reduziu os riscos legais e emocionais que cercavam a gravidez por encomenda.

Apesar de nosso ordenamento estipular a gestante como mãe, a realidade propõe que seja sobrelevado o elemento intencional do projeto parental dos contratantes.

A nossa Constituição Federal em seu §4º do artigo 199 veda qualquer tipo de comercialização para a remoção de órgãos, tecidos e substâncias humanas para fins de transplante, pesquisa e tratamento, bem como a coleta, processamento e transfusão de sangue e seus derivados, o que inevitavelmente se aplica aos tratamentos de fertilidade que envolvem as técnicas de reprodução humana. A partir desse dispositivo, em se admitindo o acesso, a existência de onerosidade seria um passo para a invalidade do contrato.

O argumento utilizado por muitos doutrinadores para admitir a validade do contrato seria identificar o seu objeto como o *uso* ou *empréstimo* de útero alheio, que geraria uma obrigação de meio e não de fim. A interpretação é questionável já que, em nossa tipologia, não há como enquadrar a espécie. Tanto o contrato de empréstimo como o contrato de depósito ou ainda o contrato de prestação de serviço têm identificado como seus objetos uma coisa juridicamente considerada.

Oliveira Ascenção entende que nem tudo o que é tecnicamente possível é eticamente admissível e, em termos jurídicos, o autor não tem dúvidas de que mãe é apenas a biológica, sendo o contrato de gestação nulo, razão pela qual poderia a contratada defender-se

[324] SANDEL, Michael J. *cit.*, p. 120.

judicialmente, na hipótese de suscitado o cumprimento contratual ou seu inadimplemento.[325]

Caio Mário adverte que uma das formas que exprimem o direito do indivíduo sobre o seu próprio corpo se revela no direito à integridade física, sendo tal direito um complemento do poder sobre si mesmo, mas que somente se exerce no limite da manutenção de sua integridade.[326]

O simples fato da utilização se dar no próprio corpo da mulher, sem destaque do órgão, já seria motivo bastante para a inadmissão de qualquer tipo de negócio.

São poucas as decisões colegiadas que envolvem a matéria sobre a técnica de gestação sub-rogada no Brasil. Não há registro jurisprudencial do que poderia ser a maior polêmica na utilização da referida técnica, pelo conflito positivo entre a mãe gestante e a mãe social, ou ainda pior, o eventual conflito negativo entre as mesmas.

A aceitação cultural e defesa da solidariedade familiar seriam elementos que justificariam melhor a possibilidade de relativização da certeza da maternidade biológica, nestas hipóteses.

Mas é importante, antes de mais nada, proceder com a análise formal e inafastável das condições de validade do contrato, considerando-se o seu objeto.

Não obstante a predominância do conceito clássico que enxerga um conteúdo patrimonial para o contrato, há que se reconhecer que, instando a realidade a respeito de contratação com finalidade existencial, faz-se necessário um conceito mais amplo e pós-moderno, que abrangeria tais situações.[327]

Assim, o que interessa não é mais a exigência cega do cumprimento do contrato, da forma como foi assinado ou celebrado, mas se sua execução não acarreta vantagem excessiva para uma das partes e desvantagem excessiva para outra, aferíveis objetivamente segundo as regras da experiência ordinária.[328]

---

325 ASCENÇÃO, José de Oliveira. Procriação medicamente assistida e relação de paternidade. *In*: HIRONAKA, Giselda Maria Fernandes Novaes; TARTUCE, Flávio; SIMÃO, José Fernando (Coord.). *Direito de família e das sucessões*. São Paulo: Método, 2009. p. 360.

326 PEREIRA, Caio Mário da Silva. *Instituições de direito civil*, vol. I. Rio de Janeiro: Forense, 1972, p. 48.

327 OLIVEIRA, Maria Rita de Holanda Silva. Gestação sub-rogada. A filiação contratada. *Revista Jurídica IN-PACTUM*, Universidade Católica de Pernambuco, Recife, ano I, p. 140, 2010.

328 LÔBO, Paulo. Princípios contratuais. *In*: LÔBO Paulo; LYRA JUNIOR Eduardo Messias Gonçalves de (Coord.). *A teoria geral dos contratos e o novo código civil*. Recife: Nossa Livraria, 2003. p. 10.

Haveria reflexão sobre esses preceitos, no contrato de gestação sub-rogada ?

Tal contrato também não pode ser afastado de uma perspectiva consumerista, na medida em que a interveniência necessária de laboratórios e clínicas médicas far-se-á presente mediante uma prestação de serviços esclarecidos, sobre os quais se obtenha consentimento informado, e o pagamento de um valor.

Há em torno dessa característica outro cuidado ressaltado por Luciana Brasileiro:

> É necessária extrema atenção no fornecimento deste serviço, pois não é possível dissociá-lo da mercantilização. O que não se pode, todavia, é transformar em produtos, ou ao menos em expectativas de bem, os futuros bebês. Temem os defensores da bioética que a banalização do fornecimento do serviço e a desproteção legal acarretem, em casos esdrúxulos, a exemplo de um casal contratante que se socorra do judiciário para reclamar uma criança que tenha nascido de um contrato de gravidez sub-rogada e venha apresentar algum "defeito de fabricação".[329]

O que se verifica nas decisões que tocam nesse assunto, é a ausência de discussão e fundamentação quanto à validade do *negócio jurídico* e sua tipologia, se se trata de condição análoga ao empréstimo ou mesmo do contrato de depósito, se estão presentes os elementos de validade ou não.

O Agravo de Instrumento nº 70043541341 da Oitava Câmara Cível, Tribunal de Justiça do RS, Relator: Luiz Felipe Brasil Santos, Julgado em 31.08.2011, corrobora a desnecessidade do procedimento contencioso, não devendo figurar no polo passivo, registradora e Estado, como foi proposta a referida demanda. O agravo foi provido com a determinação do registro civil, a resguardar os interesses do infante. Dispôs o Relator do referido recurso:

> Isso porque há muito está superada a noção de que o reconhecimento da maternidade/paternidade decorre exclusivamente da existência de vínculo biológico ou gestacional, sobrelevando, em muitos casos, a maternidade/paternidade socioafetiva, fruto exclusivo da vontade, e não da genética.

329 AUTO, Luciana da Fonseca Lima Brasileiro. As vicissitudes da filiação: os filhos da reprodução artificial heteróloga sob a ótica do consumo. *In:* EHRHARDT JÚNIOR, Marcos; OLIVEIRA, Catarina Almeida de; ALBUQUERQUE, Fabíola Santos. (Coord.). *Famílias no Direito Contemporâneo.* Salvador: Juspodivm, 2010, p. 245.

> Esse elemento social e afetivo da maternidade sobressai-se em casos como o dos autos em que o nascimento das crianças decorreu de um projeto parental amplo, que teve início com uma motivação emocional do casal postulante e foi concretizado por meio de técnicas de reprodução assistida (com fertilização *in vitro* e gestação em útero de substituição) e solidariedade familiar. O pleito, portanto, é perfeitamente viável, porém não na forma como foi deduzido, em feito sujeito ao contraditório.
> Naturalmente que não há de se revogar a antecipação de tutela concedida, uma vez que, embora precário, o registro de nascimento resguarda os superiores interesses dos infantes Vinícius e Ana Carolina.
> Contudo, ao longo da instrução do feito, além do exame de DNA já determinado pelo juízo (NOEX 51/2011), deverá ser esclarecido o procedimento médico adotado, uma vez que há indícios de que a declaração firmada pelo médico que realizou o procedimento não condiz com a verdade, pois não menciona a fertilização heteróloga ou a utilização de óvulos de pessoa desconhecida.[330]

Data vênia, mesmo em havendo o consenso, se faz imprescindível a averiguação jurisdicional das condições do contrato e das partes envolvidas em sua igualdade material.

Também o Tribunal de Justiça de São Paulo, através da Corregedoria, emitiu o Parecer nº 82 no ano de 2010, no Processo nº 2009/104323, em razão das indicações dos requisitos previstos na então vigente Resolução nº 1.358/92 do Conselho Federal de Medicina, confirmando a

---

[330] TRIBUNAL DE JUSTIÇA DO RIO GRANDE DO SUL. *Ementa*: Agravo de Instrumento. Pedido de registro de nascimento inadequadamente ajuizado pela via contenciosa. Inexistência de lide ou pretensão resistida. Exclusão dos réus do polo passivo e conversão do procedimento. Manutenção da liminar deferida. 1. Não há lide que justifique a via contenciosa da ação ordinária com pedido de antecipação de tutela escolhida pelos agravados, que poderiam ter aviado simples pedido de alvará para lavratura de registro em procedimento de jurisdição voluntária. 2. Os próprios autores reconhecem que não há previsão legal para o registro de crianças nascidas de útero de substituição após procedimento de reprodução assistida. Nesse contexto de vácuo legislativo, a titular do cartório registral não tinha mesmo outra alternativa, a não ser a de negar o registro, como o fez. Por isso, não cabe colocá-los (registradora e Estado) no polo passivo de demanda litigiosa, sujeitos, nessa condição, a eventuais ônus da sucumbência. 3. Não se cogita de revogar a antecipação de tutela concedida, uma vez que, embora precário, o registro de nascimento resguarda os superiores interesses dos infantes. DERAM PARCIAL PROVIMENTO. UNÂNIME. (Agravo de Instrumento nº 70043541341, Oitava Câmara Cível, Tribunal de Justiça do RS, Relator: Luiz Felipe Brasil Santos, Julgado em 31.08.2011). Disponível em: http://www.tjrs.jus.br/busca/search?q=Agravo+de+Instrumento+N%C2%BA+70043541341&proxystylesheet=tjrs_index&client=tjrs_index&filter=0&getfields=*&aba=juris&entsp=a__politica-site&wc=200&wc_mc=1&oe=UTF-8&ie=UTF-8&ud=1&lr=lang_pt&sort=date%3AD%3AS%3Ad1&as_qj=&site=ementario&as_epq=&as_oq=&as_eq=&as_q=+#main_res_juris. Acesso em: 18 jan. 2016.

possibilidade de registro civil em nome dos pais biológicos e contratantes, diante do recurso interposto pelo Ministério Público.[331]

A questão levantada no referido processo, que teve negado o provimento de recurso interposto pelo Ministério Público do Estado de São Paulo contra decisão do MM. Juiz Corregedor Permanente do Oficial de Registro Civil das Pessoas Naturais e Tabelião de Notas do Distrito de Barão Geraldo, da Comarca de Campinas, pelo Corregedor Geral da Justiça, referia-se à recusa de lavramento de assentamento de registro civil pelos fornecedores de material genético de criança nascida através de fertilização artificial em mulher que não forneceu seu óvulo, apenas consentindo a prática do ato com a única finalidade de permitir o desenvolvimento do embrião até o parto.

O referido parecer ofereceu fundamentos que foram acompanhados pelo Corregedor-Geral de Justiça em sua decisão, que negou provimento ao recurso. Neste sentido, a mulher gestante (recorrente) alegou que a maternidade seria presumida através do fenômeno da gestação, afirmando que o acordo celebrado entre ela e os doadores de material genético não poderia ter primazia sobre o princípio da *mater semper certa est* e que o registro civil deveria refletir uma suposta veracidade quanto à maternidade e paternidade quanto a sua origem, basicamente o que aqui defendemos do ponto de vista legal.[332]

Ocorre que o julgamento se deu considerando a relatividade do sistema de presunções estabelecido no art. 1.597 do Código Civil de 2002 em face da prática da gestação de substituição. O termo de consentimento assinado por todos os envolvidos e a declaração prestada por profissional médico, ressaltando que ao tempo de elaboração deste parecer ainda vigia a Resolução nº 1.358/1992 do Conselho Federal de Medicina,

---

331 REGISTRO CIVIL DAS PESSOAS NATURAIS – Assento de nascimento – Filha gerada mediante fertilização in vitro e posterior inseminação, artificial, com implantação do embrião em mulher distinta daquela que forneceu o material genético – Pretensão de reconhecimento da paternidade pelos fornecedores dos materiais genéticos (óvulo e espermatozoide) – Cedente do óvulo impossibilitada de gestar, em razão de alterações anatômicas – "Cedente do útero", por sua vez, que o fez com a exclusiva finalidade de permitir o desenvolvimento do embrião e o posterior nascimento da criança, sem intenção de assumir a maternidade – Confirmação, pelo médico responsável, da origem dos materiais genéticos e, portanto, da paternidade biológica em favor dos recorridos – Indicação da presença dos requisitos previstos na Resolução nº 1.358/1992 do Conselho Federal de Medicina, em razão das declarações apresentadas pelos interessados antes da fertilização e inseminação artificiais – Assento de nascimento já lavrado, por determinação do MM. Juiz Corregedor Permanente, com consignação da paternidade reconhecida em favor dos genitores biológicos – Recurso não provido.

332 CORREGEDORIA-GERAL DE JUSTIÇA/SP. Parecer nº 82/2010. Disponível em: http://arpen-sp.jusbrasil.com.br/noticias/2199440/cgj-sp-profere-decisao-sobre-reproducao-assistida-processo-n-2009-104323. Acesso em: 19 ago.2021.

que não foi alterada neste aspecto pela atual Resolução nº 2.013/2013, ou mesmo a nº 2.121/2015, que corroboram para a regularidade da prática face à ausência de texto normativo a respeito. Ademais, faz-se mister transcrever o trecho do consentimento da parturiente em que expressamente renuncia à associação da maternidade pelo procedimento:

> DECLARO AINDA que NÃO TENHO nenhuma pretensão de assumir a maternidade de tal criança, que não é minha filha, visto que apenas e tão somente doei meu útero para gestação conforme TERMO DE CONSENTIMENTO PARA SUBSTITUIÇÃO TEMPORÁRIA DE ÚTERO, constante nestes autos (fls. 25).

Tal passagem se configura como a autorização para a cessão do útero destituída de possíveis vínculos jurídicos para esta, que apenas utilizou de sua "autonomia" consubstanciada através do negócio jurídico gratuito. Mas não apenas isso. A Corregedoria terminou por corroborar o que não permite a lei: a renúncia do poder familiar, enaltecendo a autonomia da vontade acima de quaisquer preceitos constitucionais de proteção à criança e ao adolescente.

Neste aspecto, pondera Luiz Edson Fachin:

> O avanço da técnica médica presta relevantes serviços aos fins do Direito de Família. Sem embargo, a plena possibilidade de atestar a verdade biológica, em percentuais elevados de confirmação da paternidade pela via do exame em DNA, traduz consigo mesma um paradoxo: a verdade biológica pode não expressar a verdadeira paternidade. Cogita-se, então, da verdade socioafetiva, sem exclusão da dimensão biológica da filiação.[333]

Em outra importante decisão pertinente ao tema estudado, tem-se o julgamento proferido pelo Juiz de Direito Luiz Cláudio Broering da Vara da Família da Comarca de Florianópolis no Processo nº 0800779-46.2013.8.24.0090. A Ação Declaratória de Dupla Paternidade intentada por casal homossexual que se utilizou da fertilização *in vitro* com material genético de um deles, com participação da irmã do outro, que declarou a renúncia ao poder familiar em relação ao nascituro, foi julgada procedente pelo referido órgão singular.[334]

---

[333] FACHIN, Luiz Edson. *Elementos críticos do direito de família*. Rio de Janeiro: Renovar, 1999, p. 236.

[334] SENTENÇA JUÍZO DE DIREITO DE FLORIANÓPOLIS/SC. Disponível em: http://www.direitohomoafetivo.com.br/anexos/juris/1389__1d4255881a61fdb3938c9149f9ac31aa.pdf. Acesso em: 22 abr. 2015.

No julgamento, o Ministério Público arguiu a incompetência do juízo sob o argumento de que se tratava de adoção unilateral de um dos pais, sendo para tanto competente a Vara da Infância e da Juventude, alegação esta que foi rejeitada pelo MM. Juízo. Em verdade, fundamentou o juiz em sua decisão que não há discussão acerca do poder familiar da gestante em relação à criança, *visto que a cedente de útero expressamente o renunciou*, inclusive sem qualquer contestação posterior.

O fato de a gestante ter doado o óvulo para fecundação com o espermatozoide de um dos indivíduos não desnatura o estabelecimento da filiação por ambos, que consentiram no procedimento na condição de futuros pais, pois houve a chamada reprodução assistida heteróloga, que tradicionalmente envolve doação de material genético anônimo, que não foi o caso. Independentemente dessa diferença, ensina Rolf Madaleno que:

> Existem duas modalidades de mães em substituição, ou de útero de substituição, sendo uma delas considerada mãe portadora, por que apenas empresta seu útero, recepcionando os embriões do casal doador e solicitante do empréstimo do útero, ou recepcionando o óvulo de uma doadora anônima na chamada ovodoação, e a mãe de substituição, que não só empresta o útero como também pode ceder seus óvulos, sendo inseminada com o esperma do marido da mulher infértil, assumindo o compromisso de dar à luz à criança e entregá-la ao casal que assumirá a filiação, *renunciando a mãe genética e gestante aos direitos maternos. Nessa hipótese em que a própria mãe de aluguel aporta o óvulo*, conclui Maria Carcaba Fernandez, ocorre uma clara situação de inseminação artificial heteróloga com doador conhecido.[335]

A defesa da confirmação do contrato estaria apenas no elemento formal da vontade, uma vez que não existia vínculo genético com um dos contratantes, na medida em que nesse caso teria ocorrido não apenas a gestação sub-rogada como também a doação de óvulo pela contratada.

Os argumentos da decisão também trazem equívoco na análise dos efeitos do poder familiar, que é irrenunciável por lei.

Logo, segundo a decisão, o fato de a doadora do óvulo coincidir com a cedente de útero não modifica os contornos e consequências da inseminação heteróloga.

Para então julgar o pedido de reconhecimento da dupla paternidade procedente e não acolhendo a alegação feita pelo Ministério

---

[335] MADALENO, Rolf. *Curso de Direito de Família*. Rio de Janeiro: Forense, 2013, p. 533.

Público, o juiz Broering, concluindo a fundamentação de seu julgamento, ponderou o seguinte:

> O reconhecimento de filho havido em união estável, fruto de técnica de reprodução assistida heteróloga *a patre* consentida expressamente pelo companheiro representa a formalização do vínculo jurídico de paternidade filiação, cuja constituição se deu no momento do início da gravidez.

O posicionamento judicial aceita o consentimento da gestante e dos companheiros como válido, no caso de relação homoafetiva, onde há inequívoco impedimento de concepção natural, assim como para os casais heterossexuais que por dificuldades médicas constatadas não conseguem engravidar, devendo representar documento de formalização da paternidade (filiação), instruído conforme a autonomia da vontade de todos, e isso não ofenderia as normas jurídicas.

É possível vislumbrar no futuro a hipótese de tal contrato importar em extinção do poder familiar e não na renúncia ou destituição, em situação análoga da adoção.

Do exposto pode-se dizer que o fator predominante no argumento de defesa da validade na gestação de substituição em procedimento heterólogo seria a intenção da maternidade/paternidade, ou seja, estabelecer laços afetivos, mas para tanto ter-se-ia que admitir a plena autonomia no projeto parental, o que não se faz presente em nossa base normativa.

A realidade da gestação sub-rogada não pode ser negada. A sua prática na atualidade representa um meio de concretização de anseios existenciais, mas não necessariamente de direitos que integram a própria dignidade do ser humano.

Enquanto isso caberá à jurisprudência uniformizar um entendimento de modo a preservar a tutela dos filhos gerados dos procedimentos e daqueles que desejam exercer a função parental harmoniosamente, com a inegável presença da socioafetividade.

Parte da doutrina vem reconhecendo licitude no ajuste contratual bem como a sua validade, invocando a relativização da presunção de que a maternidade é sempre certa pela gestação.

Nesse sentido, entende Maria Berenice Dias, que a possibilidade de uso de útero alheio elimina a presunção *mater semper certa est*, que é determinada pela gravidez e pelo parto.[336]

Na hipótese do projeto de lei brasileiro vir a ser aprovado, conforme se aventou, o sistema jurídico estaria inserido como semiaberto, na medida em que tende a autorizar a contratação, porém não a sua onerosidade. Isso exigiria uma mudança de paradigma e a aceitação de que a filiação pode advir de outra fonte que não a reprodução natural, a adoção ou a filiação socioafetiva de forma mais ampla. A filiação poderia advir do contrato ou da avença entre particulares.

Porém o referido projeto mantém a necessidade de intervenção estatal jurisdicional para a autorização do registro, contrariamente ao que autoriza o Provimento nº 63/2017 do CNJ.

O Brasil já teve inúmeros projetos com esse propósito até o seu último substitutivo, sem que houvesse qualquer conclusão.

Enquanto isso, o Conselho Federal de Medicina favorece a atuação de seus profissionais, sob o manto da ausência da lei, beneficiando um nicho de mercado que cresce à revelia das disposições legais em vigor, invadindo a reserva legal na previsão de direitos e obrigações entre as partes. Talvez não seja conveniente ao poder econômico a aprovação de lei que venha a estabelecer limites.

Há significativa doutrina que defende a legitimação de todas as técnicas de reprodução humana, inclusive da sua monetarização pelo serviço prestado, e que o exercício dessa autonomia revela o empoderamento da mulher de forma plena e consciente sobre o seu corpo e de como utilizá-lo, como sinal do abandono de uma cultura patriarcalista que sempre a viu como a mãe e dona de casa, sujeita aos encargos impostos pela sua própria natureza.

Shalev apresenta essa noção defendendo que a delegação da procriação resulta de uma mulher enquanto pessoa racional e eticamente responsável, capaz de governar as suas emoções e de assumir responsabilidades. Para o autor:

> (...) a atividade procriativa por meio das técnicas é acompanhada por uma atividade econômica de relevo, que envolve médicos, biólogos, assistentes sociais e advogados, e dessa forma, por que não haver a retribuição à mulher que procriou, pelos serviços prestados?[337]

---

[336] DIAS, Maria Berenice. *Manual de direito das famílias*. São Paulo: Revista dos Tribunais, 2011, p. 371.

[337] SHALEV, Carmel. *Nascere per contrato*. Milano: Dott. A. Giuffrè Editore, 1992, p. 127.

No Brasil, a corrente mais libertarista do Direito de Família também defende essa possibilidade e não reconhece na monetarização da atividade qualquer risco relativo à coisificação do ser humano. Para Rodrigo da Cunha Pereira, *o corpo é um capital físico, simbólico e humano e os valores atribuídos a ele estão muito mais ligados a fatores morais, religiosos, filosóficos e econômicos.*[338]

A defesa de procedimentos que envolvem o exercício de uma autonomia plena, quase nunca considera os elementos culturais que levaram e ainda levam determinado sistema normativo a uma postura de intervenção protetiva, como é o caso do Brasil, onde essa racionalidade defendida não pode ser manifestada com total lisura e independência, já que as mulheres que cedem o seu útero são em sua maioria pessoas hipossuficientes, seja economicamente, seja em sua educação para o discernimento quanto às consequências de seus atos. A vontade torna-se viciada pela falta de discernimento, pela postura em face da ausência de alternativa de sobrevivência.

Em março de 2022, o Supremo Tribunal na Espanha, onde a gestação-subrogada é proibida, proferiu decisão, reconhecendo a vulneração da dignidade humana da gestante e reafirmando que a violação do interesse do menor e a exploração da mulher são inaceitáveis. Haveria evidente exploração do estado de necessidade de mulheres jovens que se encontram na pobreza.[339]

Para o Ordenamento Jurídico Espanhol, esse tipo de contrato é nulo e seu objeto é ilícito.

O caso foi de uma mulher que havia celebrado um contrato no México, onde a prática é legalmente permitida e a contratante, pela lei desse país, seria a mãe legal da criança. Depois do nascimento, houve retorno da mãe com a criança que conviveu por dois anos também com os familiares da contratante. Após esse período, houve solicitação junto ao registro civil correspondente, com base na posse de estado de filiação que já vinha sendo exercida, bem como pelo fato de a lei mexicana reconhecer na contratante a condição de mãe legal.

A sentença de primeira instância, que foi mantida pelo Supremo Tribunal negou o pleito, sobretudo por não poder se invocar o princípio

---

338 PEREIRA, Rodrigo da Cunha. *Barriga de aluguel. O corpo como capital*. Disponível em: http://www.ibdfam.org.br/artigos/858/Barriga+de+aluguel%3A+o+corpo+como+capital+. Acesso em: 25 jan. 2016.

339 SUPREMO TRIBUNAL ESPANHOL. *Sentencia*. Disponível em: https://www.newtral.es/wp-content/uploads/2022/04/Sentencia-Tribunal-Supremo-2022-gestacion-subrogada.pdf?x97595. Acesso em: 26 jul. 2023.

do melhor interesse do menor para descumprir preceito legal espanhol, que proíbe o reconhecimento da filiação nesses casos. Recomenda o Tribunal nesse caso em que já há convivência a utilização adequada da lei, por meio da adoção.

María Luisa Marín Castán, em comentário à referida decisão, corrobora com o entendimento e fundamentação legal do Tribunal, com base no art. 10 da Lei nº 19/2015 e na jurisprudencia utilizada (sentença nº 835/2013) que tratou sobre a dignidade e integridade moral da gestante e a salvaguarda dos interesses do menor. A autora defende, no esteio de Kant:

> *Los objetos pueden emplearse como medios al servicio de determinados fines; sin embargo, la persona, de acuerdo con su dignidad, debe ser considerada y tratada como un fin en sí misma, de ahí se deriva la exigencia ética y jurídica de no instrumentalizarla para alcanzar fines que le son ajenos. Esto es, en definitiva, en lo que se traduce el respeto incondicionado a su dignidad.*[340]

Tal entendimento doutrinário, em que pese bastante consusbstanciado na lei, não é pacífico.

Atienza, em comentário sobre a mesma decisão, invoca uma relativização. Para o autor, *"la gestación por sustitución no supone necesariamente tratar a la mujer gestante y también al niño así nacido como una cosa, es decir como un puro instrumento. Hay muchas pruebas de que esto no es así, o sea de que entre los padres comitentes, la mujer gestante y los niños nacidos con esta técnica se pueden establecer relaciones mutuas de respeto, de afecto de agradecimiento… que nada tiene que ver con la explotación"*.[341]

Para que o Direito brasileiro atribua a maternidade a outra mulher que não a gestante, seria necessária a intermediação do Estado, como ocorre na adoção e nas outras filiações socioafetivas que valorizam a convivência familiar. A ressignificação da maternidade é possível, o que se questiona é a forma como ela pode ser atribuída a outrem. O modelo legal teria que prever, além dessa possibilidade, a conduta volitiva entre particulares como sendo capaz de afastar o evento do nascimento, como suporte fático determinante.

---

[340] MARÍN CASTÁN, María Luisa. La dignidad de la mujer como argumento jurídico relevante en la Sentencia del Tribunal Supremo español 277 /2022, de 31 de marzo de 2022, sobre filiación en la gestación subrogada, Revista de Bioética y Derecho, n.57, p.309-334, 2023. Disponível em: https://scielo.isciii.es/pdf/bioetica/n57/1886-5887-bioetica-57-309.pdf. Acesso em: 26 jul. 2023.

[341] ATIENZA, Manuel. Sobre la gestación por sustitución. Otra vuelta de tuerca. *Revista de Bioética y Derecho*, n. 56, p. 107-124, 2022. Disponível em: https://revistes.ub.edu/index.php/RBD/issue/view/2743/315. Acesso em: 26 jul. 2023.

É de extrema gravidade não apenas a invasão da reserva legal pela Resolução médica, estabelecendo direitos e obrigações, como o total *déficit* democrático, já que não há participação representativa popular, razão pela qual não poderia ter reflexo sequer indireto, quanto mais direto como vem obtendo. Atente-se ao que dispõe o artigo 5º, II, de nossa Carta Magna, ao estabelecer que *ninguém é obrigado a fazer ou a deixar de fazer alguma coisa senão em virtude de lei.* Assim, nenhuma das obrigações previstas em tais resoluções sujeita o usuário a seguir.

5.2.3.1 O perigo do turismo reprodutivo

No mundo, têm-se vários sistemas jurídicos que regulam diferentemente a matéria da reprodução humana, ora favorecendo a plena autonomia dos particulares, ora limitando tal autonomia e inibindo a utilização de algumas técnicas.

Na Europa em geral, as leis são restritivas à utilização da gestação sub-rogada entendendo que há instrumentalização da *mulher* e ainda demonstrando uma preocupação com um possível *turismo reprodutivo*.

O turismo estaria sendo favorecido pela saída de cidadãos domiciliados em países de sistemas fechados para a busca de realização de seu projeto parental em países permissivos ou indefinidos, como o Brasil.

Há sistemas jurídicos fechados, sistemas que permitem sob condições (parentalidade, não onerosidade e nacionalidade dos sujeitos) e sistemas que regulam a total permissão, sem estabelecer condições e aderindo às das regras de mercado, da *oferta e demanda*.

Os sistemas permissivos tratam a autonomia no espectro da vontade dos sujeitos capazes, aliado à probabilidade científica.

O Brasil possui um sistema indefinido pela ausência de lei, mas socialmente já declarou ao mundo que adotará um sistema permissivo sob condições (parentalidade e não onerosidade). O que não se sabe é se irá poder garantir tais condições.

O Tribunal Europeu de Direito Humanos realizou um estudo e compilou 35 (trinta cinco) países membros do Conselho da Europa, por ocasião do caso Labassee c. Francia, destacando a proibição expressa da prática em 14 (catorze) estados (*Alemania, Austria, España, Estonia, Finlandia, Francia, Islandia, Italia, Moldavia, Montenegro, Serbia, Eslovenia, Suecia, Suiza y Turquía*); em 10 (dez) não há regulação específica ou a proibição é em razão de disposições gerais ou ainda de egalidade incerta (*Andorra, Bosnia-Herzegovina, Hungría, Irlanda, Letonia, Lituania, Malta,*

Mónaco, Rumanía y San Marino); em 7 (sete) países está autorizada sob condições restritas, como a não onerosidade (*en Albania, Grecia, Países Bajos y Reino Unido; y admitiendo también la comercial en Georgia, Rusia y Ucrania*); e nos outros 4 (quatro) estados, não há regulação, mas há tolerância (*Bélgica, República Checa, Luxemburgo y Polonia*).

Segundo esse levantamento, destacado por Muñoz, em 13 (treze) dos estados é possível obter o reconhecimento dos vínculos de filiação de uma criança nascida no estrangeiro que seja proveniente da prática da gestação sub-rogada, desde que no país onde se realizou seja legalmente permitida por ou determinação judicial; ou ainda que o país onde ocorreu proíba ou não tenha previsão, sempre que ao menos os pretendentes sejam donos do material genético.[342]

O autor conclui que o Tribunal Europeu, tendo em vista diversos casos que advieram do pedido de regularização do registro civil do país de nacionalidade dos pretendentes (o caso *Mennesson*; o caso *Labasse;* os casos *Foulon y Bouvet*; O caso *Paradiso y Campanelli*), não se pronunciou propriamente sobre os contratos, mas apenas reconheceu que não é sua função substituir os critérios das autoridades nacionais para determinar a política mais adequada de regulação da matéria, uma vez que estas gozam de ampla capacidade de decisão.[343]

Nos países que proíbem expressamente, há consequências de natureza penal e de nulidade absoluta do contrato, não obstante, conforme já mencionado, alguns casos terminem sob análise de Tribunais e Cortes Internacionais, que terminam relevando diante de inúmeras especificidades.

Dentre os países que consideram o procedimento legal, destaque-se a Ucrânia, Georgia, Rússia, Índia, Israel e alguns estados dos EUA – Estados Unidos da América (Arkansas, Califórnia, Flórida, Minnesota, Novo Hampshire e Nova Jersey).

Esse tratamento diferenciado entre diversos países revela uma preocupação com relação à possibilidade de um turismo reprodutivo que possa ser realizado mediante tráfico e de forma irregular ou ainda, e em

---

342 JAVIER JIMÉNEZ MUÑOZ, Francisco. Una aproximación a la posición del tribunal europeo de derechos humanos sobre la gestación subrogada. *Revista de Derecho, Empresa y Sociedad (REDS)*, n. 12, p. 42-54, 2018, disponível em: https://dialnet.unirioja.es/servlet/articulo?codigo=6596390. Acesso em: 24 jan. 2021.

343 JAVIER JIMÉNEZ MUÑOZ, Francisco. Una aproximación a la posición del tribunal europeo de derechos humanos sobre la gestación subrogada. *Revista de Derecho, Empresa y Sociedad (REDS)*, n. 12, p. 42-54, 2018, disponível em: https://dialnet.unirioja.es/servlet/articulo?codigo=6596390. Acesso em: 24 jan. 2021.

que pese seja proveniente da prática legalizada no país onde a realizou, representa que os desejos dos pretendentes têm sido supervalorizados.

O *turismo reprodutivo* é real e usurpa, mediante a promessa ao desejo à maternidade e paternidade de pretendentes, direitos fundamentais de mulheres que se encontram em condições sociais desfavoráveis, em todo o mundo. Além disso, um contrato de gestação sub-rogada leva a cessionária a renunciar a uma série de direitos fundamentais que lhe são próprios ao atendimento de sua dignidade e, pior, colocando em risco a sua vida.

O argumento de liberdade e autonomia conquistada pelas mulheres sobre os seus corpos para o consentimento encontra-se viciado por uma série de fatores extrínsecos e coletivos que precisam ser considerados.

Wentzel noticiou através da BBC em 2011 uma operação de tráfico de pessoas que vendia pela internet o serviço de barriga de aluguel e mantinha as grávidas confinadas num sítio em Bangcoc, segundo as informações da investigação:

> Sete estavam grávidas e uma outra teria dado à luz na segunda-feira em um hospital no distrito de Min Buri. Algumas mulheres disseram que aceitaram servir de barriga de aluguel devido à promessa de pagamento de US$5,5 mil (cerca de R$ 9,1 mil), mas foram enganadas e tiveram seus passaportes apreendidos pela organização, informou a imprensa local. O esquema funcionava através de vendas na internet. O site http://www.baby-1001.com cobrava pelo serviço de gestação e prometia privacidade total aos usuários.[344]

A Índia, de extrema pobreza, é um dos países que autorizava a gestação sub-rogada mediante remuneração da gestante. Wallis, em pesquisa realizada em 2013, identificou que a barriga de aluguel comercial era estimada em mais de US$ 1 bilhão por ano na Índia. Durante a gravidez, algumas mães de aluguel viviam em dormitórios – que os críticos chamam de fábricas de bebês.[345]

A autora investigou como são as mulheres que dão filhos aos casais sem filhos, a família pela qual ansiavam. E dentre os depoimentos

---

[344] WENTZEL, Marina. Polícia Liberta mulheres grávidas de "fazenda de bebês" na Tailândia. BBC Brasil, 2011, disponível em: https://www.bbc.com/portuguese/noticias/2011/02/110225_tailandia_gang_barrigas_mw. Acesso em: 21 jan. 2021.

[345] WALLIS, Lucy. Morando dentro da casa de substitutos. BBC News, 2013, disponível em: https://www.bbc.com/news/magazine-24275373. Acesso em: 21 jan. 2020.

colhidos se denotou que a oferta se dá em troca de direitos que deveriam ser garantidos pelo Estado como fundamentais.[346]

> Vasanti, uma das mulheres entrevistadas, expressando felicidade, estava carregando um bebê para um casal japonês e estava recebendo $ 8.000 (£ 4.967), que segundo ela, seria o suficiente para construir uma casa e enviar seus próprios dois filhos de cinco e sete anos, para uma escola onde se fala inglês – algo que ela nunca pensou ser possível. Ela afirmou: para ver meus filhos conseguirem tudo que sempre sonhei, é por isso que me tornei uma substituta.[347]

Em razão de históricos como este, a Índia em dezembro de 2018 aprovou lei que proíbe a gestação sub-rogada ou barriga de aluguel transnacional e comercial. Converteu o procedimento em uma prática altruísta, doméstica e relacional. Rozée, Unisa e Rochebrochard apontam que há controvérsias entre pesquisadores sobre o quanto esta medida traz impactos positivos, pois se aponta que as mudanças podem promover um mercado negro e levar à coerção invisível das mulheres por suas famílias e parentes.[348]

As autoras apontam ainda para as diversas perspectivas feministas sobre o tema, que são controversas, com relação à retórica que aponta a escolha, a agência e a mercantilização dos corpos femininos e a maternidade:

> (a) para as feministas radicais e materialistas, é considerada uma não escolha econômica das mulheres pobres e coerção pela pobreza; (b) Outras abordam como uma possível "escolha reprodutiva em um contexto de pobreza em poucas outras opções estão disponíveis para as mulheres viverem em melhores condições; (c) Algumas criticam a mercantilização do corpo feminino das mulheres, comparando-as com seres descartáveis, ferramentas vivas ou máquinas de bebês, e traçam paralelos com a prostituição e a escravidão; (d) Outros vêem a barriga de aluguel comercial e transnacional da mesma forma que outros empregos que fortalecem a exploração econômica e racial, como atividades de assistência terceirizada; (d) De uma perspectiva feminista essencialista, a

---

[346] WALLIS, Lucy. Morando dentro da casa de substitutos. BBC News, 2013, disponível em: https://www.bbc.com/news/magazine-24275373. Acesso em: 21 jan. 2020.

[347] WALLIS, Lucy. Morando dentro da casa de substitutos. BBC News, 2013, disponível em: https://www.bbc.com/news/magazine-24275373. Acesso em: 21 jan. 2020.

[348] ROZÉE, Virginie *et al.* (Sayeed Unisa e Elise de Rochebrochard). Os paradoxos sociais da barriga de aluguel comercial nos países em desenvolvimento: a Índia antes da nova lei de 2018. BMC Women's Health, 2020, disponível em: https://www.ncbi.nlm.nih.gov/pmc/articles/PMC7559454/. Acesso em: 21 jan. 2021.

> barriga de aluguel comercial, seja local ou transnacional, nega o vínculo natural entre a mãe e o feto e ignora o amor materno criado pela gravidez, degradando a mulher e a maternidade; (e) outras análises enfatizam que as mães de aluguel, como qualquer mulher grávida, podem se distanciar física e emocionalmente da gravidez e do feto.[349]

No Brasil atual e diante da indefinição de nosso sistema legal, o mercado é afrontoso nas redes sociais. Há comunidades próprias no *Facebook* que facilitam o intercâmbio e comércio da cessão de útero. A partir de uma pesquisa acadêmica orientada pela Universidade Católica de Pernambuco foi possível aferir o seguinte:

> (...) sobre as ofertas da gestação por substituição no Brasil, em uma comunidade da rede social *Facebook* chamada "Barriga de aluguel, solidária e coparentalidade",[350] foram analisadas 50 (cinquenta) postagens, dentre as quais apenas 3 (três) eram ofertas para a gestação por substituição altruísta, a chamada "barriga solidária". As demais 47 (quarenta e sete) postagens eram referentes ao serviço da "barriga de aluguel".
> Dentre estas postagens analisadas, 13 (treze) expressaram o valor desejado pela possível geratriz para se submeter ao procedimento da gestação por substituição. Os valores cobrados variam entre R$ 4.000,00 à R$ 100.000,00 que, mediante o cálculo de média aritmética, inferiu-se que o valor médio cobrado pelas mulheres brasileiras é de aproximadamente R$ 33.615,00 (trinta e três mil seiscentos e quinze reais).[351]

De outro lado, pesquisa realizada no site do Conselho Federal de Medicina –CFM aponta que há um significativo número de demandas que são autorizadas, independentemente de parentesco entre as partes. Há até mesmo um parecer do Conselho Regional de Medicina do Paraná (CRM-PR) favorável à realização da técnica em uma mulher que o casal solicitante conheceu na rede social *Facebook*, em um grupo chamado *Barriga solidária*, conforme a seguir descrito:

---

[349] ROZÉE, Virginie *et al.* (Sayeed Unisa e Elise de Rochebrochard). Os paradoxos sociais da barriga de aluguel comercial nos países em desenvolvimento: a Índia antes da nova lei de 2018. BMC Women's Health, 2020, disponível em: https://www.ncbi.nlm.nih.gov/pmc/articles/PMC7559454/. Acesso em: 21 jan. 2021.

[350] Mais informações em: Barriga de aluguel, solidária e coparentalidade. Disponível em: https://www.facebook.com/groups/271864476523715/. Acesso em: 15 maio 2020.

[351] TINOCO, Bruna. Gestação sub-rogada no Brasil: possibilidade de turismo reprodutivo. Monografia de conclusão de curso, Universidade Católica de Pernambuco, depositada em 2020. FACEBOOK. *Barriga de aluguel, solidária e coparentalidade*. Disponível em: https://www.facebook.com/groups/271864476523715/. Acesso em: 15 maio 2020.

> Protocolados documentos em 16 de setembro de 2016. No primeiro documento consta que:
> Ocorre que a doadora genética não dispõe de qualquer mulher com grau de parentesco que possa submeter-se a este processo.
> E o Termo de Consentimento Livre e Esclarecido assinado pelo casal com firma reconhecida.
> Cumpre observar que houve mudança na petição. A doadora do útero de substituição foi terceira pessoa cujo contato inicial ocorreu pelo Facebook.
> Meu parecer é pelo Deferimento, desde que as seguintes recomendações sejam cumpridas:
> 1 - Comprovação pelo médico, da ausência de doadora com parentesco, conforme determinação da Resolução CFM nº 2121/2015.
> 2 - Responsabilização do médico que realizará o procedimento. Em especial, sobre as condições médicas e psicológicas dos envolvidos, visto que as avaliações foram realizadas por outros médicos.
> 3 - Observar a determinação: A doação temporária do útero não poderá ter caráter lucrativo ou comercial.
> É o parecer, s. m. j.[352]

Há parecer recente do Conselho Regional de Medicina do Tocantins (CRM-TO) autorizando a gestação sub-rogada em uma mulher que possuía "relação de amizade" com o casal solicitante[353]

Da mesma forma, há parecer do Conselho Regional de Medicina do Espírito Santo (CRM-ES) autorizando a prática em uma amiga do homem solicitante que desejava realizar uma *produção independente*.[354]

Notícia veiculada no site do Superior Tribunal de Justiça informa sobre a autorização de adoção de criança *avençada* durante a gestação por um casal que se utilizou da gestação sub-rogada com uma mulher *prostituta*. Aqui se demonstra também a importância da incidência direta do princípio do melhor interesse da criança após período de convivência com os pretendentes.[355]

---

352 CRM/PR. *PARECER Nº 2.540/2016*. Curitiba: Conselho Regional de Medicina do Paraná, 2016. Disponível em: https://sistemas.cfm.org.br/normas/visualizar/pareceres/PR/2016/2540. Acesso em: 11 abr. 2020.

353 CRM/TO. *PARECER Nº 15/2019*. Palmas. Conselho Regional de Medicina de Tocantins, 2019. Disponível em: https://sistemas.cfm.org.br/normas/visualizar/pareceres/TO/2019/15. Acesso em: 11 abr. 2020.

354 CRM/ES *PARECER Nº 15/2019*. Santa Catarina. Conselho Regional de Medicina do Espírito Santo. Disponível em: https://sistemas.cfm.org.br/normas/visualizar/pareceres/ES/2019/15. Acesso em: 11 abr. 2020.

355 SUPERIOR TRIBUNAL DE JUSTIÇA. *Criança nascida de barriga de aluguel será mantida com pai que a registrou*. Disponível em: https://stj.jusbrasil.com.br/noticias/112326986/crianca-nascida-de-barriga-de-aluguel-sera-mantida-com-pai-que-a-registrou. Acesso em: 21 jan. 2021. Em janeiro de 2014, o Superior Tribunal de Justiça impediu que o Ministério

Eduardo Leite enfatiza a probabilidade da comercialização na prática ser favorecedora de uma exploração da mulher menos favorecida economicamente e a diferença existente entre a fertilização *in vitro* heteróloga e a mãe de substituição. Esta merece exame isolado porque o procedimento de assistência à procriação não tem nada de médico. É antes um processo social (com implicações éticas e jurídicas) do que médico.[356]

5.2.3.2 O *mito do amor materno* e a bioética feminista

Não é incomum a expressão de que as mulheres são seres "múltiplos", diferentemente dos homens, por carregarem consigo os "dons" da maternidade e do feminino, como se fossem antagônicos. Aliás, tal antagonismo parece ser um problema afeto apenas às mulheres, pela sua condição natural, que experimentam frequentemente a dor, como a menstruação, a defloração e o parto. Para não a sobrecarregar ainda mais, a solução apontada pelos homens sempre foi a escolha: ou o exercício da maternidade ou o exercício do feminino.

Elizabeth Badinter traz a rica evolução cultural entre o *amor ausente* no passado, traçado na mudança de concepção da criança no primeiro capítulo, e o *amor forçado*.[357]

Em que pese o percentual de mulheres que buscaram o trabalho em busca de suprir as necessidades em um segundo salário, o fato é que hoje há também a escolha voluntária de deixar a casa e os filhos como meio de realização e desenvolvimento de sua personalidade. Paradoxalmente, a mulher que "secava" os próprios seios para não amamentar, se valia da mulher escrava da amamentação em prol dessa criança. Pode se dizer que a qualificação da criança como sujeito de direito central terminou também por escravizá-la sob um argumento justificável no consenso da sociedade: a proteção e desenvolvimento da criança.

Público Estadual do Paraná retirasse a guarda de uma filha gerada através de gestação de substituição de seu pai biológico. De acordo com o MP, o acordo entre requerente e gestante teria envolvido negociações pecuniárias. A justiça do Paraná deu provimento à ação e determinou a busca e apreensão da criança menor de cinco anos, que deveria ser levada a abrigo e submetida à adoção regular. O ministro Luis Felipe Salomão, porém, levou em consideração o melhor interesse da criança, que já vivia há 7 meses com os pais afetivos O número do processo é desconhecido em função do segredo judicial.

356 LEITE, Eduardo de Oliveira. *Procriações artificiais e o direito, cit.*, p. 401.

357 BADINTER, Elisabeth. *Um amor conquistado:* o mito do amor materno. Waltensir Dutra (Trad.) Rio de Janeiro: Nova Fronteira, 1985, p. 339.

De qualquer forma, é certo que a maternidade não é mais sempre a preocupação primeira e instintiva da mulher. Principalmente as mais beneficiadas por uma instrução superior e que possuem mais satisfação no exercício de sua profissão.

A análise é pertinente à presente temática principalmente porque defende-se a gestação sub-rogada como uma função reprodutiva que não necessariamente signifique ou leve à maternidade. A faculdade de ceder o útero para outrem seria finalmente o exercício pleno de uma autonomia que historicamente sofreu pressões e opressões e estaria calcada na ideia de que o instinto maternal desde a gestação é proveniente não da condição da mulher, mas de uma fabulosa pressão social de que esta só pode se realizar através da maternidade.

No entanto, o foco calcado na crítica à gestação sub-rogada não está na reverência a determinado *mito* materno já suplantado, mas na subjugação de sua condição para atendimento de desejos alheios aos seus planejamentos pessoais. Não se trata da condição individual de uma gestante que cede, mas da condição coletiva do feminino e de suas conquistas. Ainda que se entenda certo interesse remuneratório e autonomia sobre o próprio corpo, esta parece estar bastante fragilizada e comprometida em um contexto de extrema desigualdade social, racial e de inacessibilidade à educação.

É preciso haver cuidado e principalmente nos países da América Latina, quanto à influência religiosa, que tenta também fundamentar hermética proibição, por fundamentos morais e ligados a esse *mito do amor materno*, que ao revés sempre aprisionou mulheres em uma sociedade patriarcal, tolhendo-lhe toda e qualquer autonomia ao impor responsabilidades quase que exclusivas na criação dos filhos, em razão da gestação.

Uma importante e fundamental crítica decorre da chamada bioética de inspiração feminista que surgiu no início dos anos 90. Débora Diniz afirma que a *proposta inicial da bioética feminista era traçar uma perspectiva crítica frente às desigualdades sociais, em especial a assimetria de gênero como um agente potencial de provocação dos pressupostos universalistas e abstratos da bioética principialista*.

Continua a autora, especificando a despreocupação da bioética principialista com as desigualdades:

> Para muitas das teorias críticas, autonomia e conquista da liberdade são conceitos e princípios que se misturam na busca pela igualdade social, na crítica a todas as formas de opressão social ou mesmo na proteção de pessoas e/ou comunidades socialmente vulneráveis. No entanto,

> para além do princípio da autonomia, muitas vezes mecanicamente referenciado pela teoria principialista, as perspectivas críticas apontam para a necessidade de se demarcar a fronteira de situações em que a autonomia pode ser mascarada pela coerção da vontade, explicitando um dos aspectos fundamentais da perspectiva política do conceito de vulnerabilidade.[358]

Segundo a autora, confundir bioética feminista com um certo discurso sexista é antes de tudo uma estratégia eficaz de silenciar os padrões de desigualdade e opressão que imperam nas sociedades: é confundir vulnerabilidade, opressão e desigualdade com diferença.[359]

A possibilidade de manipulação autoritária pelos centros médicos, considera que os pretendentes e a cessionária possuem plena autonomia por serem maiores e capazes.

À ciência médica se confere a deferência das pesquisas biotecnológicas e descobertas que muitas vezes nem são publicizadas. À ciência jurídica se confere o controle e legitimação das relações sociais decorrentes de tais descobertas.

A possibilidade de manipulação de gametas na reprodução humana assistida não pode se confundir com a eventual possibilidade de manipulação no projeto parental. Assim, no Brasil o projeto parental está sujeito ao exercício de uma autonomia "limitada", para garantia de isonomia e defesa de direitos considerados fundamentais.

Paulo Lôbo, suscitando o viés filosófico de Sandel, lembra que o argumento em favor do procedimento baseia-se nas teorias do libertarismo e do utilitarismo, na medida em que o contrato reflete a liberdade e também promove o bem-estar geral das partes envolvidas.[360]

Do ponto de vista da saúde psicofísica, o autor apresenta a divulgação de resultados interessantes da "epigenética", que estudam os marcos de configuração genética que passam de geração para geração, ainda que não alterem a essência do código genético, algo que pode ser repassado pelas condições da vida intrauterina.[361]

---

358 DINIZ, Débora *et al.* Bioética feminista: o resgate político do conceito de vulnerabilidade. *Revista Bioética*, v. 7. n. 2, disponível em: https://revistabioetica.cfm.org.br/index.php/revista_bioetica/article/view/310/449. Acesso em: 21 jan. 2021.

359 DINIZ, Débora *et al.* Bioética feminista: o resgate político do conceito de vulnerabilidade. *Revista Bioética*, v. 7. n. 2, disponível em: https://revistabioetica.cfm.org.br/index.php/revista_bioetica/article/view/310/449. Acesso em: 21 jan. 2021.

360 LÔBO, Paulo. *Direito Civil*. Famílias, 2019, p. 228.

361 LÔBO, Paulo. *Direito Civil*. Famílias, 2019, p. 228.

Há diversas combinações possíveis que são promovidas pelo conhecimento médico. A legitimação ou não de vínculos parentais e seus efeitos jurídicos em tais combinações, deve ser definida pelo direito e não por regras deontológicas ou ainda autorizações administrativas.

O problema no Brasil, no vazio legislativo, se revela ainda maior quando as posturas autorizadoras emanam de órgão auxiliar à Justiça, sob o manto da desburocratização e desjudicialização. É válido o movimento de extrajudicialização de alguns atos com o estabelecimento de procedimentos, onde não há interesse de crianças ou de pessoas vulnerabilizadas e principalmente se essa previsibilidade emana da lei, o que não ocorre com o Provimento nº 63/2017 do CNJ.

Eleonora Lamm faz um criterioso levantamento dos argumentos favoráveis e desfavoráveis para a prática da gestação sub-rogada no mundo. A autora aponta para o perigo da proibição e da não previsão legal em contextos de ordem democrática e plural.

A Argentina, que no contexto da América Latina, ainda não proíbe expressamente, estaria na mesma condição do Brasil ao determinar a parentalidade sem afastamento da gestação e do parto para a mãe. Diante disso haveria subterfúgios na própria lei para que isso ocorresse de forma camuflada, pelo reconhecimento da paternidade biológica do contratante e posterior adoção de integração por sua esposa, por exemplo.[362]

Não há nessa constatação qualquer resistência a possíveis mudanças em um futuro não muito longínquo, desde que se assegurem direitos que já foram conquistados a duras penas, no exercício de liberdades.

Entre os argumentos favoráveis e desfavoráveis, é imperioso que se afaste a ideia consciente ou inconsciente de que a demanda é justificada para garantir a necessidade de manutenção da função procriacional da família.

Adere-se assim, à percepção de Renata Multedo de que a autonomia nas relações familiares deve ter garantido um espaço de autodeterminação sem intervenção estatal, mas a inexistência de regras sobre determinada matéria não é suficiente para se afirmar a existência de espaços fora do Direito. Isso só seria admitido na autodeterminação da própria pessoa em decisões que somente impactam a ela própria.

---

[362] LAMM, Eleonora. Gestación por sustitución: realidad y derecho, InDret – *Revista para el análisis del derecho*, Barcelona, julio 2012, disponível em: https://www.raco.cat/index.php/InDret/article/view/260860/348063. Acesso em: 21 mar. 2021.

Por essa razão, é o critério da responsabilidade na coexistência que deve preponderar.[363]

[363] MULTEDO, Renata Vilela. *Liberdade e Família*. Limites para a intervenção do Estado nas relações conjugais e parentais. Rio de Janeiro: Processo, 2017, p. 303.

CONCLUSÃO

O sistema legal brasileiro tem definição expressa quanto à qualificação de filiação, sua forma de constituição e requisitos para a sua impugnação.

Constituir ou desconstituir um estado de filiação atualmente no Brasil tem exigido um exercício hermenêutico complexo para o aplicador, que se divide entre a norma e os costumes na realidade brasileira.

Na esfera da parentalidade biológica natural, a lei é clara quanto à definição da maternidade como sendo decorrente da gestação e do parto, atribuindo a paternidade automática ao marido ou companheiro se houver casamento ou união estável. Na ausência da "conjugalidade" e na impossibilidade de aplicabilidade da presunção paterna, a busca dessa paternidade poderá se fazer pelo critério biológico/genético com a prova do DNA ou pelo critério socioafetivo, tendo havido a posse do estado de filiação.

O critério biológico legal da maternidade ficou afetado nos costumes, diante dos avanços da biotecnologia e diante da inércia do legislativo brasileiro para a regulação das técnicas e formas auxiliares à reprodução, o protagonismo foi assumido pelo órgão responsável pela regulação da atividade médica (CFM) e, posteriormente, pelo Conselho Nacional de Justiça, que redefiniram critérios para a filiação a partir de uma conduta volitiva contratual, na valorização do consentimento informado e expresso. Nesse ponto, a realidade brasileira referendada por tais órgãos se encontra em total confronto com a legislação brasileira e representa por isso franca invasão de reserva legal.

Na esfera da socioafetividade, muito se evoluiu na cultura brasileira na ampliação de suas dimensões, onde se detecta um amparo normativo concreto capaz de constituir e de *não* se desconstituir relações firmadas de fato com a presença dos elementos da posse de estado de filho. Na lei, a hipótese seria excepcionalizada apenas pela regra contida no art. 1.641, que admite a impugnação da paternidade pelo filho. Na jurisprudência brasileira, o que se detecta nesse sentido é um dilema a depender do polo ativo da demanda, se o pai – através da negatória de paternidade – ou o filho – através da impugnação ao reconhecimento. Há franca valorização do Superior Tribunal de Justiça quanto ao direito do filho, se presentes a fraude e o erro na filiação registral onde se demonstre a ausência do critério biológico. Contudo, se a demanda for manejada pelo pai, há tendência na manutenção da paternidade socioafetiva apenas na ausência do erro. Considera-se nessa postura uma espécie de eleição de um princípio do melhor interesse do descendente sobre o ascendente, que não é palpável a não ser enquanto aquele ainda for incapaz. Resta aqui a compreensão e necessidade de fortalecimento quanto à distinção entre origem biológica e estado de filiação.

Torna-se imperioso que a atividade estatal não se resuma à lei para exercer certo controle, mas se estenda através do Judiciário, sobretudo nos casos que envolvam constituição do estado de filiação, seja esta de origem socioafetiva ou biológica quando medicamente assistida, ao menos enquanto o Brasil padecer de uma legislação expressa quanto a esta última.

O benefício da extrajudicialização de alguns atos não pode atingir ou mesmo extinguir categorias legais expressas sem que haja comprometimento do estado de direito. Não pode a meta da desburocratização servir como manto para o exercício de uma autonomia que não pode ser exercida sob o controle dos poderes do Estado.

Entre as críticas apresentadas sobre os projetos monoparentais, os contratos de gestação sub-rogada e sobre a filiação socioafetiva, merecem destaque não apenas a ausência da lei como o confronto com esta, seja na jurisprudência ou nos atos administrativos mencionados, onde se denota inclusive delegação de juízo de valor aos oficiais de registro civil.

O vício de origem macula sobremaneira a validade de todas as determinações, mas por outro lado naturaliza uma prática e, por essa razão, facilita o consenso coletivo por meio do costume.

As críticas procedidas foram principalmente voltadas a uma retomada de consciência da ordem legal, ainda que esta também esteja sujeita a críticas e mereça revisão.

Uma revisão legal requer o devido processo legislativo e não pode abandonar o contexto social dos brasileiros, inclusive perante o mundo, uma vez que não é a melhor solução para qualquer cultura a importação de modelos legais de outras culturas. A lei brasileira deve atender especificidades de nosso meio e também promover mudanças culturais referendadas pelas normas constitucionais, muitas das quais já foram internalizadas de tratados e termos de cooperação internacionais.

De outro lado, o Estado também tem o dever de lançar novas luzes e de agir pedagogicamente, com o objetivo de mudança cultural. Tem o dever de promover o melhor direito.

Atualmente no cenário visitado, o que se tem é a lei com certo direcionamento, uma jurisprudência inteiramente variada e um costume francamente livre e avançado em torno de outras ciências.

Das polêmicas suscitadas e razões apresentadas, depreende-se um dilema entre a autonomia da vontade e a autonomia privada para resolver os casos existenciais. Sendo que os adeptos à autonomia da vontade se apresentam como mais libertários, admitindo a possibilidade de exercício pleno de direitos fundamentais, mas por vezes desprezando que tal exercício poderá também comprometer outros direitos fundamentais, na medida em que mais do que a existência humana está a se discutir a sua melhor forma de coexistência.

Se se optar pela autonomia plena da vontade, está a se considerar que a sociedade brasileira está madura e com igualdade material garantida para solucionar os seus conflitos pessoais e que tais soluções não interessam e não afetam a coletividade, dispensando a intervenção estatal para ditar e controlar as suas regras, salvo quando houver conflito de interesses.

Se se optar pela autonomia privada, está a se reconhecer que as desigualdades materiais não permitem soluções equilibradas entre as partes, onde vontades seriam subjugadas consciente ou inconscientemente pela predominância e exercício de um poder e dominação de uma sobre a outra.

Isso justifica as contradições entre as jurisprudências mencionadas, como na hipótese de previsão legal de um tipo criminal – na adoção à brasileira – e o seu reconhecimento de que a consolidação da convivência é suficiente à manutenção do vínculo filial pela posse do estado de filiação com efeitos jurídicos próprios; como também no exemplo da decisão que reconheceu a multiparentalidade no âmbito de uma filiação adotiva, não obstante a lei desvincule irrevogavelmente o adotado de sua família de origem.

Na discussão teórica e prática da autonomia da vontade, também estão incluídas as discussões de gênero, suas discriminantes e desigualdades materiais. A contradição entre as teorias feministas quanto ao exercício de uma autonomia sobre o próprio corpo e a vulnerabilidade social decorrente de sua desigualdade material e possível coisificação.

A dedução é de que a autonomia parental no Brasil é híbrida, seja pelo seu contexto de desigualdades materiais e econômicas, seja pela diversidade de sua própria cultura, tanto no enfrentamento da filiação biológica como na socioafetiva, e por essa razão o que há no Brasil é uma autonomia existencial, onde se detectam aspectos das autonomias privada e da vontade.

Ao se indagar em que situação o Brasil se encontra em termos de autonomia parental, que resposta seria dada diante das intersecções e contradições apresentadas? E, para responder, é importante enfrentar as temáticas propostas por amostragem, quais sejam: a autonomia monoparental, a autonomia na gestação sub-rogada e a autonomia na filiação socioafetiva.

1. A autonomia monoparental no Brasil não possui restrições normativas expressas. A proteção constitucional não estabelece condições para a sua conformação e por essa razão ela será reconhecida e protegida tanto se decorrer de uma vontade como se decorrer de uma conduta sem intenção *ab initio*. Quando for voluntária, contudo, há uma bifurcação de entendimentos, sendo o predominante aquele que requer mais do que a vontade, também e principalmente a responsabilidade na constituição da filiação. Nesse entendimento não estaria autorizada a chamada *produção independente*. Essa produção independente, por sua vez, há que ser enxergada em três situações:

a) quando natural, só poderia ser protagonizada pela mulher, na medida em que de fato essa vontade poderia ser exercida com a sonegação do direito à paternidade de seu filho e de filiação ao genitor e, diante disso, a má-fé poderia ser comprovada pela violação de direitos fundamentais de dois sujeitos: a criança e ao homem, que perdeu a chance do exercício paterno. Ao homem, seria impossível esse exercício fático;
b) quando medicamente assistida, há que se diferenciar o exercício pelo gênero. No exercício pela mulher, na medida em que será a gestante, não está sonegando direito do doador do gameta masculino ao exercício da paternidade. Pode se enquadrar também em uma finalidade terapêutica em busca da saúde reprodutiva, tendo em vista que as transformações hormonais hoje são fatores que ajudam a combater algumas doenças. É possível indagar, no entanto: tal exercício estaria violando direito fundamental do filho a uma paternidade? Aqui se entende que não há como presumir eventual dano decorrente da ausência da paternidade, principalmente ao se

firmar que estado de filiação se distingue da origem genética. Afasta-se a biparentalidade como princípio normativo a ser imposto. É possível inclusive que esse filho venha a ter posterior paternidade a ser exercida por um futuro marido ou companheiro dessa mulher, ou mesmo a paternidade venha a ser funcionalizada por outro parente em sua família extensa.

O exercício dessa autonomia pela pessoa do gênero biológico masculino na reprodução assistida, contudo, se assemelharia ao exercício na esfera natural. Isso porque o exercício desse projeto monoparental exigirá a participação de uma mulher através de seu útero, que servirá de meio ao seu projeto. Nesse ponto há que se indagar se os fins justificam os meios; se a autonomia da vontade dessa mulher poderá ser exercida plenamente ou se há violação de seu direito fundamental à saúde e dignidade. Além disso, o exercício monoparental masculino se afasta da finalidade terapêutica, na medida em que a sua saúde reprodutiva é aferida diferentemente da saúde reprodutiva da mulher.

Diante dessas constatações estar-se-ia discriminando o acesso à reprodução assistida pelo gênero? Nesse ponto se conclui que o conteúdo do princípio da igualdade permite o reconhecimento do *discrímen* positivo em favor da mulher, quando há sua escolha. Destaca-se também que a conclusão se constrói a partir da binariedade biológica do gênero, que é questionável. No gênero social, esse acesso seria admitido de forma invertida para o homem *trans* e não para a mulher *trans*.

2. A autonomia na gestação sub-rogada envolve as mesmas reflexões que a autonomia monoparental masculina. Diante de todos os argumentos favoráveis e desfavoráveis sobre a gestação sub-rogada, entende-se que qualquer autonomia a ser exercida, principalmente na esfera de quem colaborará com o projeto parental, deve estar no âmbito de uma autonomia privada e que envolve não apenas a vontade e interesse dos sujeitos da relação, mas também de toda uma coletividade. Nesse sentido, se defenderia a sua total proibição nos moldes já trabalhados por outros sistemas jurídicos, com o reforço da definição da maternidade pela gestação e pelo parto. Não há justificativa terapêutica para o acesso pelo gênero biológico masculino a esse auxílio reprodutivo, e isso independe de sua orientação sexual. Contudo, reconhece-se que o direito guarda a prerrogativa de um controle que não está sendo e não será eficaz quando se trata dos avanços da ciência médica, nesse assunto. O Brasil consolidou a prática em seu costume sob o discurso da solidariedade à garantia da igualdade de direitos entre homens e mulheres. Esse mesmo país não exerce qualquer controle para evitar a exploração, dominação e mesmo o turismo reprodutivo, que é uma preocupação mundial. Há na consolidação desse costume uma forte tendência a que esta venha a ser regulamentada, e há forte evidência nisso no projeto de lei.

Dessa forma, não é crível que o Brasil venha a proibir a gestação sub-rogada. A única medida que pode ser tomada diante desse ponto de partida inevitável é estabelecer parâmetros mais rigorosos de controle, dentre eles: 2.1. a exigência de garantia de não monetarização do procedimento pelo controle de legitimidade familiar entre a contratada e o(s) contratante(s) – o parentesco; 2.2. a sujeição da intenção da vontade ao controle do poder judiciário antes do início do procedimento para a aferição do equilíbrio material entre as partes, com obrigatoriedade de intervenção do Ministério Público; e 2.3. a delimitação do uso por brasileiros ou estrangeiros, desde que residentes e domiciliados no Brasil, sem prejuízo de outros requisitos que venham a minimizar os efeitos nefastos de uma exploração e coisificação – territorialidade.

3. A autonomia na filiação socioafetiva também requer controle estatal pelo Judiciário na aferição dos elementos da posse de estado de filiação, salvo se proveniente de conduta unilateral do cônjuge ou companheiro, na adoção. Há facilitação extrajudicial do que já se reconhecia na chamada adoção unilateral, que oficialmente não foi extinta, mas poderá ser esvaziada.

Constata-se que, se a via utilizada for a judicial pela adoção, essa filiação é irrevogável por qualquer demanda, seja pelo filho ou pelo pai registral, mas se for extrajudicial recair-se-á sobre a incerteza de sua manutenção caso o filho deseje impugnar posteriormente, isso devido à possibilidade legal admitida da negatória de paternidade e da impugnação ao reconhecimento. Some-se a isso o critério admitido pelo Superior Tribunal de Justiça quando a demanda for proposta pela linha descendente e quando for proposta pela linha ascendente. Estar-se-ia diante de filiações socioafetivas análogas, porém que geram efeitos bem distintos. Defende-se a irrevogabilidade da filiação socioafetiva, tenha ela decorrido da via judicial ou extrajudicial, quando há ausência do erro. Havendo erro, para a sua revogabilidade, seja pela via ascendente ou descendente, judicial ou extrajudicial, seria útil retroceder a um prazo prescricional para o exercício da desconstituição. Na esfera da adoção propriamente dita e da filiação decorrente da inseminação heteróloga, não há autonomia na construção da multiparentalidade. Esta poderá ser admitida apenas em casos excepcionais e sempre pela via judicial, para atender interesse jurídico relevante.

Não é tarefa fácil para o direito estabelecer controle nas relações existenciais. No Brasil essa tarefa torna-se ainda mais difícil pelo seu contexto pautado por diferenças abismais de classes sociais, que interferem na forma de ser, existir e coexistir. O Direito de Família no Brasil deu passos largos, mas continua buscando soluções a partir do imaginário e do ideal de um povo que possui igualdade em suas condições mínimas de existência, sem atentar que a falta dessas condições alterará sobremaneira a sua perspectiva e acesso ao exercício de uma autonomia, seja conjugal, seja parental.

Resta para a doutrina, enquanto fonte, coletar os fragmentos da lei, da jurisprudência e suas interpretações para tentar sistematizar condutas, visando garantir, minimamente, a sua proteção, desde que estas estejam pautadas em valores positivos já conquistados, como a proibição de discriminação e salvaguarda da dignidade humana em suas mais variadas formas de ser.

REFERÊNCIAS

ALBUQUERQUE, Pedro de. Autonomia da vontade e negócio jurídico em direito de família (ensaio). *Cadernos de Ciência e Técnica Fiscal,* Lisboa, Centro de Estudos Fiscais (146), 1986.

ARIÈS, Philippe. *História social da criança e da família*. 2. ed. Tradução Dora Flaksman. Rio de Janeiro: Guanabara, 1986.

ASCENÇÃO, José de Oliveira. Procriação medicamente assistida e relação de paternidade *In*: HIRONAKA, Giselda Maria Fernandes Novaes; SIMÃO, Flávio Tartuce e José Fernando (Coord.). *Direito de família e das sucessões*. São Paulo: Método, 2009.

ATIENZA, Manuel. *As razões do Direito.* Teorias da Argumentação Jurídica. Trad.: Maria Cristina Guimarães Cupertino, Editora Landy. Rio de Janeiro: Forense universitária, 2016.

ATIENZA, Manuel. Sobre la gestación por sustitución. Otra vuelta de tuerca. *Revista de Bioética y Derecho*, n. 56, p. 107-124, 2022. Disponível em: https://revistes.ub.edu/index.php/RBD/issue/view/2743/315. Acesso em: 26 jul. 2023.

AUTO, Luciana da Fonseca Lima Brasileiro. Projeto individual de maternidade: entre o desejo e o direito, p. 88, 2013. Disponível em: https://repositorio.ufpe.br/handle/123456789/10686, acesso em: 13 jan. 2020.

AUTO, Luciana da Fonseca Lima Brasileiro. As vicissitudes da filiação: os filhos da reprodução artificial heteróloga sob a ótica do consumo. *In:* EHRHARDT JÚNIOR, Marcos; OLIVEIRA, Catarina Almeida de; ALBUQUERQUE, Fabíola Santos. (Coord.). *Famílias no Direito Contemporâneo*. Salvador: Juspodivm, 2010.

AZEVEDO, Antônio Junqueira de. *Negócio jurídico. Existência, validade e eficácia*. São Paulo: Saraiva, 2002.

BADINTER, Elizabeth. *Um amor conquistado*: o mito do amor materno. Waltensir Dutra (Trad.) Rio de Janeiro: Nova Fronteira, 1985. Disponível em: http://www.redeblh.fiocruz.br/media/livrodigital%20%28pdf%29%20%28rev%29.pdf, acesso em: 7 jun. 2015.

BARBOZA, Heloísa Helena. A filiação em face da inseminação artificial e da fertilização "in vitro". Rio de Janeiro: Renovar, 1992.

BARBOZA, Heloísa Helena. Proteção da autonomia reprodutiva dos transexuais. *Rev. Estud. Fem.*, Florianópolis, vol. 20, n. 2, May/Aug. 2012. Disponível em: https://doi.org/10.1590/S0104-026X2012000200015. Acesso em: 23 abr. 2021.

BARROSO, Luís Roberto. *Interpretação e aplicação da Constituição;* fundamentos de uma dogmática constitucional transformadora. São Paulo: Saraiva, 2009.

BITTAR, Carlos Alberto. Novos rumos do direito de família. In: BITTAR, Carlos Alberto (Coord.). O Direito de Família e a Constituição de 1988. São Paulo: Saraiva, 1989.

BOBBIO, Norberto. *A Era dos Direitos*. Trad. de Carlos Nelson Coutinho. Rio de Janeiro: Campus, 1992.

BONAVIDES, Paulo. O princípio da igualdade como limitação à atuação do estado. *Revista Brasileira de Direito Constitucional*, v. 2, 2003, disponível em: http://www.esdc.com.br/seer/index.php/rbdc/article/view/47/47, acesso em: 3 fev. 2021.

BRANDÃO, Ana Cláudia. *Reprodução humana assistida e suas consequências nas relações de família*: a filiação e a origem genética sob a perspectiva da repersonalização. 2. ed. Curitiba: Juruá, 2016.

BRASIL. Lei nº 3.071, de 1º de janeiro de 1916. Código Civil dos Estados Unidos do Brasil. Disponível em: http://www.planalto.gov.br/ccivil_03/leis/l3071.htm, acesso em: 3 abr. 2015.

BRASIL. Lei nº 883, 21 de outubro de 1949. Dispõe sobre o reconhecimento de filhos ilegítimos. Disponível em: http://www.planalto.gov.br/ccivil_03/leis/1930-1949/L0883.htm, acesso em: 4 abr. 2015.

BRASIL. Lei nº 4.121, 27 de agosto de 1962. Dispõe sobre a situação jurídica da mulher casada: Código Civil Brasileiro. *In*: Código Civil. 11. ed. São Paulo: Revista dos Tribunais, 2009.

BRASIL. Lei nº 6.515, de 26 de dezembro de 1977. Regula os casos de dissolução da sociedade conjugal e do casamento, seus efeitos e respectivos processos, e dá outras providências. Código Civil Brasileiro. *In*: Código Civil. 11. ed. São Paulo: Revista dos Tribunais, 2009.

BRASIL. Lei nº 7.250, de 14 de novembro de 1984. Acrescenta parágrafo ao artigo 1º da Lei 883/49, que dispõe sobre o reconhecimento de filhos ilegítimos. Disponível em: http://www .planalto.gov.br/ccivil_03/leis/1980-1988/L7250.htm, acesso em: 4 abr. 2015.

BRASIL. Lei nº 6.697, de 10 de outubro de 1979. Institui o Código de Menores. Disponível em: http://www.planalto.gov.br/ccivil_03/leis/1970-1979/L6697.htm, acesso em: 4 abr. 2015.

BRASIL. Lei nº 10.406, de janeiro de 2002. Código Civil Brasileiro de 2002. Disponível em: http://www2.senado.leg.br/bdsf/bitstream/handle/id/70327/C%C3%B3digo%20Civil%202%20ed.pdf?sequence=1, acesso em: 7 fev. 2016.

BRASIL. Lei nº 8.560, de 29 de dezembro de 1992. Regula a investigação de paternidade de filhos havidos fora do casamento e dá outras providências. Disponível em: http://www.planalto.gov.br/ccivil_03/leis/l8560.htm, acesso em: 4 abr. 2015.

BRASIL. Constituição da República Federativa do Brasil de 1988. Disponível em: ///C:/Documents%20and%20Settings/Eduardo/Meus%20documentos/Downloads/constituicao_federal_35ed%20(1).pdf, acesso em: 7 fev. 2016.

BRASIL. *Lei nº 8.069, de julho de 1990*. Estatuto da Criança e do Adolescente. Disponível em: http://www.crianca.mppr.mp.br/arquivos/File/publi/camara/estatuto_crianca_adolescente_9ed.pdf. Acesso em: 07 fev. 2016.

BRASIL. Lei nº 9.263, de 12 de janeiro de 1996. Regula o planejamento familiar de com a CF/1988, Disponível em: http://www.planalto.gov.br/ccivil_03/LEIS/L9263.htm, acesso em: 6 fev. 2016.

BRASIL. Lei nº 3.268, de 30 de setembro de 1957. Dispõe sobre os Conselhos de Medicina e dá outras providências. Disponível em: http://www.planalto.gov.br/ccivil_03/LEIS/L3268.htm. Acesso em: 6 jan. 2016.

BRASIL. Lei nº 14.138/2021. Disponível em: https://www.in.gov.br/en/web/dou/-/lei-n-14.138-de-16-de-abril-de-2021-314698969, acesso em: 22 abr. 2021.

BRASIL. *Lei nº 14.443, de 02 de setembro de 2022*. Altera a Lei nº 9.263, de 12 de janeiro de 1996, para determinar prazo para oferecimento de métodos e técnicas contraceptivas e disciplinar condições para esterilização no âmbito do planejamento familiar. Brasília, DF: Diário Oficial da União, 05 set. 2022. Disponível em: https://normas.leg.br/?urn=urn:lex:br:federal:lei:2022-09-02;14443. Acesso em: 04 maio 2023.

BRASIL. Código Civil Brasileiro de 2002. Disponível em: http://www.planalto.gov.br/ccivil_03/leis/2002/L10406.htm, acesso em: 22 jan. 2016.

BRASIL. Código Civil de 1916. Disponível em http://www.planalto.gov.br/ccivil_03/leis/l3071.htm, acesso em: 14 ago. 2021.

BRASIL. Lei de Biossegurança. Disponível em: http://www.planalto.gov.br/ccivil_03/_ato2004-2006/2005/lei/l11105.htm, acesso em: 20 jan. 2016.

BRASIL. Câmara dos Deputados. Disponível em: https://www.camara.leg.br/proposicoesWeb/fichadetramitacao?idProposicao=945504, acesso em: 14 jan. 2020.

BRASIL. CONSELHO NACIONAL DE JUSTIÇA. Jornadas de Direito Médico. Disponível em: https://www.cnj.jus.br/wp-content/uploads/2019/03/e8661c101b2d80ec95593d03dc1f1d3e.pdf, acesso em: 4 fev. 2021.

BRASIL. CONSELHO NACIONAL DE JUSTIÇA. *Provimento nº 63, de 14 de novembro de 2017*. Disponível em: https://atos.cnj.jus.br/atos/detalhar/2525. Acesso em: 10 abr. 2021.

BRASIL. CONSELHO NACIONAL DE JUSTIÇA. *Provimento nº 149, de 30 de agosto de 2023*. Disponível em : https://atos.cnj.jus.br/atos/detalhar/5243. Acesso em: 30 jul. 2024.

BRASIL. CONSELHO NACIONAL DE JUSTIÇA. *Protocolo para julgamento com perspectiva de gênero*. 2022. Disponível em: https://www.cnj.jus.br/wp-content/uploads/2021/10/protocolo-para-julgamento-com-perspectiva-de-genero-cnj-24-03-2022.pdf. Acesso em: 20 jul. 2023.

BRASIL. ANVISA – Agência Nacional de Vigilância Sanitária. *12º Relatório do Sistema Nacional de Produção de Embriões*. Disponível em: https://www.gov.br/anvisa/pt-br/centraisdeconteudo/publicacoes/sangue-tecidos-celulas-e-orgaos/relatorios-de-producao-de-embrioes-sisembrio/12o-relatorio-do-sistema-nacional-de-producao-de-embrioes-sisembrio/view, acesso em: 15 jan. 2021.

BRASIL, ANVISA – Agência Nacional de Vigilância Sanitária. *14º Relatório do Sistema Nacional de Produção de Embriões*. 2022. Disponível em: https://www.gov.br/anvisa/pt-br/acessoainformacao/dadosabertos/informacoes-analiticas/sisembrio. Acesso em: 19 jul. 2023.

BRASIL. ANVISA. Reprodução Humana Assistida cresce 18,7% em 2018. Disponível em: https://www.gov.br/anvisa/pt-br/assuntos/noticias-anvisa/2019/reproducao-humana-assistida-cresce-187-em-2018, acesso em: 15 jan. 2021.

BRASIL. Senado Federal. *Projeto de Lei nº 1851, de 2022*. Altera o art. 1.597 do Código Civil para dispor sobre o consentimento presumido de implantação, pelo cônjuge ou companheiro sobrevivente, de embriões do casal que se submeteu conjuntamente a técnica de reprodução assistida. 2022. Disponível em https://legis.senado.leg.br/sdleg-getter/documento?dm=9180662&ts=1687892220138&disposition=inline&_gl=1*1g1c0x1*_ga*MTU4NTQ2MzQwMS4xNjA3MzcwNTY1*_ga_CW3ZH25XMK*MTY4OTcxMjc2Mi4xMC4xLjE2ODk3MTUxNzkuMC4wLjA. Acesso em: 19 jul. 2023.

BRAUNER, Maria Cláudia Crespo. *Direito, sexualidade e reprodução humana:* conquistas médicas e o debate bioético. Rio de Janeiro: Renovar, 2003.

CAIN, C. Edição do genoma CRISPR. *Science-Business eXchange* 6, 77 (2013). Disponível em: https://doi.org/10.1038/scibx.2013.77. Disponível em: http://www.nature.com/scibx/journal/v6/n4/full/scibx.2013.77.html, acesso em: 4 jan. 2016.

CALDERÓN, Ricardo Lucas. *Princípio da afetividade no direito de família*. Rio de Janeiro: Renovar, 2013.

CAMARGO, Margarida Maria Lacombe. *Hermenêutica e Argumentação*: uma contribuição ao estudo do Direito. 3. ed. Rio de Janeiro: Renovar, 2003.

CAMELO, Manuel. *Pojetos parentais ectogenéticos LGBT*: o desafio da construção das famílias homoparentais e transparentais perante o ordenamento jurídico brasileiro, dissertação de mestrado defendida na UFPE, em 2020.

CARDOSO, Simone Tassinari. Notas sobre parentalidade biológica e socioafetiva: do direito civil moderno ao contemporâneo. *Civilistica.com*, Rio de Janeiro, ano 5, n. 1, 2016. Disponível em: http://civilistica.com/notas-sobre-parentalidade-biologica-e-socioafetiva/, acesso em: 7 jan. 2021.

CARTA DOS DIREITOS FUNDAMENTAIS DA UNIÃO EUROPEIA, *Jornal Oficial das Comunidades Europeias*. Disponível em: http://www.europarl.europa.eu/charter/pdf/text_pt.pdf, acesso em: 4 jan. 2016.

CASSETARI, Christiano. *Multiparentalidade e parentalidade socioafetiva*. São Paulo: Atlas, 2014.

CATALAN, Marcos. *Um ensaio sobre a multiparentalidade:* explorando no ontem pegadas que levarão ao amanhã. Disponível em: https://www.academia.edu/4341570/Um_ensaio_sobre_a_multiparentalidade, acesso em: 7 fev. 2016.

CICCO, Maria Cristina de. I valori contraddittori alla legge sulla procreazione medicalmente assistita. *Revistra Trimestral de Direito Civil – RTDC*, vol. 21, ano 6, p. 143-172, jan./mar. 2005.

CÓDIGO FILIPINO ou *Ordenações e Leis do Reino de Portugal*. Recopiladas por mandado D'EL-REI D. Filipe I. Primeiro Livro. Edições do Senado Federal – Vol. 38-A, 2012.

CÓDIGO FILIPINO ou *Ordenações e Leis do Reino de Portugal*. Recopiladas por mandado D'EL-REI D. Filipe I. Primeiro Livro. Edições do Senado Federal – Vol. 38-B, 2012.

CÓDIGO FILIPINO ou *Ordenações e Leis do Reino de Portugal*. Recopiladas por mandado D'EL-REI D. Filipe I. Primeiro Livro. Edições do Senado Federal – Vol. 38-C, 2012.

CONSELHO FEDERAL DE MEDICINA. *Resolução nº 2320 de 2022*. Adota normas éticas para a utilização de técnicas de reprodução assistida –sempre em defesa do aperfeiçoamento das práticas e da observância aos princípios éticos e bioéticos que ajudam a trazer maior segurança e eficácia a tratamentos e procedimentos médicos, tornando-se o dispositivo deontológico a ser seguido pelos médicos brasileiros e revogando a Resolução CFM nº 2.294, publicada no Diário Oficial da União de 15 de junho de 2021, Seção I, p. 60. Disponível em: https://sistemas.cfm.org.br/normas/visualizar/resolucoes/BR/2022/2320. Acesso em: 31 jul. 2023.

CORREGEDORIA GERAL DE JUSTIÇA/SP. Parecer 82/2010 Disponível em: http://arpen-sp.jusbrasil.com.br/noticias/2199440/cgj-sp-profere-decisao-sobre-reproducao-assistida-processo-n-2009-104323, acesso em: 19/08/2021.

COULANGES, Fustel de. *A Cidade Antiga*. São Paulo: Martin Claret, 2009.

CUNHA PEREIRA, Rodrigo da. *Dicionário de direito de família e sucessões* – Ilustrado. Ed. São Pauo: Saraiva, 2015. p. 310.

CRM/PR. *PARECER Nº 2.540/2016*. Curitiba: Conselho Regional de Medicina do Paraná, 2016. Disponível em: https://sistemas.cfm.org.br/normas/visualizar/pareceres/PR/2016/2540. Acesso em: 11 abr. 2020.

CRM/ES *PARECER Nº 15/2019*. Santa Catarina. Conselho Regional de Medicina do Espírito Santo. Disponível em: https://sistemas.cfm.org.br/normas/visualizar/pareceres/ES/2019/15. Acesso em: 11 abr. 2020.

CRM/TO. *PARECER Nº15/2019*. Palmas. Conselho Regional de Medicina de Tocantins, 2019. Disponível em: https://sistemas.cfm.org.br/normas/visualizar/pareceres/TO/2019/15. Acesso em: 11 abr. 2020.

CRUZ, Elisa Costa. *Guarda parental*: releitura a partir do cuidado. Rio de janeiro: Processo, 2021.

DANTAS, Carlos Henrique Félix. *Aprimoramento genético em embriões humanos*: limites ético-jurídicos ao planejámento familiar na tutela da deficiência como diversidade biológica humana. Belo Horizonte: Fórum, 2022.

DIAS, Maria Berenice. *Manual de direito das famílias*. São Paulo: Revista dos Tribunais, 2011.

DICIONÁRIO DA LÍNGUA PORTUGUESA *ON-LINE*. Disponível em: http://michaelis.uol.com.br/moderno/portugues/index.php?lingua=portugues-portugues&palavra =presun%E7%E3o, acesso em: 5 nov. 2015.

DIDIER JR., Fredie. *Curso de direito processual civil*. Teoria da prova, direito probatório, decisão, precedente, coisa julgada e tutela provisória. Salvador: Juspodivm, 2015. v. 2.

DIDIER JR., Fredie. *Editorial 68*. Disponível em: http://www.frediedidier.com.br/editorial/editorial-68/, acesso em: 26 jun. 2015.

DIMOULIS, Dimitri; MARTINS, Leonardo. Deveres Fundamentais. *In*: LEITE, George Salomão; SARLET, Ingo Wolfgang; CARBONELL, Miguel (Coord.). *Direitos, deveres e garantias fundamentais*. Salvador: Juspodivm, 2011, p. 325-345.

DINIZ, Maria Helena. *O estado atual do biodireito*. São Paulo: Saraiva, 2001.

DINIZ, Débora *et al*. Bioética feminista: o resgate político do conceito de vulnerabilidade. *Revista Bioética*, v. 7. n. 2, disponível em: https://revistabioetica.cfm.org.br/index.php/revista_bioetica/article/view/310/449, acesso em: 21 jan. 2021.

DONZELOT, Jacques. *A polícia das famílias*. Tradução de M.T. da Costa Albuquerque. Rio de Janeiro: Edições Graal, 1980.

ESPANHA. Disponível em: https://brasil.elpais.com/internacional/2021-01-01/espanha-equipara-licenca-paternidade-e-maternidade-e-avanca-na-igualdade-de-genero.html.

FACHIN, Luiz Edson. Um país sem jurisprudência. *In: IBDFAM Revista*, n. 11, 2014.

FACHIN, Luiz Edson. *Teoria Crítica do Direito Civil*. Rio de Janeiro: Renovar, 2000.

FACHIN, Luiz Edson. Inovação e tradição do direito de família contemporâneo sob o novo Código Civil Brasileiro. *In*: BASTOS, Eliene Ferreira *et al.* (Coord.). *Afeto e estruturas familiares*. Belo Horizonte: Del Rey, 2010.

FACHIN, Luiz Edson. Da função pública ao espaço privado: aspectos da "privatização" da família no projeto do Estado mínimo. *In: ARCHÉ*, Rio de Janeiro, ano VIII, n. 24, 1999.

FACHIN, Luiz Edson. *Elementos críticos do direito de família*. Rio de Janeiro: Renovar, 1999.

FERRAZ JUNIOR, Tércio Sampaio. *Introdução ao estudo do direito*: técnica, decisão, dominação. 5. ed. São Paulo: Atlas, 2007.

FORUM ECONÔMICO MUNDIAL. *Global Gender Gap Report* 202. Disponível em: https://agenciabrasil.ebc.com.br/radioagencia-nacional/direitos-humanos/audio/2023-06/brasil-sobe-quase-40-posicoes-em-ranking-de-igualdade-de-genero. Acesso em: 26 jul. 2023.

FRANÇA. Code Civil. Disponível em: http://www.legifrance.gouv.fr/affichCode.do;jsessionid=8ECC7750 579D9581D3BCE8CAB22DD96A.tpdila23v_3?idSectionTA=LEGISCTA000006150014&cidTexte=LEGITEXT000006070721&dateTexte=20150519, acesso em: 22 jan. 2016.

FRIEDRICH, Engels. *A origem da família, da propriedade privada e do estado* – trabalho relacionado com as investigações de L.H. Morgan. 10. ed. (Trad.) Leandro Konder. Rio de Janeiro: Civilização Brasileira, 1985.

FROENER, Carla; CATALAN, Marcos. *A reprodução humana assistida na sociedade de consumo*. Indaiatuba: Foco, 2020.

GALIZA, Andréa Karla Amaral de. *Direitos fundamentais nas relações entre particulares*: teoria e jurisprudência do Supremo Tribunal Federal. Belo Horizonte: Fórum, 2011.

GAMA, Guilherme Calmon Nogueira da. *Princípios constitucionais de direito de família*: guarda compartilhada à luz da lei nº 11.698/08: família, criança, adolescente e idoso. São Paulo: Atlas, 2008.

GAMA, Guilherme Calmon Nogueira da. *A nova filiação. O biodireito e as relações parentais*. Rio de Janeiro: Renovar, 2003.

GARRAFA, Volnei. Da bioética de princípios a uma bioética inteverbentiva. Disponível em: http://revistabioetica.cfm.org.br/index.php/revista_bioetica/article/view/97/102, acesso em: 2 fev. 2020.

GOMES, Orlando. Raízes históricas e sociológicas do Código Civil brasileiro. São Paulo: Martins Fontes, 2006.

HABERMAS, Jürgen. *O futuro da natureza humana:* a caminho de uma eugenia liberal? Tradução Karina Jannini. São Paulo: Marins Fontes, 2004.

HOLANDA, Maria Rita. A vulnerabilidade a mulher no caso da gestação sub-rogada no Brasil. *In*: LÔBO, Fabíola; EHRHARDT JR., Marcos (Org.). *Vulnerabilidade e sua compreensão no Direito Brasileiro*. Itaiatuba: Foco, 2021, p. 197-212.

HOLANDA, Maria Rita de. Coparentalidade na adoção: função social? *In*: SANTIAGO, Maria Cristina *et al* (Coord.). *20 anos do código civil brasileiro*. Rio de janeiro: Processo, 2023. p. 529.

IBGE. *Censo Demográfico 2010*. Disponível em: http://biblioteca.ibge.gov.br/visualizacao/periodicos/97/cd_2010_familias_domicilios_amostra.pdf, acesso em: 12 jan. 2016.

IBGE – Instituto Brasileiro de Geografia e Estatística PNAD de 2014. Disponível em: http://biblioteca.ibge.gov.br/visualizacao/livros/liv91983.pdf, acesso em: 24 jan. 2016.

IBGE – Instituto Brasileiro de Geografia e Estatística. *Censo Demográfico 2010*. Famílias e Domicílios – resultados da amostra. Rio de Janeiro, 2012.

IBGE. *Instituto Brasileiro de Geografia e Estatística*. Disponível em: https://agenciadenoticias.ibge.gov.br/agencia-sala-de-imprensa/2013-agencia-de-noticias/releases/12863-asi-em-2003-expectativa-de-vida-do-brasileiro-subiu-para-713-anos. Acesso em: 19 jul. 2023.

JAVIER JIMÉNEZ MUÑOZ, Francisco. Una aproximación a la posición del tribunal europeo de derechos humanos sobre la gestación subrogada. *Revista de Derecho, Empresa y Sociedad (REDS)*, n. 12, p. 42-54, 2018, disponível em: https://dialnet.unirioja.es/servlet/articulo?codigo=6596390, acesso em: 24 jan. 2021.

KRELL, Olga Jubert Gouveia. *Reprodução Humana Assistida e Filiação Civil*. Curitiba: Juruá, 2007.

LAMM, Eleonora. Gestación por sustitución: realidade y derecho, InDret – *Revista para el análisis del derecho*, Barcelona, julio 2012, disponível em: https://www.raco.cat/index.php/InDret/article/view/260860/348063, acesso em: 21 mar. 2021.

LEITE, George Salomão. Ensaio sobre bioética constitucional. *In*: SARLET, Ingo Wolfgang; LEITE, George Salomão (Org.), *Direitos fundamentais e biotecnologia*. São Paulo: Método, 2008, p. 45-58.

LEITE, Eduardo Oliveira. *Procriações artificiais e o Direito*. Aspectos médicos, religiosos, psicológicos, éticos e jurídicos. São Paulo: Revista dos Tribunais, 1995.

LEITE, Eduardo Oliveira. *Tratado de Direito de Família*: origem e evolução do casamento. Curitiba: Juruá, 1991.

LEITE, Eduardo Oliveira. *Famílias monoparentais*. A situação jurídica de pais e mães separados e dos filhos na ruptura da vida conjugal. São Paulo: Revista dos Tribunais, 2003.

LEITE, Eduardo Oliveira. O Direito, a ciência e as leis de Bioética. *In*: SANTOS, M. Celeste Cordeiro L. (Org.). *Biodireito*: ciência da vida, os novos desafios. São Paulo: Revista dos Tribunais, 2001.

LÉVI-STRAUSS, Claude. *As Estruturas elementares do parentesco*. Tradução de Mariano Ferreira. Petrópolis: Vozes, 1982.

LÔBO, Fabíola. Os princípios constitucionais e sua aplicação nas relações jurídicas de família *In: Famílias no direito contemporâneo*. Salvador: Juspodivm, 2010.

LÔBO, Fabíola Albuquerque. *Adoção à Brasileira e a verdade real do registro* civil. Disponível em: http://www.ibdfam.org.br/publicacoes/anais/detalhes/714/V%20Congresso%20Brasileiro%20de%20Direito%20de%20Fam%C3%ADlia, acesso em: 19 maio 2015.

LÔBO, Fabíola Albuquerque. *Multiparentalidade*: efeitos no direito de família. Indaiatuba: Foco, 2021.

LÔBO, Paulo. *Famílias contemporâneas e as dimensões da responsabilidade*. Disponível em: http://jus.com.br/artigos/25363/familias-contemporaneas-e-as-dimensoes-da-responsabilidade, acesso em: 18 nov. 2015.

LÔBO, Paulo. *Direito Civil*. Famílias. São Paulo: Saraiva, 2008.

LÔBO, Paulo. *Direito Civil*. Famílias. São Paulo: Saraiva, 2015.

LÔBO, Paulo. *Direito Civil*. Famílias. São Paulo: Saraiva Educação, 2019.

LÔBO, Paulo. *Direito Civil*. Parte Geral. São Paulo: Saraiva Educação, 2019.

LÔBO, Paulo. A repersonalização das relações de família. *In*: BITTAR, Carlos Alberto (Coord.). *O Direito de Família e a Constituição de 1988*. São Paulo: Saraiva, 1989. Disponível em: https://jus.com.br/artigos/5201/a-repersonalizacao-das-relacoes-de-familia, acesso em: 22 jan. 2016.

LÔBO, Paulo. Metodologia do direito civil constitucional. *In*: RUZYK, Carlos Eduardo Pianovski *et al.* (Org.). *Direito Civil Constitucional* – a ressignificação da função dos institutos fundamentais do direito civil contemporâneo e suas consequências. Florianópolis: conceito Editorial, 2014.

LÔBO, Paulo. Direito ao estado de filiação e direito à origem genética: uma distinção necessária. *Revista Brasileira de Direito de Família*, Porto Alegre, n. 19, p. 151-153, 2003.

LÔBO, Paulo. *Estado de Filiação e Origem Genética*: uma distinção necessária. Disponível em: http://www2.cjf.jus.br/ojs2/index.php/revcej/article/viewFile/633/813, acesso em: 7 abr. 2014.

LÔBO, Paulo. O princípio jurídico da afetividade na filiação. Disponível em: http://jus.com.br/artigos/527/principio-juridico-da-afetividade-na-filiacao, acesso em: 29 jun. 2015.

LÔBO, Paulo. *O contrato*: exigências e concepções atuais. São Paulo: Saraiva, 1986.

LÔBO, Paulo. Princípios contratuais. *In*: LÔBO Paulo; LYRA JUNIOR Eduardo Messias Gonçalves de (Coord.). *A teoria geral dos contratos e o novo código civil.* Recife: Nossa Livraria, 2003.

LORENZETTI, Ricardo Luis. *Teoría de la decisión judicial*: fundamentos de derecho. Santa Fe: Rubinzal-Culzoni, 2008.

LORENZETTI, Ricardo Luis. *Teoria da decisão judicial*. São Paulo: Revista dos Tribunais, 2008.

LORENZETTI, Ricardo Luis. *Fundamentos do direito privado*. São Paulo: Revista dos Tribunais, 1998.

LUNARDI, Valéria Lerch. Problematizando conceitos de saúde, a partir do tema da governabilidade dos sujeitos. *R. Gaúcha Enferm.*, Porto Alegre, v. 20, n. 1, p. 26-40, jan. 1999, disponível em: file:///Users/mariarita/Downloads/4219-13708-1-PB.pdf, acesso em: 3 fev. 2021.

MACHADO, Jacqueline Simone de Almeida *et al.* Reprodução feminina e saúde sob os olhares de mulheres sem filhos. *REME. Rev. Min. Enferm.*; 20: (1-7), 2016, disponível em: https://pesquisa.bvsalud.org/portal/resource/pt/biblio-835279, acesso em: 30 jan. 2021.

MADALENO, Rolf. *Curso de Direito de Família*. Rio de Janeiro: Forense, 2013.

MALINOVSKY, Bronislaw. *Sexo & Repressão na Sociedade Selvagem*. Petrópolis: Vozes, 1973.

MAXIMILIANO, Carlos. *Hermenêutica e Aplicação do Direito*. Rio de Janeiro: Forense, 2009.

MELLO, Marcos Bernardes de. *Teoria do fato jurídico*. Plano da validade. 11. ed. São Paulo: Saraiva, 2011.

MELLO, Celso Antônio Bandeira de. *O conteúdo jurídico do princípio da igualdade*. São Paulo: Malheiros Editores, 2004.

MICHAELIS, Dicionário Brasileiro da Língua Portuguesa. Disponível em: https://michaelis.uol.com.br/busca?id=EMnj, acesso em: 27 mar. 2021.

MORAES, Maria Celina Bodin. O princípio da dignidade humana. *In:* MORAES, Maria Celina Bodin (Coord.). *Princípios do Direito Civil Contemporâneo*. Rio de Janeiro: Renovar, 2006.

MORAES, Maria Celina Bodin. O conceito de dignidade humana: substrato axiológico e conteúdo normativo. *In:* SARLET, Ingo Wolfgang (Org.). *Constituição, Direitos Fundamentais e Direitos Privados*. 2. ed. Porto Alegre: Livraria do Advogado, 2006.

MORAES, Maria Celina Bodin de. *Na medida da pessoa humana*. Estudos de direito civil-constitucional. Rio de Janeiro: Renovar, 2010.

MARÍN CASTÁN, María Luisa. La dignidad de la mujer como argumento jurídico relevante en la Sentencia del Tribunal Supremo español 277 /2022, de 31 de marzo de 2022, sobre filiación en la gestación subrogada, Revista de Bioética y Derecho, n.57, p.309-334, 2023. Disponível em: https://scielo.isciii.es/pdf/bioetica/n57/1886-5887-bioetica-57-309.pdf. Acesso em: 26 jul. 2023.

MULTEDO, Renata Vilela. *Liberdade e família* – limites para a intervenção do Estado nas relações conjugais e parentais. Rio de Janeiro: Processo, 2017.

NEVES, Marcelo. *Entre Hidra e Hércules;* princípios e regras constitucionais como diferença paradoxal do sistema jurídico. São Paulo: Editora WMF Martins Fontes, 2013.

OLIVEIRA, Catarina Almeida de. Refletindo o afeto nas relações de família. Pode o direito impor amor? *In: Famílias no Direito Contemporâneo*. Salvador: Juspodivm, 2010.

OLIVEIRA, Maria Rita de Holanda Silva. Gestação sub-rogada. A filiação contratada. *Revista Jurídica IN-PACTUM,* Universidade Católica de Pernambuco, Recife, ano I, 2010.

PEREIRA, Caio Mario da Silva. *Instituições de direito civil.* vol. I. Rio de Janeiro: Forense, 1972.

PEREIRA, Dirceu Henrique Mendes. *A história da reprodução humana no Brasil.* Disponível em: http://files.bvs.br/upload/S/0100-7254/2011/v39n2/a2450.pdf, acesso em: 15 jan. 2021.

PEREIRA, Rodrigo da Cunha. *Direito de Família*: uma abordagem psicanalítica. Belo Horizonte: Del Rey, 1997.

PEREIRA, Rodrigo da Cunha. *Barriga de aluguel. O corpo como capital.* Disponível em: http://www.ibdfam.org.br/artigos/858/Barriga+de+aluguel%3A+o+corpo+-como+capital+acesso em: 25 jan. 2016.

PEREIRA, Tânia da Silva. O princípio do "melhor interesse da criança": da teoria à prática. *Revista Brasileira de Direito de Família,* Porto Alegre, n. 6, p. 31-49.

PERLINGIERI, Pietro. *Perfis de Direito Civil.* Trad. Maria Crista De Cicco. 2. ed. Rio de Janeiro: Renovar, 2002.

PIOVESAN, Flávia. *Temas de direitos humanos*. São Paulo: Saraiva, 2010.

PONTES DE MIRANDA, Francisco Cavalcanti. *Fontes e evolução do Direito Civil Brasileiro.* Rio de Janeiro: Forense, 1981.

PONTES DE MIRANDA, Francisco Cavalcanti. *Tratado de direito de família.* Volume III, Parentesco. São Paulo: Max Limonad, 1947.

QUIJANO, Aníbal. Colonialidad del poder, Eurocentrismo y América Latina. Edición digital Construcción a cargo de El Cid Editor, ISBN 950-9231-51-7_9, Consejo Latinoamericano de Ciencias Sociales CLACSO.

RABENHORST, Eduardo R. A dignidade do homem e os perigos da pós-humanidade *In*: SARLET, Ingo Wolfgang; LEITE, George Salomão (Org.). *Direitos Fundamentais e Biotecnologia*. São Paulo: Método, 2008.

REDLARA. Rede Latinoamericana de Reprodução Assistida. Disponível em: https://redlara.com/, acesso em: 15 jan. 2021.

RIBEIRO, Darcy. *O povo brasileiro*. São Paulo: Companhia das Letras, 2006.

ROZÉE, Virginie *et al.* (Sayeed Unisa e Elise de Rochebrochard). Os paradoxos sociais da barriga de aluguel comercial nos países em desenvolvimento: a Índia antes da nova lei de 2018. BMC Women's Health, 2020, disponível em: https://www.ncbi.nlm.nih.gov/pmc/articles/PMC7559454/, acesso em: 21 jan. 2021.

RUIZ-ROBLEDILLO, Nicolás; MOYA-ALBIOL, Luis. Gestational surrogacy: psychosocial aspects. *Pshychosocial intervention*, Madrid, v. 25, p. 187-193, 2016, p. 189. Disponível em: https://www.sciencedirect.com/science/article/pii/S1132055916300230. Acesso em: 6 mar. 2021.

SANCHES, Mário Antônio. Reprodução Assistida: da parentalidade à metaparentalidade. *In: Bioética, Poderes e Injustiças*: 10 anos depois. Brasília: CFM/Cátedra Unesco de Bioética/SBB, 2012.

SANCHES, Patrícia Corrêa. A tecnologia no direito das famílias e no direito sucessório. *In*: SANCHES, patrícia Corrêa; PEREIRA, Rodrigo da Cunha e DIAS, Maria Berenice (Coord.). *Direito das famílias e sucessões na era digital*. Belo Horizonte: Instituto Brasileiro de Direito de Família- IBDFAM, 2021.

SANDEL, Nichael J. *Justiça* – O que é fazer a coisa certa. Rio de Janeiro: Civilização Brasileira, 2014.

SARLET, Ingo Wolfgang *et al. Reserva do possível, mínimo existencial e direito à saúde: algumas aproximações*. Disponível em: http://www.revistadoutrina.trf4.jus.br/index.htm? e em: http://www.revistadoutrina.trf4.jus.br/artigos/edicao024/ingo_mariana.html, **acesso em: 28 jan. 2016.**

SARMENTO, Daniel. *Direitos Fundamentais e Relações Privadas*. Rio de Janeiro: Lumen Juris, 2004.

SARMENTO, Daniel. A vinculação dos particulares aos direitos fundamentais: o debate teórico e a jurisprudência do STF. *In*: LEITE, George Salomão; SARLET, Ingo Wolfgang; CARBONELL, Miguel (Coord.). *Direitos, deveres e garantias fundamentais*. Salvador: Juspodivm, 2011.

SENADO FEDERAL. *Estatuto das Famílias*. Senadora Lídice da Mata. Projeto de Lei 470/2013. SEGRAF – Secretaria de Editoração e Publicações, Brasília/DF, 2014.

SENTENÇA JUIZO DE DIREITO DE FLORIANÓPOLIS/SC. Disponível em: http://www.direitohomoafetivo.com.br/anexos/juris/1389__1d4255881a61fdb-3938c9149f9ac31aa.pdf, acesso em: 22 abr. 2015.

SHALEV, Carmel. *Nascere per contrato*. Milano: Dott. A. Giuffrè Editore, 1992.

SOUSA, Luis Filipe Pires de. *Prova por presunção no direito civil*. Coimbra: Edições Almedina AS, 2013.

STRECK, Lenio Luiz. *O pamprincipiologismo e a flambagem do Direito*. Disponível em: http://www.conjur.com.br/2013-out-10/senso-incomum-pamprincipiologismo-flambagem-direito, acesso em: 12 jan. 2016.

STRECK, Lenio Luiz. *O Rubicão e os quatro ovos do condor:* de novo, o que é ativismo? Disponível em: http://www.conjur.com.br/2016-jan-07/senso-incomum-rubicao-quatro-ovos-condor-ativismo. Acesso em: 12 jan. 2016.

STRECK, Lenio Luiz. *O Rubicão e os quatro ovos do condor: de novo, o que é ativismo?* Disponível em: http://www.conjur.com.br/2016-jan-07/senso-incomum-rubicao-quatro-ovos-condor-ativismo, acesso em: 12 jan. 2016.

SUPERIOR TRIBUNAL DE JUSTIÇA. REsp. 1159242 SP 2009/0193701-9. Min. Nancy Andrighi (1118) T3 24.04.2012, Disponível em: https://ww2.stj.jus.br/revistaeletronica/ita.asp?registro=200901937019, acesso em: 22 jan. 2016.

SUPERIOR TRIBUNAL DE JUSTIÇA. REsp. 2016/0160766-4. T3, julgado em 14.05.2019, disponível em: https://scon.stj.jus.br/SCON/GetInteiroTeorDoAcordao?num_registro=201601607664&dt_publicacao=21/05/2019, acesso em: 22 abr. 2021.

SUPERIOR TRIBUNAL DE JUSTIÇA. REsp. 1217415 / RS 2010/0184476-0. Disponível em: http://stj.jusbrasil.com.br/jurisprudencia/22271895/recurso-especial-resp-1217415-rs-2010-0184476-0-stj/inteiro-teor-22271896, acesso em: 17 jan. 2016.

SUPEROR TRIBUNAL DE JUSTIÇA. REsp. 1587477 / SC RECURSO ESPECIAL 2016/0051218-8. Disponível em: https://stj.jusbrasil.com.br/jurisprudencia/919833238/recurso-especial-resp-1587477-sc-2016-0051218-8/inteiro-teor-919833248, acesso em: 22 abr. 2021.

SUPERIOR TRIBUNAL DE JUSTIÇA. CIVIL. REsp. 1.741.849 – SP (2018/0115747-6), disponível em: https://stj.jusbrasil.com.br/jurisprudencia/1111264428/recurso-especial-resp-1741849-sp-2018-0115747-6/inteiro-teor-1111264493, acesso em: 22 abr. 2021.

SUPERIOR TRIBUNAL DE JUSTIÇA. REsp. 2016/0312406-8, T4 – QUARTA TURMA *Data do Julgamento* 07.05.2019. Disponível em: https://scon.stj.jus.br/SCON/pesquisar.jsp, acesso em: 22 abr. 2021.

SUPERIOR TRIBUNAL DE JUSTIÇA. EMENTA. REsp. 1167993 / RS RECURSO ESPECIAL2009/0220972-2. Disponível em: http://www.lexml.gov.br/urn/urn:lex:br:superior.tribunal.justica;turma.4:acordao;resp:2012-12-18;1167993-1254676, acesso em: 24 jan. 2016.

SUPERIOR TRIBUNAL DE JUSTIÇA. Recurso especial provido. REsp. 1244957/SC RECURSO ESPECIAL 2011/0068281-0 Ministra NANCY ANDRIGHI (1118) T3 – TERCEIRA TURMA 07.08.2012, Disponível em: http://www.stj.jus.br/SCON/jurisprudencia/toc.jsp?processo=2011%2F0068281-0+ou+201100682810&&tipo_visualizacao=RESUMO&b=ACOR&p=false, acesso em: 24 jan. 2016.

SUPERIOR TRIBUNAL DE JUSTIÇA. REsp. 1.106.637-SP. Rel. Min. Nancy Andrighi, julgado em 1º.6.2010. Disponível em: http://www.recivil.com.br/noticias/noticias/view/jurisprudencia-do-stj-adocao-padrasto.html, acesso em: 29 jan. 2016.

SUPERIOR TRIBUNAL DE JUSTIÇA. Notícia Disponível em: https://stj.jusbrasil.com.br/noticias/112326986/crianca-nascida-de-barriga-de-aluguel-sera-mantida-com-pai-que-a-registrou. Acesso em: 21 jan. 2021.

SUPREMO TRIBUNAL ESPANHOL. *Sentencia*. Disponível em: https://www.newtral.es/wp-content/uploads/2022/04/Sentencia-Tribunal-Supremo-2022-gestacion-subrogada.pdf?x97595. Acesso em: 26 jul. 2023.

TARTUCE, Flávio. O Provimento 83/2019 do Conselho Nacional de Justiça e o novo tratamento do reconhecimento extrajudicial da paternidade socioafetiva, disponível em: https://flaviotartuce.jusbrasil.com.br/artigos/750046252/analise-do-provimento-83-2019-do-cnj-que-trata-do-reconhecimento-extrajudicial-da-parentalidade-socioafetiva, acesso em: 14 mar. 2021.

TEIXEIRA, Ana Carolina Brochado; RODRIGUES, Renata de Lima. *O Direito das Famílias entre a Norma e a Realidade*. São Paulo: Atlas, 2010.

TEIXEIRA, Ana Carolina Brochado; MULTEDO, Renata Vilela. Autoridade parental: os deveres dos pais frente aos desafios do ambiente digital. *In*: TEIXEIRA, Ana Carolina Brochado; FALEIROS JUNIOR, José Luiz de Moura; DENSA, Roberta (Coords.). *Infância, adolescência e tecnologia*: o estatuto da criança e do adolescente na sociedade de informação, Indaiatuba, SP: Editora Foco, 2022.

TEIXEIRA DE FREITAS, Augusto, 1816-1883. *Esboço do Código Civil*. Brasília, Ministério da Justiça, Fundação Universidade de Brasília, 1983.

TINOCO, Bruna. Gestação sub-rogada no Brasil: possibilidade de turismo reprodutivo. Monografia de Conclusão de curso, Universidade Católica de Pernambuco, depositada em 2020. FACEBOOK. *Barriga de aluguel, solidária e coparentalidade*. Disponível em: https://www.facebook.com/groups/271864476523715/. Acesso em: 15 maio 2020.

TJPE. Adoção Poliafetiva. *2ª Vara da Infância e Juventude da comarca de Recife/PE* Disponível em: http://tj-pe.jusbrasil.com.br/noticias/100355681/vara-da-infancia-concede-guarda-de-crianca-em-caso-de-adocao-poliafetiva, acesso em: 15 nov. 2015.

TRIBUNAL DE JUSTIÇA DO RIO GRANDE DO SUL. Agravo de Instrumento nº 70047323217, Primeira Câmara Cível, Tribunal de Justiça do RS, Relator: Carlos Roberto Lofego Canibal, Julgado em 23.05.2012. Disponível em: http://www.tjrs.jus.br/busca/search?q=Agravo+de+Instrumento+N%C2%BA+70047323217+&proxystylesheet=tjrs_index&client=tjrs_index&filter=0&getfields=*&aba=juris&entsp=a__politica-site&wc=200&wc_mc=1&oe=UTF-8&ie=UTF-8&ud=1&lr=lang_pt&sort=date%3AD%3AS%3Ad1&as_qj=&site=ementario&as_epq=&as_oq=&as_eq=&as_q=+#main_res_juris, acesso em: 22 jan. 2016.

TRIBUNAL DE JUSTIÇA DO RIO GRANDE DO SUL. Apelação Cível nº 70045753456, Sétima Câmara Cível, Tribunal de Justiça do RS, Relator: Munira Hanna, Julgado em 22.05.2013. Disponível em: http://tj-rs.jusbrasil.com.br/jurisprudencia/112840309/apelacao-civel-ac-70045753456-rs/inteiro-teor-112840319, acesso em: 17 jan. 2016.

TRIBUNAL DE JUSTIÇA DO RIO GRANDE DO SUL. Agravo de Instrumento nº 70043541341, Oitava Câmara Cível, Tribunal de Justiça do RS, Relator: Luiz Felipe Brasil Santos, Julgado em 31.08.2011. Disponível em: http://www.tjrs.jus.br/busca/search?q=Agravo+de+Instrumento+N%C2%BA+70043541341&proxystylesheet=tjrs_index&client=tjrs_index&filter=0&getfields=*&aba=juris&entsp=a__politica-site&wc=200&wc_mc=1&oe=UTF=8-&ie=UTF8-&ud1=&lr-lang_pt&sort=date%3AD%3AS%3Ad1&as_qj=&site=ementario&as_epq=&as_oq=&as_eq=&as_q=+#main_res_juris, acesso em: 18 jan. 2016.

UNIÃO EUROPEIA. Carta de Direitos Fundamentais, 2000. Disponível em: http://www.europarl.europa.eu/charter/pdf/text_pt.pdf, acesso em: 8 jan. 2016.

VENOSA, Sílvio de Salvo. *Direito de família*. São Paulo: Atlas, v. 5, 2001.

VERUCCI, Florisa. *Mulher e família na nova Constituição brasileira*. A difícil igualdade: os direitos da mulher como direito humanos. Rio de Janeiro: Relume-Damará, 1994.

VILANOVA, Lourival. *Causalidade e relação no direito*. São Paulo: Revista dos Tribunais, 2000.

VILELLA, João Baptista. *Liberdade e Família*. Edição da Faculdade de Direito da UFMG, Belo Horizonte, n. 33, 1980.

VILELLA, João Baptista. Desbiologização da Paternidade. *Revista da Faculdade de Direito da Universidade Federal de Minas Gerais*, n. 21, p. 400-418, 1979, disponível em: https://revista.direito.ufmg.br/index.php/revista/article/view/1156, acesso em: 19 ago. 2021.

VILLELA, João Baptista. O modelo constitucional da filiação: verdade & superstições. *Revista Brasileira de Direito de Família,* ano I, n. 2, jul./set. 1999.

WALD, Arnold. O novo direito de família. 13. ed. São Paulo: Saraiva, 2000.

WELSTEAD, Mary. Shaping lives of children. *In: The international survey of Family law*: 2005 edition. Bristol: Jordan Publishing, 2005.

WENTZEL, Marina. Polícia Liberta mulheres grávidas de "fazenda de bebês" na Tailândia. BBC Brasil, 2011, Disponível em: https://www.bbc.com/portuguese/noticias/2011/02/110225_tailandia_gang_barrigas_mw, acesso em: 21 jan. 2021.

WALLIS, Lucy. Morando dentro da casa de substitutos. BBC News, 2013, disponível em: https://www.bbc.com/news/magazine-24275373, acesso em: 21 jan. 2020.

VIDE, Sebastião Monteiro da. *Constituições Primeiras do Arcebispado da Bahia/* feitas e ordenadas pelo ilustríssimo e reverendíssimo D. Sebastião Monteiro da Vide (Arcebispo). Volume 79, Brasília: Senado Federal, 2011.

Esta obra foi composta em fonte Palatino Linotype, corpo 10
e impressa em papel Pólen Bold 70g (miolo) e Supremo 250g (capa)
pela Gráfica Star7.